FLENSBURGER HEFTE



# Ausländerhaß
## Rassismus
## Nationalismus

**Liebe Leserinnen und Leser!**

„Aber der Nationalismus gehört gerade zu dem Programm, das als ein besonders segensreiches Programm der nächsten Zukunft gelten wird. Er gehört zu dem Programm der nächsten Zukunft. Daher wird man es erleben müssen, wenn dieser Nationalismus wird bauen wollen – er kann ja in Wirklichkeit nur zerstören –, daß die Illusionen, die von der Lüge durch eine schmale Kluft getrennt sind, sich eben fortsetzen werden. Denn so viel Nationalismus in der Welt entstehen wird, so viel Unwahrheit wird in der Welt sein, besonders gegen die Zukunft hin." (Rudolf Steiner: Entwicklungsgeschichtliche Unterlagen zur Bildung eines sozialen Urteils. GA 185 a, Dornach 1963, 15.11.1918, S.77)

Diese Worte Rudolf Steiners aus dem Jahre 1918 kennzeichnen treffend die Situation, in der wir uns heute im Kleinen wie im Großen befinden. 52 Kriege wurden im letzten Jahr weltweit geführt, 70 kriegerische Auseinandersetzungen gelten nach Schätzungen des Roten Kreuzes heute noch als virulent. Kaum verschwand der Ost-West-Gegensatz, der die Menschheit jahrzehntelang mit dem einen großen potentiell möglichen Atomkrieg in Bann hielt, brechen nun vielerorts die kleinen, aber nicht minder grausamen Nationalitätenkriege aus.

Man braucht den Blick nur stellvertretend nach dem ehemaligen Jugoslawien zu lenken, um ein Ausmaß von Grausamkeit zu sehen, wie es lange Zeit ohnegleichen war. Der Völkermord, der dort weitgehend von den Serben betrieben wird, erlaubt schon beinahe Vergleiche mit der gezielten Menschenvernichtung durch die Deutschen während der Zeit des deutschen Faschismus.

So wie im ehemaligen Jugoslawien erleben wir überall auf der Erde den aufkeimenden Nationalismus, den Kampf der Ethnien, den Streit der Religionen gegeneinander bzw. den Terror verschiedener religiöser Fundamentalismen gegen die angeblich gottentleerte materialistisch-weltliche Gesellschaft. Immer deutlicher wird, daß sich die „Epidemien des Wahnsinns" wirklich immer mehr unter den Menschen verbreiten.

Ähnliche Phänomene gibt es natürlich auch im Kleinen: Seit einigen Jahren finden wir uns in einem Umfeld von größter Intoleranz, Rassenhaß, Diskriminierung und Vernichtung des Schwächeren wieder. Der Frust Benachteiligter entlud sich innerhalb der letzten Jahre in diesem Lande auf alle diejenigen, die noch schwächer gestellt waren oder irgendeiner Minderheit angehörten. Fast schien es schon zum Alltag zu gehören, daß man Brandbomben in Asylbewerberheime schmiß, Ausländer verprügelte, Jagd auf Obdachlose und Schwule machte oder körperlich Behinderte mit ihren Rollstühlen Treppen hinabstürzte.

Ging es nicht uns allen so, daß wir zwar mit Entsetzen immer mehr Meldungen dieser Art lasen, hörten und sahen, aber es zuerst gar nicht so recht glauben wollten, weil man noch irgendwelchen Idealen einer besseren Gesellschaft huldigte? Erst verschiedene Ereignisse, die Pogrome in Hoyerswerda und Rostock, spätestens aber der Mordanschlag in Mölln, holten das Gros der Bevölkerung in die Wirklichkeit zurück.

Erschütternd mußten wir vergegenwärtigen: Die grausame Realität der brutalen Menschenverachtung, die zunehmende Gewaltbereitschaft, das Aufgreifen dumpfer, niederster Instinkte – eingekleidet in hirnlose rechte Parolen –, die sich gegen die Schwächsten unserer Gesellschaft entluden, war längst zum Alltag geworden. Der Krieg aller gegen alle, von dem Rudolf Steiner oftmals spricht, beginnt bereits unter uns zu toben. So formuliert Rudolf Steiner beispielsweise:

„Aber wir sehen heute, wie aus der Weltkriegskatastrophe die Tendenz sich herausentwickelt, sich in immer kleinere und kleinere Gruppen zu spalten. Der Volkschauvinismus nimmt immer mehr und mehr überhand, bis er dazu führen wird, daß sich die Menschen in immer kleinere und kleinere Gruppen spalten, so daß schließlich die Gruppe zuletzt nur einen einzelnen Menschen umfassen könnte. Dann könnte es dahin kommen, daß die einzelnen Menschen auch in einen linken und rechten sich spalten würden und in einen Krieg mit sich selbst kommen könnten, wo sich der rechte Mensch mit dem linken in den Haaren liegt." (Rudolf Steiner: Soziales Verständnis aus geisteswissenschaftlicher Erkenntnis. GA 191, Dornach 1972, 15.11.1919, S.272)

Die Redaktion der FLENSBURGER HEFTE hat sich dem Thema Ausländerhaß, Rassismus und Nationalismus zugewandt, und wir geben zu diesem Themenkomplex zwei FLENSBURGER HEFTE heraus: vorliegendes und ein zweites etwa im Juni dieses Jahres, entweder als Sonderheft oder als reguläres Abo-Heft Nr.41.

Einer der Anlässe, daß wir uns mit der Thematik Ausländerhaß beschäftigt haben, war der Mordanschlag in Mölln. Deswegen sprachen wir mit Faruk Arslan, dem Vater der ermordeten Yeliz und Sohn seiner in den Flammen des brennenden Hauses umgekommenen Mutter Bahide. Das Gespräch setzte sich mit Torsten Maaß fort, dem ehemaligen Kreisvorsitzenden der Republikaner des Kreises Herzogtum Lauenburg, da ihm ein ähnliches, wenn auch nicht so folgenreiches Schicksal widerfuhr.

Mit Dr. Wolfgang Richter, dem Ausländerbeauftragten des Senats der Hansestadt Rostock, sprachen wir über den Frust und die Perspektivlosigkeit vieler Ostdeutscher, über die Krawalle und Pogrome in Rostock sowie über die Nacht, die Wolfgang Richter mit den Vietnamesen in dem von Skinheads, Nazis und rechten Jugendlichen bestürmten Haus verbrachte. – Mit Daniel Cohn-Bendit, Dezernent für Multikulturelle Angelegenheiten der Stadt Frankfurt, besprachen wir einige grundlegende Fragen des Zusammenlebens von Ausländern und Deutschen in diesem Staat: Xenophobie, Ausländerentwicklung in den letzten Jahrzehnten, Einbürgerung von Ausländern, doppelte Staatsbürgerschaft, multikulturelle Gesellschaft und über Deutschland als Einwanderungsland. – Ein Interview von Bernd Hansen mit einer Ausländer-Familie über ihre alltägliche Situation in der Bundesrepublik mußte kurzfristig aus dieser Ausgabe herausgenommen werden, da berufliche Nachteile und Schwierigkeiten mit den Behörden als wahrscheinliche Folgen der Veröffentlichung befürchtet wurden.

Im zweiten Teil des vorliegenden Heftes berichtet Mathias Riepe von seinen umfangreichen Erfahrungen und den ihm geschilderten grauenhaften Erlebnissen aus dem Gebiet des ehemaligen Jugoslawien. Tilman Zülch spricht über die Gesellschaft für bedrohte Völker, den Völkermord im ehemaligen Jugoslawien, die Menschenrechte in der Türkei sowie über das Asylrecht in der Bundesrepublik Deutschland.

Eigentlich war für dieses Heft noch ein grundlegendes Interview mit Imanuel Geiss über die Geschichte des Rassismus vorgesehen, was aber aus zeitlichen Gründen nicht fertiggestellt werden konnte. Es erscheint demzufolge im nächsten Heft. Im Vorblick darauf setzt sich Thomas Höfer mit den Grundlagen des Rassismus auseinander. – Arfst Wagner stellt in dem ersten Teil seines Artikels über Nationalokkultismus den weltanschaulich-religiösen Hintergrund der Nationalsozialisten und Faschisten dar. Die Fortsetzung folgt dann im zweiten Heft.

In dem zweiten Heft zum Thema möchten wir uns aber vor allem den breit gefächerten Aussagen Rudolf Steiners zum Nationalismus widmen sowie Äußerungen, die ihm von Kritikern als rassistisch bzw. nationalistisch ausgelegt oder angelastet werden. Unter den Äußerungen Rudolf Steiners gibt es in der Tat auch einige, die durch nichts mehr zu rechtfertigen sind und die konsequent abgelehnt werden sollten. Daß Rudolf Steiner trotzdem kein Rassist und Nationalist war, auch wenn manche seiner Äußerungen dieses nahelegen, sondern ganz das Gegenteil, möchten wir mit unserem zweiten Heft darzulegen versuchen.

Es grüßt Sie<br>
Ihre<br>
FLENSBURGER HEFTE-Redaktion

## Aus dem Inhalt

# „Meine Schmerzen gönne ich niemandem“

## INTERVIEW MIT FARUK ARSLAN

### von Judith Pehrs und Wolfgang Weirauch

Es gibt Taten und Ereignisse im Zeitgeschehen, die verändern ein ganzes Land. Was genau während einer solchen Bewußtseinsveränderung geschieht, ist meist sehr schwer auszumachen. Auf jeden Fall bemerkt man deutlich die eigene Betroffenheit, die sich mit der Betroffenheit anderer vereinigt, so daß sehr viele der Bewohnerinnen und Bewohner eines Landes – und darüber hinaus – von gemeinsamen Gefühlen und Gedanken durchzogen werden, die sich dann zu einer gemeinsamen geistigen Hülle verbinden. Beschreiben läßt sich diese Gemeinsamkeit der Empfindungen nur schwer, aber man spürt sie einfach, selbst ohne mit anderen darüber gesprochen zu haben.

So in etwa ging es uns und unzähligen anderen, als wir von dem feigen Mordanschlag in Mölln hörten. Eigentlich wäre diese Gesamtbetroffenheit schon bei anderen Brandanschlägen auf Asylbewerberheime, bei den 17 Morden durch Rechtsradikale im Jahr 1992, spätestens aber bei den Pogromen in Hoyerswerda und Rostock fällig gewesen. Aber sie war noch nicht zu spüren. Mit den Anschlägen von Mölln ging ein Ruck durch das Land, der die Republik verändert hat. Nicht nur, daß Generalbundesanwalt von Stahl die Ermittlungen an sich gezogen hat, nicht nur, daß Innenminister Seiters einige rechtsradikale Organisationen verboten hat, sondern auch Zigtausende von Bürgern zeigten ihre Empörung über die Verbrechen von Mölln und ihr Mitgefühl, indem sie massenhaft Lichterketten in den Straßen bildeten. Ob diese Bekundungen allerdings ausreichen oder nur eine Augenblickserscheinung sind, wird man abzuwarten haben. Zwar ist die Zahl rechtsradikaler Mord-, Terror- und Brandanschläge auf Ausländer, Asylbewerberheime, Behinderte, Schwule und Obdachlose seitdem zurückgegangen, aber Zweifel sind unseres Erachtens sehr angebracht, ob statt Neid, Mißgunst, Verblendung und Haß gegenüber den Mitmenschen wirklich Toleranz und friedliches Zusammenleben in diesem Land eingekehrt sind.

Am 23. November 1992 wird auf zwei türkische Häuser jeweils ein Brandanschlag verübt. Im Hause der Arslans sterben dabei Bahide Arslan, deren Enkelin Yeliz Arslan und eine Verwandte, Ayse Yilmaz. Die anderen Bewohner können sich in letzter Not retten, verletzen sich dabei aber, z.B. beim Sprung aus dem Fenster, erheblich. Die mutmaßlichen Mörder aus der rechten Szene, Michael Peters und Lars Christiansen, werden nur wenig später gefaßt und erwarten nun ihren Prozeß beim Oberlandesgericht in Schleswig.

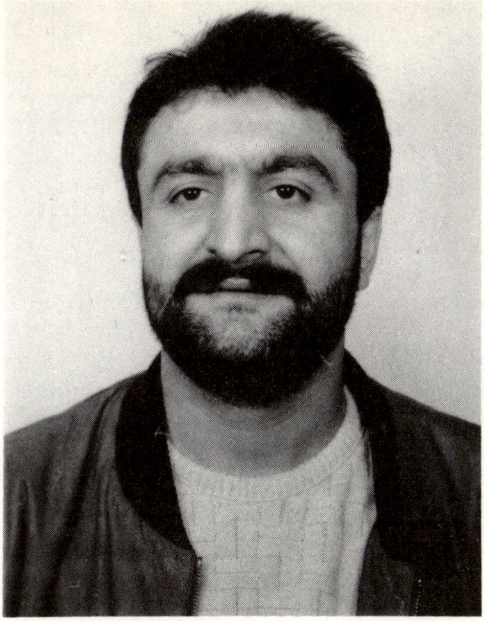

Faruk Arslan

Gerade weil uns die Tat aus Mölln so betroffen hat, beschließen wir, mit Faruk Arslan, dem Sohn von Bahide und Vater von Yeliz, zu sprechen. Am Sonntagvormittag treffen wir in dem verschlafenen Städtchen Till Eulenspiegels ein und fragen einen älteren Herrn, der müde durch die Straßen wankt, nach der Hausnummer der Arslans. Selten sahen wir einen Menschen so erschrecken, nur weil er angesprochen wurde. Vor Schreck wies er uns dann auch noch in die entgegengesetzte Richtung. Selbstverständlich war dies ein individuell bedingter Einzelfall, aber er war symptomatisch für die Stimmung aus Angst und Schuldbewußtsein, die scheinbar allgemein in diesem Städtchen verbreitet ist. Bei den Arslans angekommen, erlebten wir sofort die türkische Gastfreundschaft: Während die Töchter von Judith Pehrs, Julia und Anne, die uns begleiteten, mit den türkischen Kindern spielten, unterhielten wir uns mit Faruk, tranken zusammen Tee und wurden wie selbstverständlich zum Mittagessen eingeladen, das Faruks Frau Hava währenddessen gekocht hatte.

Faruks Bericht ist erschütternd. Erst dadurch wurde es für uns hautnah spürbar, was es heißt, in einem Land zu leben, in dem man permanent erleben muß, daß man unerwünscht ist: Ob es nun die kleinen täglichen Diskriminierungen sind, die offenkundigen Beschimpfungen, Belästigungen und täglichen Angriffe, das Gefühl, ein Bürger zweiter Klasse ohne Wahlrecht und ohne deutsche Staatsbürgerschaft zu sein, oder ob es im Falle der Arslans das Trauma ist, erleben zu müssen, daß Familienmitglieder ermordet werden und das eigene Haus in Brand gesetzt wird.

Da die Anschläge von Mölln für uns, die Redaktion der FLENSBURGER HEFTE, der Auslöser waren, dieses FLENSBURGER HEFT über Ausländerhaß, Rassismus und Nationalismus zusammenzustellen, möchten wir unsere Leserinnen und Leser mit den Worten Faruk Arslans in folgendem Interview ermutigen, den ausländischen Mitbürgerinnen und Mitbürgern zu verstehen zu geben, daß man auf ihrer Seite steht.

**Wolfgang Weirauch:** Seit wann lebt Eure Familie in Deutschland, und warum seid Ihr in dieses Land umgezogen?

**Faruk Arslan:** Unsere Familie lebt seit 1972 in Deutschland, und zwar meine Großmutter, mein Bruder und ich. Meine Mutter war bereits seit einem Jahr in Deutschland, wo sie in einer Firma arbeitete. Sie war keine Asylantin, sondern eine Gehilfin, die man aus der Türkei angefordert hatte. Für die Bereiche, in denen damals Deutsche nicht arbeiten wollten, hat man Ausländer ins Land geholt, so auch meine Mutter. Nachdem meine Mutter ein Jahr in Deutschland war, hat sie auch meinen Vater zu sich geholt. Ich war sieben, mein großer Bruder neun Jahre alt, als wir nach Deutschland kamen.

Wir sind gleich von der Türkei nach Mölln gezogen. Die ersten drei Jahre lebten wir in der Schinkelstraße, wo wir auch sehr viele deutsche Freunde hatten. Später mußten wir dann in die Innenstadt ziehen, was ich sehr bedauert habe, denn das mitmenschliche Klima dort war wie eine anstekkende Krankheit.

**W.W.:** Warum?

**F. Arslan:** Weil wir von den Menschen dort nicht akzeptiert wurden, weil wir von ihnen weggedrückt wurden und sie keinen Respekt vor uns hatten. Sie wollten einfach nichts mit uns zu tun haben. Ich meinerseits habe sehr oft versucht, den Kontakt zu eröffnen, mit den Leuten zu reden und ihnen zu vermitteln, daß wir doch auch Menschen sind.

## „Michael Peters war sieben Jahre in meiner Klasse"

**Judith Pehrs:** Bezieht sich das auf Deine Schulzeit oder auf die Erwachsenen in Eurer Nachbarschaft?

**F. Arslan:** Auf die Schule nicht, denn mit den Kindern hatte ich immer einen sehr guten Kontakt. Unter ihnen hatte ich viele gute Freunde. Sogar Michael Peters, der meine Familie umgebracht hat, war sieben Jahre mit mir in einer Klasse. Ich war zwölf Jahre alt, als wir in die Mühlenstraße Nr.9 gezogen sind, und dort fing das Problem eigentlich erst an.

Die Schulzeit verlief eigentlich noch ganz gut, obwohl man mich in die Sonderschule eingewiesen hat. So kam ich in die Klasse von Michael Peters, der dann meist einige Reihen hinter mir saß. Er war damals eigentlich unser Springbrett bzw. Laufbursche, aber während der Schulzeit haben wir uns gut verstanden. Das Problem war der Rektor, denn er war für uns der größte Nazi der Schule. Er hat die deutschen Jugendlichen gegen die Ausländer der Schule aufgehetzt.

**W.W.:** Auf welche Weise hat der Rektor das gemacht?

**F. Arslan:** Er hat z.B. den Deutschen immer zu verstehen gegeben, daß wir Türken eigentlich nicht in diese Klasse gehörten, da Deutschland das Land der Deutschen sei und Ausländer hier nichts zu suchen hätten. Ich selbst bin hier fünf Jahre zur Schule gegangen, war dann ein halbes Jahr krank, ging weitere zwei Jahre zur Schule, bis ich dann rausgeschmissen wurde. Ohne Abschluß hat mich der Rektor rausgeschmissen. Unsere Familie hat hier wirklich viel gelitten, nur mein älterer Bruder war auf dem Gymnasium und meine kleinere Schwester hat den Hauptschulabschluß.

## „Selbst in der Türkei gelte ich als Ausländer"

**W.W.:** Du hast die meiste Zeit Deines Lebens in Deutschland verbracht: Fühlst Du Dich eher als Türke oder als Deutscher?

**F. Arslan:** Wenn man 23 Jahre in Deutschland lebt, kann man sich nicht entscheiden, ob man Türke oder Deutscher ist. Ich fühle mich zu etwa 70 % als Deutscher und zu 30 % als Türke. Mittlerweile kenne ich die Mentalität der Deutschen, und mit dieser klarzukommen, ist wirklich sehr schwer.

**W.W.:** Wie ist es, wenn Du die Türkei besuchst: Ist dies Deine Heimat?

**F. Arslan:** Nein, die Türkei empfinde ich nicht als meine Heimat, und dort werde ich auch als Ausländer angesehen. Ich habe meine Familie in Deutschland, ich habe meine Freunde hier kennengelernt, und selbst wenn man mich aus Deutschland rausjagen würde, würde ich immer wiederkommen. Wie sollte ich in der Türkei klarkommen?

Aber obwohl man sich in Deutschland alles aufgebaut hat, auch jahrelang Steuern gezahlt hat, ist es sehr schwer, dagegen etwas zu unternehmen, wenn man von dem so mächtigen deutschen Staat an den Rand gedrängt wird. Die meisten Ausländer fühlen sich auch zu schwach, sich ihre Rechte zu erkämpfen. Ich dagegen habe mittlerweile eine Stellung, aufgrund derer sich viele Menschen vor mir fürchten, vor allem Politiker.

**W.W.:** Wie ist das Verhältnis zwischen Dir und den Türken in der Türkei? Bist Du für Sie ein Ausländer, ein Deutscher oder ein Exiltürke?

**F. Arslan:** Bei meiner Familie in der Türkei bin ich natürlich ein Türke. Wenn ich aber nach Antalya, nach Marmaris oder nach Istanbul fahre, sieht man mich dort als Ausländer an. Wegen meines deutschen Kennzeichens am Wagen werde ich sogar oft auf deutsch oder englisch angesprochen. Selbst wenn ich diesen Türken dann erzähle, daß ich selber Türke bin, reden sie trotzdem auf deutsch mit mir weiter. Sie akzeptieren einen nicht als Türken, z.B. die Bedienung in verschiedenen Kneipen und Hotels, weil man dort in ihren Augen nur als Ausländer absteigen kann.

Jeder Mensch sollte vermeiden, andere Menschen in ausgrenzender und herabsetzender Weise als Ausländer anzusehen, besonders dann, wenn sie im eigenen Land leben. Ich wurde z.B. in der Türkei von einem Polizisten angesprochen, weil ich einen Schluck von einem Wasser getrunken hatte, das aus einem Fels hervorsprudelte. Ich sollte ihm dafür Geld zahlen. Da ihm aber das Wasser natürlich nicht gehörte und ich ebenfalls türkisch sprach, konnte ich ihn nach wenigen Minuten mattsetzen. Einige Kilometer weiter hielt er mich mit seinem Auto an und kassierte einen Strafzettel wegen überhöhter Geschwindigkeit: „Wenn Du es nicht *so* willst, dann mache ich es *so*." Für ihn war ich nur ein Ausländer.

Zur Zeit ist das Verhältnis zwischen Einheimischen und Ausländern in der Türkei ohnehin sehr gespannt, vor allem wegen des Mordes an unserer Familie. Seitdem sind viele türkische Familien auf den Beinen und wollen etwas unternehmen.

**W.W.:** Wie stehst Du dazu, daß jetzt viele Türken gegenüber den deutschen Besuchern in der Türkei Druck machen?

**F. Arslan:** Das kann ich auch nicht akzeptieren, denn man sollte Haß nicht mit Haß vergelten.

## „Ich würde zehn Jahre freiwillig arbeiten, damit die Mauer wieder steht"

**W.W.:** Warum hat sich das Verhältnis zwischen den Deutschen, z.B. in Mölln, und den Ausländern verschlechtert, seitdem die DDR-Grenze geöffnet worden ist?

**F. Arslan:** Dafür gibt es tausend Gründe. Mit dem Öffnen der Grenze kam die rechte Szene der ehemaligen DDR hier herüber, so daß der Haß gegen Ausländer noch mehr verbreitet wurde. Die Regierung hat nichts dagegen unternommen, sondern statt dessen unter Helmut Kohl einen Fehler nach dem anderen gemacht. Seit der Öffnung der Mauer gibt es in dieser Gegend fast jeden Tag Schlägereien, die Rechten haben türkische Kinder und Frauen geschlagen, sie sind mit ihren Autos die Straßen entlanggefahren und haben mit ihren Baseball-Schlägern Türken und andere Ausländer geschlagen. Dies war vorwiegend die rechte Szene aus der ehemaligen DDR, aber Möllner haben dann mitgemacht. In der Schule werden die türkischen Kinder bedroht; deutsche Nazis sammeln von türkischen Kindern Schutzgelder – dies alles geschah und geschieht, seitdem die Grenze offen ist.

Fernerhin gibt es zwei Gruppen bzw. Parteien – die DVU und die Republikaner –, die die Weltgeschichte umändern wollen, obwohl sie davon überhaupt keine Ahnung haben. Diese beiden Parteien versuchen, die Menschen in Deutschland zu ändern, indem sie Haß gegen Ausländer schüren. Auch dies geschieht seit der Grenzöffnung verstärkt. Zusätzlich steigt die Arbeitslosenzahl seitdem rapide, zwei große möllner Firmen stehen kurz vor dem Konkurs. Diese Firmen, in denen jetzt Kurzarbeit durchgeführt wird, waren früher unser ein und alles, haben uns versorgt; aber seit der Grenzöffnung gehen diese Firmen kaputt. Daraus entsteht auch ein Haß gegen Ostdeutschland.

Ich rufe alle diejenigen auf, die vom Staat unterdrückt werden, und sage ihnen, daß sie keine Steuern mehr bezahlen sollen, denn der Staat ist es, der von unserem Geld lebt. Man wird uns dann von seiten des Staates fragen, welche Fehler gemacht worden sind, und dann kommen wir und sagen: „Stellt die Mauer wieder auf!“

**W.W.:** Das ist ja wohl unrealistisch! Allein das zu hören, würde die Menschen im Osten sehr treffen.

**F. Arslan:** Ich habe meine Einstellung aufgrund der Erlebnisse gewonnen, die ich seit der Maueröffnung hier in Mölln mit der rechten Szene erlebt habe. Ich halte auch nicht alle Menschen in den neuen Bundesländern für schlecht. Ich bin oft in der ehemaligen DDR gewesen und habe dort die Menschen kennengelernt. Viele von ihnen sind für mich Menschen, die sich leicht unterdrücken lassen und keine eigenen Ideen haben.

**W.W.:** Was würdest denn Du in Deutschland ändern wollen?

**F. Arslan:** Zwei Dinge: zum einen das Asylrecht verändern, zum anderen die Mauer wieder aufbauen. Ich würde zehn Jahre freiwillig arbeiten, damit die Mauer wieder steht. Es ist ja nicht nur unser Schmerz, sondern auch der Schmerz vieler Deutscher. Auch etliche von ihnen werden bedroht, auf der Straße mit Gummiknüppeln zusammengeschlagen etc. Neulich habe ich gesehen, wie sie eine alte Frau mit einem Elektrokabel in Bergedorf zusammengeschlagen haben, und der Polizist, der daneben stand, hat weggeschaut. Der hat nichts gemacht! Ich habe den Polizisten angezeigt und den Prozeß gewonnen. Diese Frau, die mit mir zusammen geklagt hat, war über sieben Wochen im Krankenhaus.

**W.W.:** Wer hat sie zusammengeschlagen?

**F. Arslan:** Das waren Skins aus dem Osten. Die rechte Szene in Schleswig-Holstein und Hamburg ist ein Fall für den Staat, aber nicht für uns Ausländer. Der Staat sollte sich doch im klaren sein, welche Fehler er gemacht hat. Aber wenn die Politiker es nicht schaffen, mit der rechten Szene fertigzuwerden, so werden wir – die Menschen, die in Deutschland leben –, dies selber fertigbringen.

**W.W.:** Der *Spiegel* (49/92) hat geschrieben, es habe in Mölln ein Gleichgewicht des Schreckens gegeben: Wurde ein Türke verprügelt, so wurde daraufhin ein Skin verprügelt und umgekehrt. Erst eine Demonstration auf dem Herbstmarkt hätte dieses Gleichgewicht durcheinandergebracht, da auswärtige Linke und Türken nach Mölln gekommen seien und die Skins verprügelt hätten. Ist dies zutreffend?

**F. Arslan:** Nein, so ist das nicht richtig. Im allgemeinen haben die Skins sowieso keine Chance gegen unsere Leute, die hier leben. Die Skins aus Mölln haben hier keine Macht, und sie wissen ganz genau, was ihnen passiert, wenn sie gegen einen Türken vorgehen. Bei der Demo, bei der ich dabei gewesen bin, kamen sechs Psychos, also Skins, die Ärger machen wollten. Ich ging ganz vorne, aber mich fassen sie nicht an, weil sie dann wissen, daß ich Druck mache. Unsere Demo war gegen Haß und Gewalt aufgrund der Vorfälle in Rostock. Aber weil die Skins Haß gegen die Ausländer in sich tragen, haben sie uns angegriffen. Sie wurden dann von Mitgliedern der linken Szene, nicht von mir, zusammengeschlagen. Einer erlitt dabei schwere Kopfverletzungen. Aber wir hatten damit nichts zu tun. Es ist die Schuld der Polizei aus Mölln gewesen, weil sie nicht rechtzeitig und hart genug eingegriffen hat, als wir von den Skins angegriffen wurden.

Die Polizei hier hat anscheinend Angst vor den Skins. Ich habe der Polizei sogar vorgeschlagen, wenn sie nicht in der Lage sei, ihre Aufgabe zu bewältigen, einige Türken als Hilfstruppe zur Verfügung zu stellen. Aber bei der Demo ist von uns keinerlei Gewalt oder Haß ausgegangen, sondern nur von den Skins, die mit ihren Springerstiefeln in die Menge hineingesprungen sind.

Was in der Presse geschrieben wird, ist zu einem großen Teil falsch. Was z.B. die *Zeit* über mich geschrieben hat, ist völlig falsch: Welche Autos ich alle gefahren, daß ich selbst hier in Mölln Schutzgelder gesammelt haben soll und vieles mehr. Mittlerweile bereuen sie diese Darstellung, denn ich habe rechtliche Schritte dagegen eingeleitet.

## „Euer Haus brennt“

**W.W.:** Am 23. November 1992 wurde auf Euer Haus der Anschlag verübt, bei dem Deine Mutter, deine älteste Tochter und Deine Nichte ums Leben kamen. Magst Du ein wenig über den Hergang sprechen?

**F. Arslan:** Ich war nicht dabei. Ayse Yilmaz, die Nichte meiner Frau, lebte seit drei Monaten bei uns, und ich war nach Hamburg gefahren, um für sie eine Aufenthaltsgenehmigung zu bekommen, damit sie in Deutschland bleiben und hier zur Schule gehen könne. In Hamburg war ich im Konsulat und besuchte abends meinen Freund. Ich bat ihn, mir einen Rat zu geben, wie ich das Mädchen bei uns behalten könne. Er gab mir die entsprechenden Ratschläge, wir machten die Papiere fertig, und ich hätte am nächsten Tag nur noch zur Ausländerbehörde zu gehen brauchen.

Dann fuhr ich am selben Abend zu meinem Bruder, ich Dummkopf, denn wenn ich zurück nach Mölln gefahren wäre, dann wäre nichts passiert. Um 01.15 Uhr wurde dann in Hamburg bei meinem Bruder für mich angerufen: „Euer Haus brennt!“ Ich bekam natürlich einen furchtbaren Schock und sprang schnell in eine Jogginghose und weiß noch genau, daß ich mit einem Bein nicht in dem einen Hosenbein drinnen war. Erst im Auto bemerkte ich, daß ich nicht richtig in die Hose hineingeschlüpft war, so einen Schock hatte ich durch den Anruf bekommen. Ich bin von Billstedt bis Mölln in 45 Minuten gerast, und als ich vor der Tür unseres brennenden Hauses ankam, wollten sie mich nicht hineinlassen.

**J.P.:** Wer hat Dich davon abgehalten?

**F. Arslan:** Die Feuerwehr und die Polizei. Die fürchteten wohl, daß ich in Mölln jeden Skin umbringen würde, wenn ich alles sehen würde. Ich wollte mich daran nicht halten, ging zur anderen Seite des Hauses und habe dort die Feuerwehrleute gefragt, ob noch Lebende in dem Haus seien. „Nein“, hieß es, „wir haben sie alle rausgeholt. Es sind keine mehr drinnen.“ Als ich fragte, wo sie wären, antwortete man mir, daß sie alle im Krankenhaus seien. Ich fuhr dann gleich zum Krankenhaus, wo ich meine Frau und meine Schwägerin fand. Eine Stunde später bin ich nach Ratzeburg ins Krankenhaus gefahren, wo ich meine Oma, meinen Vater und meinen Neffen fand. Aber es fehlten vier Personen: meine Mutter, mein Sohn, meine Tochter und meine Nichte. Ich geriet natürlich in große Sorge um ihr Verbleiben, aber zu diesem Zeitpunkt waren Ayse und Yeliz, meine Tochter, schon tot; man hatte es mir bloß nicht gesagt. Statt dessen haben sie mir gesagt, daß es ihnen gut ginge und ich mich nicht aufregen solle.

**W.W.:** Demnach hätten sie Dich glatt angelogen!

**F. Arslan:** Ja, denn sie wußten es. Dies hat mir später mein Cousin bestätigt. Danach bin ich ausgeflippt und habe verlangt, daß die Feuerwehrleute ins Haus hineingehen sollten, da nach meiner Überzeugung meine Verwandten noch im Haus waren.

## „Gott hat meinen Sohn gerettet“

**J.P.:** Brannte das Haus zu diesem Zeitpunkt noch?

**F. Arslan:** Unten nicht mehr, aber oben noch. Sie hätten also eigentlich meine Familie retten können, auf jeden Fall meine Mutter und meinen Sohn, meine Tochter und meine Nichte vielleicht nicht. Der einzige, der noch gerettet wurde, ist mein Sohn, aber ihn hat allein Gott gerettet.

Natürlich habe ich vor dem brennenden Haus rumgeschrien, weil ich dachte, daß meine Familie noch in dem Haus sei. Aber anstatt etwas zu unternehmen, haben einige Feuerwehrleute vor dem Haus Kaffee und Bier getrunken. Daß da überhaupt noch Menschen drinnen waren, kam den

Leuten gar nicht in den Sinn, obwohl wir es ihnen immer wieder gesagt haben. Wir haben auch verlangt, daß sie uns einen Hammer und Atemschutzmasken geben sollten, damit wir selber ins Haus gelangen könnten. Aber das haben sie uns verweigert. Dreieinhalb Stunden später kam dann mein Sohn endlich ins Krankenhaus, pitschnaß und schwarz.

**W.W.:** Ist er rausgesprungen?

**F. Arslan:** Nein, er war noch im Haus drinnen, und die Feuerwehr hat ihn dann schließlich rausgeholt.

**J.P.:** Während Du vor dem Haus standest und die Feuerwehr um Hilfe gebeten hast?

**F. Arslan:** Ja, dreieinhalb Stunden nach meinem Eintreffen haben sie ihn erst rausgeholt. Dann kam er ins Krankenhaus, und ich habe ihn erst einmal umarmt und gefragt: „Mensch, Ibrahim, wie geht es Dir?" Ich habe ihn aufgemuntert, seine Hand festgehalten und ihm gesagt: „Ibrahim, Du schaffst das schon!" Er hatte die ganze Zeit geweint, bis er schließlich aufhörte, aber er war ganz kalt. Dann bin ich wieder zum Haus zurückgefahren, weil ich dachte, daß meine Mutter noch im Haus sei. Erst zu diesem Zeitpunkt haben sie mir mitgeteilt, daß sie tot sei. Da bin ich auf die Feuerwehrleute zugegangen und habe ihnen ins Gesicht gesagt, daß sie sie umgebracht hätten. Es ist für mich wirklich wahr, daß die Feuerwehr an dem Tod meiner Familie mitschuldig ist, denn wir hatten sie alle gewarnt und darauf hingewiesen, daß im brennenden Haus noch Menschen drinnen wären. Demzufolge hätten sie sie noch retten können. Sie haben sich keine Mühe gegeben.

**W.W.:** Noch einmal ganz genau: Wieviel Zeit ist vergangen zwischen dem Zeitpunkt, wo Du der Feuerwehr zum ersten Mal gesagt hast, daß noch Leute in dem Haus seien, und der Rettung Deines Sohnes?

**F. Arslan:** Dreieinhalb Stunden. In dieser Zeit hätten sie tausendmal ins brennende Haus reingehen können.

## „Wenn es so weitergeht, bringen wir uns bald alle gegenseitig um"

**W.W.:** Wäre der Vorwurf berechtigt, daß sich die Feuerwehr mehr Mühe gegeben hätte, wenn es sich um ein Haus mit Deutschen gehandelt hätte?

**F. Arslan:** Ja, dieser Vorwurf ist berechtigt, und ich habe nicht das geringste Verständnis für dieses Verhalten. Wenn ein deutsches Haus brennt, so bin ich sofort dabei, um zu helfen. So wie gestern abend bei dem ehemaligen Chef der Republikaner. *(Siehe dazu das folgende Interview mit Torsten Maaß,* Red.*)*

Ich habe Angst um die Menschheit, ich habe Angst, daß wir alles Vertrauen zueinander verlieren. Wenn es so weitergeht, wird bald eine Zeit

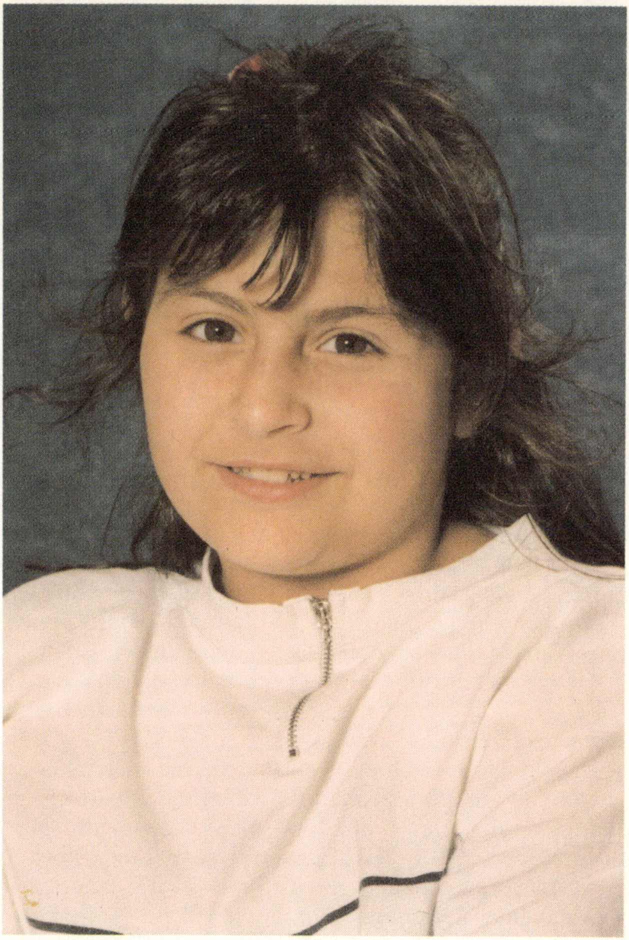

Yeliz Arslan

kommen, in der wir uns alle gegenseitig umbringen werden. Dabei sollten wir doch alle Freunde werden. Das sage ich jedem Menschen. Nur die derzeitige Menschheit versteht das nicht.

Michael Peters und sein Begleiter haben noch kurz vor dem Anschlag auf unser Haus die Polizei angerufen und gesagt, daß heute zwei türkische Häuser in Flammen aufgehen würden. Aber die Polizei ist nicht tätig geworden. Danach haben sie bei der Feuerwehr angerufen und gesagt, daß sie in zwei Minuten ein türkisches Haus anstecken würden. In diesem

Zusammenhang soll sich sogar die Polizei gefragt haben, was sie versäumt und welche Fehler sie gemacht hat.

Ich habe natürlich auch Druck gemacht und der Polizei vorgeworfen, daß sie für den Tod meiner Familie verantwortlich ist. Jedesmal sage ich das. Die Antwort einiger Polizisten ist aber: „Ich werde alles tun, um Dich ins Gefängnis zu bringen, um gegen Dich einen Haftbefehl zu bekommen." So etwas zu äußern, ist meines Erachtens eine Frechheit.

**W.W.:** Das wären ja ähnliche Verhältnisse, wie sie aus Rostock berichtet werden.

**F. Arslan:** Ja, dort habe ich mich übrigens dafür eingesetzt, daß der Einsatzleiter der Polizei in Rostock abgesetzt wird, ich habe meinen Anwalt und Geld zur Verfügung gestellt.

**W.W.:** Innenminister Kupfer ist ja nun auch seines Amtes enthoben worden.

## „Keiner kann mir meine Familie ersetzen"

**F. Arslan:** Ja. Kommen wir noch einmal nach Mölln zurück. Es ist ja nicht nur unser Haus angesteckt worden, sondern auch noch das Haus in der Ratzeburger Straße. Aber dort sind keine Menschen in den Flammen umgekommen, weil sie sich alle retten konnten. Vor unserem Haus stand übrigens ein Polizist, der zugeschaut hat, wie unser Haus in Flammen aufging. Er hat zugeschaut und nichts unternommen! Nur ein Grieche, ein Deutscher und ein Araber kamen herbeigelaufen und haben eine Wolldekke aufgehalten, so daß meine Frau zuerst Namuk, das Baby, runterschmeißen konnte. Dann ist sie selber gesprungen, hat sich aber das Becken gebrochen, weil sie aus dem zweiten Stock in die Wolldecke gesprungen ist. Währenddessen hat der Polizist tatenlos zugeschaut! Die Leute, die drumherum standen, haben die Decken festgehalten, aber er hat nur zugeguckt. Auf diesen Menschen – sein Name ist mir bekannt – weise ich bei jeder öffentlichen Reportage hin, denn solche Menschen muß man einfach zur Verantwortung ziehen. Ich habe drei Menschen verloren. Keiner kann mir meine Familie ersetzen.

Ich möchte auch, daß die politisch Verantwortlichen von ihren Sockeln herunterkommen, vor allem Helmut Kohl. Engholm versteht die Situation der Menschen in Deutschland zwar besser, er weiß, wie man mit dem Asylrecht umgehen kann, er weiß, wie man mit den Menschen umgehen kann, nur – auch er macht leere Versprechungen. Engholm hat uns z.B. versprochen, daß unser Haus wieder aufgebaut wird und daß wir alles Nötige erhalten werden.

**W.W.:** Hat er irgend etwas eingehalten?

**F. Arslan:** Nichts!

**W.W.:** Kann es noch kommen?

**F. Arslan:** Ich glaube nicht. Dabei sollte man doch als Ministerpräsident von Schleswig-Holstein einen gewissen Einfluß haben. Aber scheinbar kümmert er sich nicht um die Erfüllung seiner Versprechen.

## „Michael Peters und Lars Christiansen haben anstelle von Gott geurteilt"

**W.W.:** Was empfindest Du gegenüber den beiden Nazis, die beschuldigt werden, den Anschlag auf Euer Haus verübt und Eure Familie ermordet zu haben?

**F. Arslan:** Haß! Natürlich! Haß, den ich nicht erklären kann. Denn es sind für mich Leute, die eine Psychose haben, die eigentlich gar nicht wissen, was sie getan haben.

**W.W.:** Aus welchen Motiven, meinst Du, haben sie gehandelt?

**F. Arslan:** Es sind Mitläufer, die von anderen bezahlt werden. Wenn ihnen befohlen wird, Flugblätter zu verteilen, dann tun sie es. Wenn ihnen befohlen wird, Schilder aufzustellen, dann stellen sie Schilder auf.

**J.P.:** Ist denn nun Dein Haß dadurch befriedigt, daß die beiden gefaßt worden sind und ihren Prozeß bekommen?

**F. Arslan:** Nein. Meinen Haß kann man jetzt nicht befriedigen. Dazu braucht es sehr viel Zeit.

**J.P.:** Du meinst nicht, daß Dein Haß jetzt langsam zur Ruhe kommt, während die beiden im Knast sitzen?

**F. Arslan:** Nein, ich denke, daß es gut wäre, wenn diese beiden von der Welt verschwinden würden, wenn es sie überhaupt nicht gäbe. Ich will damit nicht sagen, daß man diese beiden umbringen sollte. Aber man sollte ihnen irgendwie zeigen, wohin der Weg führt. Wenn sie selbst Schmerz erleben würden, z.B. Verbrennungen, dann würden sie vielleicht begreifen, was es heißt, einen Menschen zu verbrennen. Sie müßten leiden wie diejenigen Menschen, die wirklich verbrannt werden. Dann könnten sie ihre Tat bereuen. Gott gibt ihnen nicht zwei Chancen. Natürlich bin ich nicht Gott, aber wir werden sehen, wie das Schicksal läuft.

Der eine von den beiden, Lars Christiansen, hat ja schon einen Selbstmordversuch gemacht, indem er sich die Pulsadern aufgeschnitten hat. Das heißt vielleicht schon, daß er seine Tat bereut oder Angst vor seinem Schicksal hat.

**W.W.:** Und wenn sie es nun wirklich bereuen würden ...

**F. Arslan:** ... und zu mir kommen, um sich zu entschuldigen, wolltest Du sagen?

**W.W.:** Ja, genau. Gäbe es eine Möglichkeit, daß Du ihnen verzeihen könntest?

Blick auf das ausgebrannte Haus. (Fotos: dpa)

**F. Arslan:** Ich würde ihnen nicht verzeihen, selbst wenn ihre Reue in dem Moment echt wäre. Diese Menschen könnten sich nach ihrer Reue ja wiederum ändern.

**W.W.:** Ändern kann sich im Grunde jeder Mensch ständig.

**F. Arslan:** Nein, jedenfalls nicht in jeder Hinsicht und schon gar nicht in so wesentlichen Dingen. Ich selbst würde mich in meinen Grundwerten niemals ändern, ich würde niemals Menschen umbringen, außer in Notwehr. Das Leben von Menschen zu nehmen, ist nicht unsere Aufgabe, das ist die Aufgabe Gottes. Gott gibt uns das Leben, Gott nimmt unser Leben. Aber Lars Christiansen und Michael Peters haben anstelle von Gott geurteilt, und deshalb kann ich ihnen niemals verzeihen.

**J.P.:** Seid Ihr Moslems?

**F. Arslan:** Ja, wir sind Mohammedaner, heißblütige Mohammedaner. Dort liegt der Koran.

**W.W.:** Seid Ihr Sunniten?

**F. Arslan:** Ja.

## Fast niemand hat geholfen

**W.W.:** Hat sich irgendwer von den Angehörigen der beiden Mörder bei Euch gemeldet oder sich sonstwie entschuldigt?

Zehn Tage nach dem Brandanschlag. (Foto: dpa)

**F. Arslan:** Nicht einer.

**W.W.:** Niemand, nicht einmal Freunde oder ihre Eltern?

**F. Arslan:** Nicht eine einzige Person!

**J.P.:** Gab es denn wenigstens Reaktionen von den Feuerwehrleuten oder den Polizisten, die bei dem Brand dabeiwaren? Haben diese irgendeine Betroffenheit Euch gegenüber geäußert?

**F. Arslan:** Hast Du diese Frage ernst gemeint?

**J.P.:** Ja.

**F. Arslan:** Die Polizei hat uns den Rücken zugedreht, die Feuerwehr ganz genauso. Niemand hat uns geholfen oder zur Kenntnis genommen.

**J.P.:** Habt Ihr Hilfsangebote von deutschen Nachbarn bekommen?

**F. Arslan:** Ja, ein paar, etwa vier oder fünf Menschen haben uns Hilfe angeboten. Mehr nicht.

**J.P.:** Hast Du eine Wandlung bei den Menschen in Mölln nach dem Attentat festgestellt? Sind sie in sich gegangen, so daß die Betreffenden nicht mehr so leichtfertig mit ihrem Ausländerhaß umgehen?

**F. Arslan:** Viele haben Angst. Die DVU-Wähler fragen sich, ob sie einen Fehler bei der Wahl gemacht haben, sie bereuen natürlich, die DVU gewählt zu haben.

**W.W.:** Die haben hier in Mölln ca. 8 % der Stimmen!

**F. Arslan:** Die Möllner wollen nichts mehr mit der DVU oder den Republikanern zu tun haben, im Grunde wollen sie nur in Ruhe gelassen werden, da sie viel zu viel Angst haben. Ich forsche nach, wer bei der DVU und wer bei den Republikanern gewesen ist. Die Möllner wissen das, und deswegen treten sie aus und ziehen sich von diesen Parteien zurück. Offiziell sagen sie dann, daß sie nie wieder so eine Partei wählen wollen. Durch den Mord an unserer Familie ist ein Schock in Mölln gefahren, die Menschen haben ein wenig gelernt, aber sie sind noch nicht so weit, mit uns reden zu können.

**J.P.:** Merkt Deine Frau beim Einkaufen, oder wenn sie die Kinder zur Schule bringt, etwas von der Betroffenheit der möllner Bevölkerung? Merkt sie einen Stimmungswandel zum Besseren?

**F. Arslan:** Nein, einen Stimmungswandel zum Besseren merken wir nicht. Aber wir werden immer beobachtet, über uns wird auch viel erzählt, was nicht stimmt. So ist z.B. das Gerücht entstanden, ich hätte einen Gerichtsvollzieher in meiner Wohnung erstochen. Das stand sogar in einer möllner Zeitung. In Wirklichkeit war es so, daß der Gerichtsvollzieher nach dem Anschlag in meiner neuen Wohnung ankam und von dem Unterstützungsgeld, das wir bekommen hatten, unsere Schulden einziehen wollte. Da habe ich ihn rausgeschmissen. Er ist daraufhin zur Polizei gegangen und hat ausgesagt, daß ich ein Messer gezogen hätte, um ihn abzustechen. Er kam dann mit vier Polizisten wieder zurück, die haben eine Hausdurchsuchung gemacht und einfach irgendein Messer aus der Küche mitgenommen und behauptet, daß ich dies in der Hand gehalten hätte. Mein Rechtsanwalt sagt, daß wir darüber einfach nur lachen und eine Gegenanzeige machen.

## „In fast jedem Deutschen steckt ein halber Nazi"

Wir bekommen von der Polizei überhaupt keine Hilfe, gleich wie massiv wir bedroht werden. Am Montag nach dem Anschlag auf unser Haus war die große Demonstration in Mölln. Am selben Abend fuhr ein Wagen aus Hamburg mit Skins vor das Haus meiner Tante, und sie riefen aus dem Wagen zu meinen Verwandten: „Heil Hitler, ihr sollt alle vergast werden!" Wir haben der Polizei gesagt, daß wir bedroht werden, aber sie hat sich überhaupt nicht darum gekümmert. Ich werde mich dafür einsetzen, daß sämtliche Polizisten aus Mölln, die an diesem Abend etwas damit zu tun hatten, zur Verantwortung gezogen werden. Ich bin einer der wenigen Türken, die etwas gegen die Willkür unternehmen können. Die meisten Türken in Deutschland haben Angst, sich gegen den deutschen Staat durchzusetzen. Aber man sollte vor den Menschen, gleich welche Stellung sie im Staat haben, keine Angst haben. Es ist nie gut, einen anderen Menschen wegzudrängen, aber das haben viele Menschen in Mölln noch nicht gelernt. Deswegen ist es sehr schwer, mit ihnen klarzukommen. Ich habe 23 Jahre versucht, mich anzupassen, und habe es immer noch nicht geschafft.

Es gibt einen Spruch von mir: In fast jedem Deutschen steckt ein halber Nazi. Deutschland ist für mich ein Naziland. So erlebe ich es, obwohl es natürlich nicht auf jeden Deutschen zutrifft. Vielleicht sollte man ein Drittel ausnehmen. Überall gibt es schwarze Schafe, aber in Deutschland gibt es diesbezüglich leider mehr als in anderen Ländern.

**W.W.:** Warum gibt es Deiner Meinung nach in Deutschland mehr solche schwarzen Schafe als in anderen Ländern?

**F. Arslan:** Das genau ist die Frage: Warum gibt es in der Türkei weniger als in Deutschland? Warum versuchen viele Deutsche nicht, sich zu ändern? Auf jeden Fall muß sich die Lage grundlegend wandeln, sonst ist zu befürchten, daß es in wenigen Jahren in Deutschland einen Bürgerkrieg geben wird.

**W.W.:** Ost gegen West, Links gegen Rechts, oder was sind Deines Erachtens die Gründe, daß hier demnächst ein Bürgerkrieg zu befürchten ist?

**F. Arslan:** Alles zusammen. Hinzu kommt noch der Asylantenzustrom und der Kampf der sozial Benachteiligten in Deutschland gegen die ständige Verschlechterung ihrer Lage. Die Lebenshaltungskosten, insbesondere die Steuern und vor allem die Mieten, steigen dermaßen, daß es für immer mehr Menschen unmöglich sein wird, diese Kosten aufzubringen. Als meine Mutter noch lebte, haben wir es geschafft, unsere Lebenshaltungskosten aufzubringen. Nun geht es nicht mehr. Und ich muß alles, was ich habe, verkaufen.

## Mit Mölln ging ein Ruck durch die Bevölkerung

**W.W.:** Ich möchte noch einmal auf den Stimmungswandel nach dem Anschlag auf Euer Haus zurückkommen, der meines Erachtens in Deutschland sehr wohl zu bemerken gewesen ist. Ich selbst weiß noch, wie ich nach den Pogromen in Hoyerswerda und Rostock vor Wut getobt habe, mehr noch über die feige beifallklatschende Meute der Dabeistehenden. Aber Mölln ging noch eine Schicht tiefer. Das war wie ein Aufwachruck, den ich bei mir bemerkt habe, und ich glaube, daß es auch bei einer sehr großen Anzahl der Deutschen ähnlich gewesen ist. Hast Du diesen Stimmungswechsel nicht doch erlebt?

**F. Arslan:** Doch, das habe ich. In Mölln gab es diesen Stimmungswandel nicht, aber in Hamburg, München, Berlin, Frankfurt, Köln, Hannover und vielen weiteren Städten. Die Menschen haben mit uns mitgefühlt, nur die Möllner nicht. Es ist richtig, daß in anderen Städten viele Menschen auf die

Mehr als 10.000 Menschen nahmen am 27.11.1992 in Hamburg an der Trauerfeier teil. Die drei Särge wurden vor der Al-Aksa-Moschee im Stadtteil Hamm aufgebart. (Foto: dpa)

(Foto: dpa)

Straße gegangen sind, Demonstrationen veranstaltet haben, Lichterketten und vieles mehr. Aber jetzt sind sie nicht mehr da. Diese Menschen, die bei den Lichterketten dabei waren, die den Ausländern beistehen wollten, wo sind sie jetzt? Wir brauchen diese Menschen jetzt in dieser Zeit. Man schafft es nicht, in dieser Zeit alleine etwas zu erreichen. Deswegen braucht man Freunde so wie Euch. Man braucht deutsch-türkische Freundschaften, man braucht Menschen, die miteinander kämpfen, um gemeinsam etwas zu erreichen. Genauso sollte man für die Menschen, die in Afrika, in Indien und anderswo leben, kämpfen und ihnen helfen. Es tut mir immer weh, wenn wir hier bei uns ein Stück Brot wegschmeißen müssen, weil ich an die Menschen denken muß, die in anderen Teilen der Erde hungern und wirklich kaputtgemacht werden.

## Deutsche Kinder sammeln Schutzgelder

**J.P.:** Du sagtest, daß es gut wäre, wenn Deutsche und Türken miteinander Freundschaften schließen würden. Du siehst hier an unseren Kindern, daß sie überhaupt keine Probleme haben, miteinander zu spielen. Ist dies in der Schule anders?

**F. Arslan:** Dort ist es anders. Ich wollte dieses Thema sowieso wegen Deiner Kinder ansprechen. Du siehst, wie meine Kinder sind, sie sind nicht deutschfeindlich, sie stoßen niemanden ab, sie akzeptieren jeden Menschen, der zu ihnen kommt und ihnen die Hand reicht. Sie sagen auch nicht, daß sie etwas Besseres als andere Kinder sind. Aber wenn Ihr in die Schule gehen würdet, so könntet Ihr erleben, daß deutsche Kinder von ausländischen Kindern Schutzgelder sammeln, und das sind zum Teil erst sieben- bis achtjährige Kinder, die sogar mit Schlagstöcken in der Hand herumlaufen. Mein Sohn und mein Neffe sind schon sehr oft bedroht worden, und ich werde da natürlich sauer und beschwere mich beim Rektor. Aber der Rektor unternimmt meist nichts. Er kapituliert vor diesen Ungerechtigkeiten, und wenn er nichts Wirkungsvolles unternimmt, wer soll es dann tun?

## „Die Lebensdauer auf Erden ist Gottes Wille“

**J.P.:** Dein Sohn Ibrahim ist ja nun einige Stunden im brennenden Haus geblieben, und er hat bewußt mitbekommen, daß deutsche Nazis das Haus angesteckt haben und daß dadurch seine Schwester und seine Großmutter gestorben sind. Ist ihm das Mißverhältnis zwischen Deutschen und Türken dadurch schlagartig klargeworden, so daß jetzt von ihm aus eine Front gegen die Deutschen aufgebaut worden ist?

**F. Arslan:** Es ist natürlich klar, daß der Junge weiß, was los ist. Aber er hat keinen Haß! Ich bringe ihm auch keinen Haß bei. Ich bringe ihm bei, die Menschheit bzw. jeden Menschen zu lieben, gleich ob er Nazi ist oder nicht. Er soll lernen, daß man Menschen nicht umbringen darf. Statt meiner Tochter und meiner Mutter sind jetzt andere Kinder auf die Welt gekommen. Ihre Zeit aber ist gekommen, und sie sind von uns gegangen. Die Lebensdauer auf Erden ist Gottes Wille. Gott hat sie zu sich gerufen und gesagt: „Ihr ward viel zu gut für diese Welt!“

Ich denke so, und vor allem meine Großmutter denkt so, sie betet fünfmal am Tag, so wie Ihr es eben gesehen habt. Wir alle sind gläubig. Wenn es Gott nicht geben würde, könnte es am Tag nicht hell werden und in der Nacht nicht dunkel. Wenn es Gott nicht geben würde, würden die Blumen nicht aufgehen, wenn es ihn nicht geben würde, würde kein Regen fallen. Natürlich hat jeder Mensch eine andere Äußerung: Der eine ist Mohammedaner, der andere Christ, aber diese verschiedenen Glaubensrichtungen kann man meinem kleinen Sohn noch nicht verdeutlichen. Wenn ich ihm alles erzählen würde, dann würde auch bei ihm der Haß gegen die Deutschen beginnen. Aber das will ich nicht. Ich möchte, daß mein Sohn vernünftig zur Schule geht, wohlbehalten zurückkommt, seine Schularbeiten macht und dann mit seinen deutschen Freunden spielt.

**J.P.:** Merkst Du denn, daß Ibrahim Angst hat?

**F. Arslan:** Ja, es ist normal, daß er Angst hat.

**J.P.:** Ich habe gestern meiner älteren Tochter (8 Jahre) erzählt, daß wir hierherfahren und warum wir hierherfahren, und sie hat nur geweint und konnte gar nicht einschlafen. Bei Ibrahim ist es aber konkret im Erleben und muß viel schlimmer sein.

**F. Arslan:** Er träumt davon und weiß ganz genau, was los ist. Selbst hier in der Wohnung kann er nachts nicht alleine zur Toilette gehen, weil er Angst hat. Es ist wirklich sehr schwer, daß ein so kleiner Junge diese Angst in sich fühlen muß.

## „Präsident Clinton hat mich angerufen"

**W.W.:** Wie war die Reaktion der Politiker auf den Anschlag, speziell von Helmut Kohl?

**F. Arslan:** Von Helmut Kohl halte ich nicht das Geringste. Eigentlich ist er als Kanzler für Deutschland gar nicht geeignet. Wenn man Kanzler ist, sollte man sich in der Mitte zwischen Rechts und Links bewegen, aber Helmut Kohl bewegt sich viel mehr im rechten Spektrum. Der Mordanschlag auf unsere Familie ist ein besonderes Ereignis in der deutschen Geschichte, aber der Kanzler hat sich nicht darum gekümmert. Wenn sogar der amerikanische Präsident Clinton hier anruft bzw. anrufen läßt und mir mündlich und auch schriftlich sein herzliches Beileid mitteilt und mich anschließend für drei Wochen in die USA einlädt, dann hätte sich auch der deutsche Kanzler zumindest telefonisch bei uns melden können.

**W.W.:** Gab es von ihm keinerlei Reaktion?

**F. Arslan:** Er hat es nicht nötig. Er hat Äußerungen im Fernsehen gebracht, aber ich habe gleich gekontert, und nun kann er anscheinend überhaupt nichts mehr von sich geben. Ich denke, daß er mittlerweile bereut, sich mit mir angelegt zu haben. – Von den Versprechungen Engholms haben wir ja schon gesprochen. Er hatte uns nicht nur versprochen, daß wir eine gute Unterkunft bekämen, sondern auch, daß wir unsere Möbel wiederbekommen würden. Aber mittlerweile ist die Situation so, daß wir am 31. März aus dieser Wohnung herausmüssen, ohne zu wissen, wo wir dann hinkönnen. Auf dem Sozialamt waren wir auch, aber dort hilft man uns ebenfalls nicht. Aber nicht nur Björn Engholm und Helmut Kohl bewegen sich nicht, sondern auch der türkische Konsul rührt keinen Finger für uns.

**W.W.:** Warum nicht?

**F. Arslan:** Ich weiß es nicht, vielleicht fühlt er sich zu nobel. Mittlerweile ist es bekannt, daß mein Unwillen auf gewisse Politiker sehr groß ist; Helmut Kohl wird des öfteren schon aus den EG-Staaten danach gefragt.

Ich werde auch während meines dreiwöchigen Aufenthalts in den USA im Fernsehen von meinem Unwillen auf die Politiker berichten. Ich werde einfach erzählen, was mit meiner Familie passiert ist, ich werde darstellen, was man uns versprochen hat und dem gegenüberstellen, was davon eingehalten worden ist. Wenn man so einen Skandal in Deutschland hat, sollte man nicht leere Versprechungen machen. Man sollte für diesen Skandal gradestehen. Aber Helmut Kohl kann sein Land nicht retten, wenn er nichts unternimmt und die Probleme nur aussitzt.

**W.W.:** Was denkst Du über Schönhuber?

**F. Arslan:** Für mich ist Schönhuber absolut indiskutabel. Schönhuber ist einer, der sich wichtig tut, der die Macht in Deutschland will, der aber im Grunde eigentlich dumm ist und nicht weiß, was er will. Aber so einen Politiker brauchen wir in Deutschland nicht. Man sollte jeden Menschen so nehmen, wie er kommt, aber Schönhuber nicht, denn er kommt zu hart, wie Dynamit. Aber er wird unterwegs zerplatzen, bevor er an sein Ziel gekommen ist.

Wir müssen verhindern, daß die rechte Szene in Deutschland auf dem Rücken der Ausländer aufgebaut wird. Und wenn das deutsche Volk mit-

Unter den Trauergästen Arbeitsminister Norbert Blüm (in der Mitte), rechts daneben Außenminister Klaus Kinkel, dahinter Bundestagsvizepräsidentin Renate Schmidt und der SPD-Bundestagsabgeordnete Freimut Duve. (Foto: dpa)

macht, so werden wir, mit den deutschen und Ausländern zusammen, diese rechte Szene wieder abbauen.

**W.W.:** Aber ist dies nicht eher ein Traum, wenn auch ein schöner? Die meisten Ausländer haben doch in diesem Staat Angst, nicht nur vor den Rechten, sondern auch vor den Behörden bzw. dem Staat selbst.

**F. Arslan:** Richtig. Aber warum haben sie Angst? Sie wissen nicht, wie sie mit den Politikern umgehen sollen, sie wissen nicht, wie sie vor Gericht gehen können, sie haben keine Ahnung davon, wie man eine Anzeige bei der Polizei aufgeben kann. Sie wissen allerdings ganz genau, daß sie unterdrückt werden.

## „Nazis, laßt Euch begraben!"

**W.W.:** Ich denke, daß es ein ganz spezielles Problem der Deutschen ist, daß man in der BRD und vor allem in der DDR und in Österreich die Nazi-Vergangenheit nicht aufgearbeitet hat, denn sonst hätte man anders auf den ständig wachsenden Neofaschismus und die immer stärkere Tyrannisierung bzw. Diskriminierung der Ausländer reagiert. Stimmst Du mit mir überein,

Rund 5.000 Menschen nahmen an der Beisetzung in Tscharschamba/Nordtürkei teil. (Foto: dpa)

daß eine Enttabuisierung der Naziparolen und die ganze Asyldebatte den Boden gebildet haben, auf dem es letzten Endes zu einem Anschlag wie dem auf Euer Haus und auf Eure Familie kommen konnte?

**F. Arslan:** Sicherlich. Die Nazis haben gedacht, daß sie mit dem Anschlag auf unser Haus etwas erreichen würden, aber sie haben nichts erreicht, und verändert hat sich in Deutschland nichts. Menschen umzubringen wird Deutschland nicht ändern. Nur durch Vernunft, und wenn man mit den Politikern redet, wird sich hier etwas ändern. Also, die Nazis haben nichts erreicht. Die Leute, die die Brandanschläge auf unser Haus verübt haben, werden immer wieder von mir Druck bekommen, und wenn sie Brandanschläge auf andere Familienhäuser verüben, so werde ich denen helfen und für sie gradestehen. Wir haben jetzt hier in Mölln einen Verein aufgemacht, „Miteinander leben" heißt er, in dem auch viele Deutsche sind, die bereuen, daß sie Deutsche sind. Aber sie sollten nicht bereuen, daß sie Deutsche sind, sondern der Staat sollte die Fehler bereuen, die er gemacht hat.

**W.W.:** Aber man kann doch nicht dem Staat allein die Schuld geben, die Schuld liegt doch auch bei breiten Bevölkerungsschichten. Denk doch an die feige Menge, die in Rostock und in Hoyerswerda Beifall klatschte, als die Molotow-Cocktails in die Asylbewerberheime geschmissen wurden. Diese feige Menge ist doch fast noch widerlicher als die jugendlichen Nazibanden, die die Gewalt ausgeübt haben.

**F. Arslan:** Ja, das ist natürlich richtig. Das gilt für einen Großteil der Bevölkerung der ehemaligen DDR; in bezug auf die alten Bundesländer sehe ich das aber nicht so, denn da gebe ich dem deutschen Kanzler allein die Hauptschuld. Aber die Menschen in der ehemaligen DDR kannten doch kaum Ausländer, wußten kaum, was Freundschaft mit Ausländern bedeutet, denn kaum wurde die Grenze aufgemacht, hieß es: „Ausländer raus!" Ich war auch mit 1.500 Menschen aus Hamburg in Rostock, um die Angegriffenen zu unterstützen. Einige Menschen, die dort geklatscht hatten, haben es inzwischen bereut. Ich war sehr direkt, als ich durch das Mikrophon gesprochen habe: „Wir wollen keine Nazis in diesem Land, wir wollen keinen Rassismus. Wenn ihr Nazis seid, so laßt euch begraben oder grabt euch selber ein. Ihr habt kein Glück in diesem Land, Deutschland ist für uns da, nicht für euch. Menschen umzubringen und dabei zu applaudieren, das gehört sich nicht. Ihr habt kein Recht, anderen Menschen das Leben zu nehmen."

**W.W.:** So hast Du drüben auf einer Demonstration in den Straßen gesprochen?

**F. Arslan:** Ja. Meinst Du, daß nur ein Fenster aufgegangen wäre? Niemand hat das Fenster aufgemacht und zugehört!

**W.W.:** Aber hinter den Gardinen werden ja wohl etliche gestanden haben.

**F. Arslan:** Natürlich, und weil sie ein schlechtes Gewissen hatten, haben sie sich nicht gezeigt.

**W.W.:** Aber dann haben sie es doch nicht bereut.

**F. Arslan:** Doch.

**W.W.:** Aber dann hätten sie doch dazu gestanden und sich in irgendeiner Weise entschuldigend geäußert.

**F. Arslan:** Ja, das ist zwar richtig, aber sie haben sich später z.B. bei dem Ausländerbeauftragten Wolfgang Richter entschuldigt. Viele waren es zwar nicht, aber immerhin ca. zehn bis zwölf. Immerhin haben wir erreicht, daß wir einige Menschen auf unsere Seite gezogen haben, nächstes Jahr werden es vielleicht mehr.

## Der Haß der Menschen aufeinander führt zum Untergang

**W.W.:** Es scheint, daß wir wieder in ein Zeitalter des Nationalismus eintreten. Überall auf der Welt hassen sich die Menschen und zerfleischen sich immer mehr. Woher stammt Deiner Ansicht nach dieser Haß?

**F. Arslan:** Ich glaube, daß wir ungefähr im Jahre 2000 ein so großes Problem auf der Erde haben werden, daß wir nicht damit klarkommen werden. Vielleicht wird es sogar die gesamte Menschheit kosten. Natürlich weiß ich es nicht mit Sicherheit. Die Menschen, die sich hassen und die sich gegenseitig zusammenschlagen, quälen und töten, werden von den Politikern aufgehetzt. Wir sind aber alle Menschen, wir sind alle aus demselben Fleisch und Blut, gleich ob unsere Haut nun schwarz, gelb oder rot ist. Ich bin braun, Du bist weiß, aber wegen der Hautfarbe sollte man niemals Menschen vergleichen und herabsetzen, sondern man sollte jeden so akzeptieren, wie er ist. Wenn in den USA z.B. weiße Polizisten Schwarze verprügeln, so denken die Polizisten womöglich, daß sie etwas Berechtigtes tun, aber es ist natürlich völlig unberechtigt. Vielleicht bereuen sie eines Tages, was sie getan haben, aber dann kann es bereits zu spät sein. Denn an dieser Stelle entsteht der Haß der Unterdrückten. Daraus entstehen dann die Revolten der Schwarzen gegen die Weißen oder überhaupt die Kriege von Menschengruppen gegen andere.

Gründe für den Haß und für die Konflikte der Menschen untereinander gibt es natürlich viele. Die Aggressivität der Menschen untereinander entsteht z.B. auch dadurch, daß eine große Gruppe von Menschen zu wenig zum Leben hat, und diese Menschen denken, daß ihnen etwas weggenommen oder vorenthalten wird, was eigentlich ihnen gehören müßte. Wenn sich diese Annahme auch noch auf den Staat bezieht, dann wird es kriminell.

Ein großer Teil des Hasses entsteht auch dadurch, daß man meint, für das Richtige mit Gewalt kämpfen zu müssen. Das aber ist ein Irrweg. Wenn wir nicht lernen, die Verantwortlichen in den Politikern zu sehen, sondern so wie im ehemaligen Jugoslawien alle gegeneinander kämpfen, dann wird das der Untergang der Menschheit sein. Es ist ein Irrweg, wenn die Jugoslawen ihr Land teilen wollen, denn es ist nur *ein* Land. Genauso ist es in der Türkei: Die Kurden wollen ein großes Gebiet der Türkei als eigenen Staat haben. Man kann die Türkei aber nicht teilen.

**W.W.:** Das berechtigt den türkischen Staat noch lange nicht zum Völkermord an den Kurden und zur Folter in den Gefängnissen!

**F. Arslan:** Da kommen wir an eine heiße Sache. Die türkische Regierung bringt die Kurden nicht um. Wenn die Kurden keine Anschläge gegen die türkischen Familien verüben würden, würde der türkische Staat auch keine Schläge gegen die Kurden unternehmen.

**W.W.:** Aber das liegt doch daran, daß die türkische Regierung den Kurden weitgehend ihre Rechte verweigert, daß z.B. die kurdische Sprache lange verboten war.

**F. Arslan:** Das stimmt alles nicht, die reden alle kurdisch, auch in der Schule. Ich war in Diyarbakir und habe das selbst erlebt, sie lernten dort in der Schule türkisch und kurdisch. – Seit dem Erlebnis mit meiner Familie versuche ich natürlich, gegen den Haß der Menschen anzukämpfen, sei es

Die Kinder beim Spielen während des Interviews. (Foto: Wolfgang Weirauch)

hier in Deutschland, in den USA, in Jugoslawien oder in der Türkei. Ich sage allen: Gebt Euch die Hand, haltet zusammen.

**W.W.:** Was Du dazu vorhin schon gesagt hast, sind teilweise geistige Ideen: daß alle Menschen gleich und von Gott erschaffen seien, daß man sich gegenseitig akzeptieren und verbrüdern solle, statt sich zu hassen. So eine geistige Idee kann die unterschiedlichsten Menschen zusammenführen, mit diesen oder anderen Ideen können sie zusammenarbeiten und Frieden schaffen. Trotzdem ist es so, daß der Haß in der Welt zunimmt. Das aber wiederum heißt, daß es ihnen an Ideen fehlt. Warum fehlen denn den Menschen diese Ideen?

**F. Arslan:** Ich denke, was ich sage. Aber jedem Menschen fällt das nicht ein. Wahrscheinlich muß man erst einmal Schmerzen fühlen, bevor man zu solchen Einsichten kommt, und diese Schmerzen, die ich gefühlt habe, gönne ich keinem Menschen, nicht einmal meinem Feind. Ich gönne es niemandem, daß seine Familie umgebracht wird. Ich bin nicht ganz ungebildet und habe in diesem Leben viel mitgemacht. Ich habe auch viele Freunde von der PKK in Hamburg, aber ich lehne sie nicht ab. Es sind genauso Menschen wie ich.

**W.W.:** Hast Du vor dem Anschlag auf Euer Haus und Eure Familie anders gedacht?

**F. Arslan:** Eigentlich nicht, nur in bezug auf die Scheinasylanten. Vorher glaubte ich noch, daß es gut wäre, wenn alle nach Deutschland kommen könnten. Aber mittlerweile habe ich mich informiert, und da ist mir klargeworden, daß es so auch nicht geht. Aber zum Asylrecht eine vernünftige und handhabbare Lösung zu finden, das hat der deutsche Staat bisher noch nicht geschafft.

## Was ist Nationalgefühl?

**W.W.:** Ausländerhaß und Haß auf Minderheiten gibt es auf der ganze Welt; man braucht nur an die Greueltaten im ehemaligen Jugoslawien zu denken. Trotzdem gibt es in fast jedem Staat der Welt eine Art harmloses Nationalgefühl. Ich denke da z.B. an Dänemark, wo überall die dänischen Fahnen hängen, sogar am Weihnachtsbaum. Das ist vielleicht ein bißchen lächerlich, aber nicht schlimm. Aber bei den Deutschen ist es irgendwie anders. Wenn die Deutschen nationalistisch werden, so hat es eine andere Negativqualität als in anderen demokratischen Ländern. Woran liegt das?

**F. Arslan:** Ich weiß es nicht. Ich freue mich natürlich auch, genauso wie die Dänen, wenn ich meine türkische Fahne in der Hand habe.

**W.W.:** Mit der deutschen Fahne ist dies nicht so ohne weiteres möglich, als Deutscher hat man große Probleme, nationalistisch zu denken oder sich sogar als Deutscher zu fühlen. Das liegt natürlich auch daran, daß die

Deutschen das einzigartige und größte Verbrechen der Menschheitsgeschichte verübt haben. Seit dem deutschen Faschismus ist das Nationalgefühl der Deutschen irgendwie kaputtgeschlagen oder zumindest gestört worden. Es sind nicht nur andere Völker terrorisiert worden, es sind nicht nur die Juden, Sinti und Roma millionenfach ermordet worden, sondern es ist auch die deutsche Kultur und Demokratie zerschlagen worden. Seitdem kann man meines Erachtens nicht mehr stolz darauf sein, ein Deutscher zu sein. Man kann aber stolz sein, ein Däne zu sein, man kann stolz sein, ein Türke zu sein usw.

**F. Arslan:** Bist Du stolz, daß Du ein Deutscher bist?

**W.W.:** Nein.

**F. Arslan:** Du bist einer der wenigen Deutschen, von denen ich höre, daß sie nicht stolz sind, Deutscher zu sein.

**J.P.:** Davon gibt es viele.

**F. Arslan:** Man sollte aber nicht sein Land alleine lassen.

**W.W.:** Das tue ich auch nicht. Ich liebe die deutsche Kultur, die deutsche Sprache, sogar, wenn auch mit Abstrichen, diesen Staat. Trotzdem habe ich es mit einem deutschen Nationalgefühl äußerst schwer.

**F. Arslan:** Ich habe sogar Briefe bekommen, in denen Deutsche mir mitgeteilt haben, daß sie sich schämten, Deutsche zu sein.

**W.W.:** So weit gehe ich nicht.

**F. Arslan:** Solche Worte sollten eigentlich auch nicht fallen. Man sollte sich nicht schämen, ein Deutscher zu sein, sondern man sollte sich schämen, wenn man bei der Wahl seine Stimme den Rechtsradikalen gegeben hat.

**W.W.:** Ich finde es z.B. äußerst schwierig, bei einem Nationalgefühl aller Deutschen mitzufühlen. Ich schaue mir die Individualität an und sehe, ob es – einfach gesprochen – ein guter oder schlechter Mensch ist, aber dabei ist es egal, ob er ein Türke, Deutscher, Däne oder Pole ist. Was ist für Dich überhaupt Nationalgefühl?

**F. Arslan:** Für mein Land einzustehen, mein Land nicht zu verraten, mein Land nicht schlechtzumachen. So schütze ich meine Nationalität.

**W.W.:** Wenn es in der Türkei nun einen Rechtsputsch gibt, die Demokratisierung wiederum gestoppt wird, so ist doch vielleicht eine Regierung an der Macht, mit der Du gar nicht übereinstimmst. Wie kannst Du denn dieses Land schützen wollen? Ist das dann noch Dein Land?

**F. Arslan:** Es ist trotzdem mein Land!

## Türken und Deutsche haben ein schwieriges Verhältnis

**W.W.:** Die Türken und die Deutschen haben ein eigenartiges Verhältnis, sei es, daß sie während des Ersten Weltkrieges auf derselben Seite standen, sei es, daß ganz besonders viele Türken hier in Deutschland leben. Wie siehst Du das Verhältnis der Türken und Deutschen allgemein und heute?

**F. Arslan:** Ich möchte es aus meiner persönlichen Sicht schildern: Vor dem Anschlag auf unsere Familie hatten wir alle ein mehr oder weniger gutes Verhältnis, im Grunde waren wir mit den meisten Deutschen befreundet. Ich weiß nicht, ob diese Freundschaften falsch waren, aber wir haben uns immer gegrüßt, miteinander gelacht. Nach dem Mordanschlag hat sich aber jeder von uns abgewendet, ist seine eigenen Wege gegangen. Natürlich hat sich noch weiteres verändert, es gab z.B. die Lichterketten, und die Nazis werden zunehmend zur Verantwortung gezogen. Die Ausländer, die in Deutschland wohnen, versuchen seitdem, sich weit weniger an das deutsche Volk anzupassen als vorher, denn sie haben zunehmend Angst, daß sie unterdrückt werden.

Die Deutschen und Türken halten seit dem Ereignis nicht mehr zusammen, denn die Türken machen sich natürlich Gedanken, ob sie sich nochmals mit den Deutschen zusammensetzen sollen. Sie fragen sich auch, ob sie sich weiter verbrennen oder umbringen lassen sollen. Die türkische Mehrheit, die in Deutschland lebt, hat keinen Respekt mehr vor dem deutschen Staat, denn die ganzen Ereignisse der letzten Jahre erinnert sie an die Zeit mit Hitler. Die Türken haben in der ganzen Zeit, in der sie in Deutschland leben, versucht, mit den Deutschen klarzukommen, aber nun sehen sie, daß es nicht geklappt hat.

Natürlich sollte man nicht alle Deutschen und Türken in einen Sack stecken, nicht alle Türken sind gleich, nicht alle Deutschen sind gleich. Man sollte diese Identifizierung nicht übertreiben.

**W.W.:** Wie paßt die Mentalität der Deutschen und der Türken zusammen?

**F. Arslan:** Die Türken sind zum überwiegenden Teil Mohammedaner, die Deutschen Christen. Wir essen kein Schweinefleisch, unsere Frauen tragen Kopftücher, und sie gehen nicht in Diskotheken. Das wird natürlich von den Deutschen oft als komisch oder befremdlich angesehen. Es wird dann oft gefragt, warum unsere Mentalität so sei. Oft wird auch gesagt, daß wir unsere Frauen verstecken. Aber wenn eine türkische Frau einen deutschen Mann haben will, dann soll sie sich doch mit ihm zusammensetzen. Man sollte es nur nicht übertreiben.

## Eine neue Menschlichkeit zwischen Deutschen und Ausländern

**W.W.:** Was sind Deine Vorschläge, wie das Verhältnis zwischen Deutschen und Türken zu verbessern ist?

**F. Arslan:** Sie sollen sich zusammensetzen und einander beistehen. Die Deutschen sollten zu den Türken und anderen Ausländern gehen und sagen, daß sie Fehler gemacht haben und daß sie diese Fehler wieder gutmachen wollen. Man kann dieses Verhältnis wieder verbessern, indem man sich zusammensetzt, so wie wir das jetzt tun. Man kann sich zusammensetzen und etwas essen und trinken, man kann versuchen, die unterschiedlichen Gefühle der anderen zu verstehen. Das wäre eine neue Menschlichkeit zwischen Deutschen und Ausländern. Wenn man etwas gutmachen will, dann kann man das nur, wenn man einsieht, daß man vorher Fehler gemacht hat. Aber Fehler einzusehen, ist für die meisten Menschen sehr schwer!

Deutsche und Ausländer kommen aber nicht nur dann zusammen, wenn sie miteinander reden, sondern auch wenn sie miteinander handeln. Dies tut man aber auch schon, wenn man sich zusammensetzt und ein Stück Brot miteinander ißt. Und dieses Brot ist dann von einem Freund, von einem Ausländer, von einem Türken, einem Jugoslawen, einem Rumänen usw.

**W.W.:** Was können die Deutschen noch tun, um mit den Ausländern in ein besseres Verhältnis zu kommen?

**F. Arslan:** Auf der einen Seite können Sie das Kreuz bei der Wahl an die richtige Stelle setzen, auf der anderen Seite, wie schon gesagt, mit den Familien reden, sich mit den Kindern unterhalten, die in der Stadt, wo die Deutschen jeweils leben, die Nachbarn sind. Man muß zu ihnen gehen und ihnen sagen: „Ich stehe zu Dir, Du brauchst keine Angst zu haben! Was in Mölln oder Rostock passiert ist, wird hier niemals passieren, denn wir werden hinter Euch stehen!“ – Wenn das immer mehr Menschen tun würden, könnte niemand mehr die Deutschen und die Ausländer auseinanderbringen. Wir, die wir hier in diesem Raum zusammensitzen, können das deutsche Volk natürlich nicht ändern. Aber Ihr könnt dazu in Eurer Zeitung einen kleinen Beitrag liefern, indem Ihr zum Ausdruck bringt, daß die Deutschen und die Ausländer zusammengehören, indem Ihr zu verstehen gebt, daß wir *eine* Menschheit sind. Wenn man den Ausländern mitteilt, daß man zu ihnen steht, dann wird auch in Zukunft ein gutes Zusammenleben zwischen Ausländern und Deutschen möglich sein.

**W.W.:** Hast Du Hoffnungen, daß das in Zukunft kommen wird?

**F. Arslan:** Nein. Einige Menschen werden in dieser Richtung arbeiten, aber die meisten nicht. Ein kleiner Schritt in diese Richtung ist z.B. unser Verein „Miteinander leben“, dem man auch beitreten kann. Dieser Verein macht z.B. an jedem 23. des Monats eine Demonstration im Gedenken an den Mordanschlag auf unsere Familie. Wir kämpfen auch für die Asylanten, wir kämpfen für die Kinder, die kein Deutsch können, und wir setzen uns für diejenigen ein, die vom Arbeitsamt oder Sozialamt kein Geld bekommen. Wir beschützen auch die Ausländer, die von der Polizei weggedrückt werden, wir stellen auch die Rechtsanwälte und bezahlen sie. In diesem Verein helfen jetzt schon etwa 120 Deutsche, die dort Mitglied geworden sind.

# Gemeinsam gegen Rechts

## INTERVIEW MIT TORSTEN MAASS

### von Wolfgang Weirauch

**Torsten Maaß**

*geboren 1962 in Reinbek/Kreis Stormarn. Heirat 1989, Vater von drei Kindern. Lebt seit 1990 in seinem Einfamilienhaus in Mölln und ist als Versandleiter in einer Druckerei tätig.*

Während des Interviews mit Faruk Arslan erzählte dieser, daß am Abend zuvor auf das Haus von Torsten Maaß, dem ehemaligen Landesmedienassistenten und Kreisvorsitzenden der Republikaner (Kreis Herzogtum Lauenburg), ebenfalls ein Brandanschlag verübt worden sei. Wir beschlossen sogleich, ihn auch aufzusuchen und zu befragen. Faruk Arslan begleitete uns.

Man hatte einen Molotow-Cocktail in seinen Schuppen geschmissen, der völlig ausbrannte, während das Feuer schon auf das nahestehende Wohnhaus übergriff. Wenn die Feuerwehr nicht in dem Moment gelöscht hätte, hätte das Haus binnen kurzem vollends in Flammen gestanden. Und wieder einmal wären Menschenleben gefährdet gewesen!

Der Anschlag auf die Arslan-Familie brachte für Torsten Maaß die Wende: Er kehrte den Republikanern gänzlich den Rücken, weil er endgültig begriff, welch menschenverachtende Folgen eine einseitige Politik bzw. die Hetze verschiedenster rechter Kreise nach sich ziehen konnte. Dadurch, daß später – vermutlich aus Rache von rechter Seite, jedoch sind die Täter noch nicht gefaßt – in seinem eigenen Haus ein Brandanschlag verübt worden ist, hat sich eine Art Schicksalsgemeinschaft mit Faruk Arslan ergeben: Bisher mieden sie sich und glaubten, Gegner sein zu müssen, nun aber haben sie sich die Hand gereicht und wollen gemeinsam den Kampf gegen Rechts antreten.

Interessant ist, daß die beiden das Schicksal ohnehin schon einmal zusammengeführt hatte: Torsten Maaß, Faruk Arslan und der mutmaßliche Mörder Michael Peters gingen jahrelang in dieselbe Schulklasse!

**Wolfgang Weirauch:** Sie waren bis vor kurzem der Kreisvorsitzende der Republikaner im Kreis Herzogtum Lauenburg. Wie war damals Ihre politische Einstellung, und warum haben Sie sich in diese Position wählen lassen?

**Torsten Maaß:** Meine politische Einstellung war rechts. Es begann damit, daß meine jetzige Frau, mit der ich damals noch nicht verheiratet war, arbeitslos wurde. Ich riet ihr, beim Arbeitsamt Arbeitslosengeld bzw. -hilfe zu beantragen, was sie auch tat. Man teilte uns mit, daß sie kein Arbeitslosengeld bekommen würde. Auf meine Nachfrage wurde mir gesagt, daß sie nur Arbeitslosenhilfe bekäme, aber als wir sie beantragten, bekam meine Frau auch diese nicht. Auf meine erstaunte Nachfrage wurde mir mitgeteilt, daß dies daran liege, daß ich zu viel verdiene. Ich erwiderte, daß ich nicht mit ihr verheiratet sei. Aber die Bearbeiter von Arbeitsamt teilten uns mit, daß wir in einem eheähnlichen Verhältnis lebten, deswegen bekomme sie kein Geld.

## „Und das machte mich wütend"

Im selben Moment kam ein Türke in den Raum und sagte mit weinerlicher Stimme, er brauche unbedingt Geld. Nach einigem Hin und Her bekam er dann eine Bescheinigung, mit der er sich vom Sozialamt Geld holen konnte. Wir gingen dann zusammen hinaus, und ich sah gerade noch, wie er in einen dicken Mercedes einstieg. Und das machte mich wütend! Wir als Deutsche bekamen nichts, und er als Ausländer mit dem großen Mercedes bekam, was er wollte!

Hinzu kam, daß mein Schwager jemanden aus der rechten Szene Möllns kannte; mit dem setzte ich mich zusammen, erzählte ihm von meinem Erlebnis, und er nahm mich mit zu einer Veranstaltung der Republikaner. Auf dieser Veranstaltung sprach Schönhuber, der mir auf Anhieb recht gut gefiel. Er sprach auch meine Themen an, die mich besonders interessierten:

Abtreibung, Asylrecht. Daraufhin trat ich in die Partei ein und baute den Ortsverband Mölln auf.

**W.W.:** Wann war das?

**T. Maaß:** Der Ortsverband Mölln ist 1990 gegründet worden. Wir wollten dann zur Gründung des Ortsverbands Mölln eine Großveranstaltung mit Schönhuber durchführen, die die Stadt aber aus Sicherheitsgründen verbot. Irgendwann später stieg ich dann zum Kreisschatzmeister auf, später wurde ich Parteisekretär, dann Kreisvorsitzender und zuletzt Landesmedienassistent. Dadurch wurde ich auch in Mölln in der rechten Szene sehr bekannt.

**W.W.:** Hat sich Ihre Einstellung zu den Ausländern durch Ihre Mitgliedschaft bei den Republikanern verändert? Ihr Einstieg bei den Republikanern beruht auf diesem persönlichen Erlebnis, aber man kann ja nicht alle Deutschen und alle Ausländer über einen Kamm scheren.

**T. Maaß:** Richtig, man kann nicht alle in einen Hut schmeißen. Vielleicht war das damals ein besonders krasses Erlebnis, vielleicht habe ich mir auch eingebildet, daß alle Ausländer gleichermaßen bevorzugt würden. Es wird natürlich von allen Seiten maßlos übertrieben, auch von seiten der Republikaner. Es heißt oft von dieser Seite, jeder Ausländer würde 14.000 DM bekommen. Das ist natürlich Unsinn. Diese Gelder setzen sich daraus zusammen, daß die Ausländer Anspruch auf Wohnung und Kleidung haben, daß sie z.B. Anspruch darauf haben, daß ein Rechtsanwalt ihre Interessen wahrnimmt und vieles mehr. Allerdings habe ich diese Ansprüche als Deutscher ganz genauso, wenn ich arm bin. Aber das habe ich früher so nicht gesehen, und deswegen haben wir Propaganda damit gemacht.

## „Ohne Ausländer würde uns sehr viel fehlen“

**W.W.:** Daß die bei uns lebenden und arbeitenden Ausländer einen nicht unerheblichen Teil des Bruttosozialproduktes erwirtschaften, daß sie Steuern zahlen und daß ohne ihre Mitarbeit der Arbeitsmarkt in Deutschland mehr oder weniger zusammenbrechen würde, war Ihnen damals nicht bewußt?

**T. Maaß:** Doch sicherlich, aber es stand für mich nicht im Vordergrund. Wenn ich nur daran denke, wieviel Ausländer hier in Mölln arbeiten und was passieren würde, müßten sie alle verschwinden – allein die ganzen Gaststätten –, dann würde uns sehr viel fehlen. Wenn man alle Läden, die von Ausländern betrieben werden, schließen würde, dann bräuchten wir nur noch zu Hause vorm Fernseher zu sitzen, und das wär's dann.

**W.W.:** Haben Sie damals bemerkt, daß durch Schönhuber oder andere Parteispitzen eine einseitige Hetze gegen Ausländer betrieben wurde?

**T. Maaß:** Von einseitiger Hetze würde ich nicht sprechen. Schönhuber ist ein sehr kluger Mensch, der mir auch sehr imponiert hat. Er ist zusätzlich sehr gerissen, und man wird ihn auch nie hinter dem Ofen hervorlocken. Er weiß immer genau, in jedem Moment, was er zu sagen hat. Man wird auch niemals von ihm Äußerungen hören, daß alle Ausländer aus Deutschland heraus müßten oder ähnliches.

## Angst

**W.W.:** Was war der Grund dafür, bei den Republikanern wieder auszutreten?

**T. Maaß:** Angst, vor allem auch Angst um meine Familie.

**W.W.:** Angst vor wem?

**T. Maaß:** Ich habe viele Drohungen, auch Morddrohungen bekommen. Von welcher Seite diese kamen, weiß ich nicht. Es wurde mir angedroht, mich aufzuknüpfen, mir das Haus anzustecken und vieles mehr. Meine Frau war damals schwanger und bekam dann unser Kind, so daß mir klar wurde, daß es so nicht weitergehen könne. Deswegen trat ich erst einmal als Kreisvorsitzender zurück. Ich hoffte, daß sich die Drohungen damit legen würden. Es kam dann eine große Pressemitteilung, daß ich aus persönlichen Gründen zurücktreten würde. Ich wollte ja auch nicht parteischädigend in der Öffentlichkeit auftreten, denn Schönhuber hatte einmal gesagt: Wer einmal vom Zug abspringen würde, der bräuchte auch niemals wieder aufspringen. Aber es hörte mit den Drohungen nicht auf, und irgendwann hatte ich solche Angst, daß ich auch aus der Partei ausgetreten bin. Das habe ich aber nicht weiter publik gemacht.

**W.W.:** Dann kam der Anschlag auf Faruk Arslans Familie. Was hat das in Ihrem Leben bewirkt?

**T. Maaß:** Ich habe sehr geheult. Ich hörte es zuerst im Radio, wußte aber noch nichts Näheres, fuhr dann zur Arbeit, begegnete vielen Feuerwehrwagen, aber erst nach einigen Stunden war ich voll im Bilde, was eigentlich geschehen war. Selbst auf der Arbeit habe ich geheult, bis mich der Chef mittags nach Hause geschickt hat. Hinzu kam noch, daß unser lieber Bürgermeister meine Telefonnummer an die Presse herausgegeben hatte und ausgab, daß man sich bei mir melden könne.

**Faruk Arslan:** Da stehe ich ganz auf Deiner Seite, denn ich weiß, daß er das gemacht hat. Alle Reporter kannten in wenigen Stunden Deine Telefonnummer.

**T. Maaß:** Die Reporter standen vor unserem Haus Schlange, sogar das ZDF kam mit einem Wagen. Aber ich habe alle Interviews abgelehnt, weil ich einfach Angst hatte. Ich wußte auch nicht, wie ich mich Faruk Arslan gegenüber verhalten sollte, denn ich mußte befürchten, daß, wenn ich ihm in Mölln begegnet wäre, er mich als Anstifter für den Mordanschlag auf seine Familie beschuldigt hätte. Deswegen fand ich es auch unheimlich gut, daß Faruk Arslan den ersten Schritt gemacht hat, zu mir gekommen ist, weil wir jetzt mehr oder weniger das gleiche Schicksal teilen.

## Es wird noch schlimmer kommen

**W.W.:** Gestern ist ein Anschlag auf Ihr Haus verübt worden. Was im einzelnen ist passiert?

**T. Maaß:** Ich war gestern mit einem Freund in Pinneberg, der mich dann um 21.00 Uhr hier in der Nähe abgesetzt hat. Eine Bekannte von mir lief mir entgegen und sagte mir, daß es bei uns brenne. Ich fragte gleich nach meiner Familie, aber man versicherte mir, daß diese schon bei den Nachbarn in Sicherheit gebracht worden sei. Ich realisierte dann erst, was geschehen war: Unbekannte hatten in unseren Schuppen eine Brandbombe geschmissen, der Schuppen war völlig ausgebrannt und hätte fast unser Haus mit angesteckt. Die Polizei kam dann, um mich zu verhören, und ich fragte sie: „Wissen Sie eigentlich, wer ich bin?" Da sie es nicht wußten, sagte ich meinen Namen, und da hieß es: „Ach, Sie sind doch der Republikaner. Dann wissen wir ja, wo wir nach dem Schuldigen suchen müssen."

**F. Arslan:** Hör Dir mal an, was die zu ihm gesagt haben. Er wollte auch Personenschutz haben, aber das haben sie abgelehnt. Erzähl ihm mal, wo Du deswegen überall gewesen bist.

**T. Maaß:** Kurz gesagt lief alles nach dem Strickmuster ab: Wir haben mit unseren Nachforschungen alles getan, von nun an rühren wir keinen Finger mehr. Die Polizei sagte, dies sei wohl nur ein Denkzettel gewesen.

**F. Arslan:** Es wird noch schlimmer kommen. Die werden Dich immer wieder angreifen, denn Du bist aus der Partei ausgetreten. Du versuchst, Deine Familie zu retten, aber Du hast einen Politiker wie Schönhuber verraten. Wenn der Angriff von der linken Szene gekommen wäre, so hätten sie die Brandbombe nicht in den Schuppen, sondern in das Haus geschmissen. Aber die rechte Szene will Dich mit dem Anschlag zwingen, wieder bei ihrer Sache mitzumachen.

**T. Maaß:** Ich denke, es sollte nichts Schlimmes passieren. Letztendlich kam es nur zu einem so gefährlichen Brand, weil die Glasscheibe des Schuppens sprang und unser Haus, das keinen Meter entfernt steht, zu brennen angefing. Der Leiter der Möllner Feuerwehr hat uns gesagt: „Fünf Minuten später, und hier hätte nichts mehr gestanden!" Unser Haus besteht ja fast nur aus Holz, und das Dach hatte schon zu brennen begonnen.

**W.W.:** Wie ist es gekommen, daß Sie und Faruk jetzt zusammensitzen und befreundet sind?

**T. Maaß:** Faruk kam hier, an und mir fiel die Gesichtsklappe runter. Ich muß gestehen, daß ich noch nie in meinem Leben eine solche Angst hatte wie gestern, als Faruk bei uns erschien. Er fragte dann ganz höflich, ob er hereinkommen könne. Wir unterhielten uns dann und bemerkten bald, daß mein Sohn und seine Tochter Roxanna bereits zusammen spielten, und zwar schon seit Monaten. So kamen wir uns näher. Die Kinder waren schon längst zusammen und spielten miteinander, und wir gingen uns bisher immer noch aus dem Weg. Bei drei Kannen Kaffee sind wir uns dann gestern nähergekommen. Bis morgens um 04.00 Uhr haben wir gesprochen. Den Rest der Nacht habe ich kein Auge mehr zubekommen.

## Ein historisches Ereignis

**W.W.:** Plant Ihr beide jetzt gemeinsame Aktionen?

**F. Arslan:** Ich ja.

**T. Maaß:** Eigentlich möchte ich politisch nicht mehr aktiv sein. Ich habe aus dem Rathaus erfahren, daß in Kürze etwa 80 Jugoslawen hier angesiedelt werden. Diese Jugoslawen werden natürlich in Mölln wieder für großen Unmut sorgen, und Mölln wird wieder zum Mittelpunkt der rechten Szene werden. Deswegen werde ich mich in Zukunft wahrscheinlich an die Spitze des Kampfes gegen Rechts stellen. Vielleicht wird dadurch auch mein Image wieder ein wenig aufgebessert. Ich möchte den Menschen auch zeigen, daß Gewalt kein Weg der Auseinandersetzung ist. Es geht doch nicht, daß irgendwelche Rechte irgendwo eine Brandbombe hineinschmeißen und dann die Linken woanders eine Brandbombe als Reaktion hineinschmeißen. Wenn das so weitergeht, haben wir hier irgendwann den Bürgerkrieg. Deswegen werden Faruk und ich uns beide gegen Rechts stellen, und wir werden dann sehen, was dann hier in Mölln los ist.

**F. Arslan:** Wir möchten auch im gesamten deutschen Staat wenigstens ein bißchen gradebiegen, er als Exrepublikaner, ich aus der Familie, von der drei umgebracht worden sind. Für mich ist das ein historisches Ereignis, wenn sich ein Rechter und ein Linker zusammentun, um dann gegen Rechts anzugehen. Vielleicht können wir dadurch auch einige Menschen aus der rechten Szene herausziehen. Wir wollen auch mit unserer Kampagne bezwecken, daß den Menschen deutlich wird, daß man keine Kinder umbringen darf. Auch Frauen darf man nicht umbringen.

**W.W.:** Männer auch nicht.

**F. Arslan:** Wenn man schon Haß hat, dann sollte man den Haß bei den Politikern entladen. Wir wollen aber auch gegen die Scheinasylanten ankämpfen. Asylanten, die wirklich politisch verfolgt werden, denen wollen wir dagegen sehr helfen. Aber wenn der Krieg in ihrem Land vorbei ist, dann sollten sie wieder in ihre Heimat zurückkehren.

**T. Maaß:** Wir wollen auch, daß sich einmal alle Parteien an einen Tisch setzen, nicht nur die großen und die GRÜNEN, sondern auch die Republikaner und die DVU ...

**F. Arslan:** ... und dann setzen wir uns beide auch noch an den Tisch, und dann wollen wir miteinander reden.

**T. Maaß:** Wir wollen, daß das Problem an der Wurzel gepackt wird. Es ist doch klar, daß die Ausländer, z.B. wenn sie das Werbefernsehen sehen, nach Deutschland kommen wollen. Der Anreiz und der Reichtum sind einfach zu groß. Ich bin auch sicher, daß viele, wenn sie erst einmal hier sind, nicht mehr zurück wollen. Statt dessen sollte man lieber enorm in den entwicklungsbedürftigen Ländern helfen.

**W.W.:** Das ist sicherlich richtig. Trotzdem muß man sagen, daß die Not der Menschen in großen Teilen der Erde so groß ist, daß selbst eine enorm gesteigerte Entwicklungs- und Wirtschaftshilfe nur ein Tropfen auf den heißen Stein sein wird. Ungefähr die Hälfte der Weltbevölkerung muß mit 500 US-Dollar pro Kopf und Jahr auskommen. Aus der ganzen Not ergibt sich nicht nur die ökonomische, sondern auch die ökologische, die politische und die Ost-West-Migration.

**T. Maaß:** Deswegen verstehe ich auch die USA nicht, daß sie in Jugoslawien nicht einfach eingreifen. Aber dort ist ja nichts zu holen – im Gegensatz zu Kuwait.

# Pogrome in Rostock

## INTERVIEW MIT WOLFGANG RICHTER

### von Wolfgang Weirauch

**Dr. Wolfgang Richter,** *geboren 1955 in Langensalza/Thüringen. 1974 Abitur, 1974–1978 Studium an der Humboldt-Universität und Ausbildung zum Diplomlehrer für Geographie und Geschichte. 1978–1982 Lehrer an einer Schule in Mecklenburg, 1982–1986 Promotion in Berlin zum Thema „Zur Behandlung Lateinamerikas im Geographieunterricht". 1986–1991 an der Universität Greifswald beim Geographischen Institut in der Geographielehrerausbildung. Seit dem 1. Mai 1991 Ausländerbeauftragter des Senats der Hansestadt Rostock.*

Im Spätsommer vergangenen Jahres ging wieder einmal ein Teil unserer Demokratie in Flammen auf. Funken des Hasses wurden zu Brandbomben, mit denen man die Schwächsten unserer Gesellschaft vertreiben und vernichten wollte. Am 22., 23. und 24. August 1992 schleuderten Hunderte von Skinheads, Nazis und rechtsorientierten Jugendlichen Steine und Molotow-Cocktails in die Zentrale Aufnahmestelle für Asylbewerber (ZASt) in Rostock-Lichtenhagen sowie in die nebenan gelegenen Wohnblocks, wo unter anderem 120 Vietnamesen lebten.

Die fast einzigartige Brutalität der Randalierer wurde von einer großen Menge der Anwohner unterstützt, die johlend, klatschend und den Mob aufputschend bei diesem Schreckensszenario mitwirkte. Man fühlte sich an die Lynchjustiz in manch schlechtem Western erinnert – aber es war kein Film, sondern Realität in unserem Land.

In jedem Bundesland gibt es eine oder mehrere Zentrale Aufnahmestellen für Asylbewerber (ZASt). Dort werden die einreisenden Asylbewerber zuerst aufgenommen, ihre Personalien werden festgestellt und dann warten sie darauf, in dem jeweiligen Bundesland nach einem bestimmten Schlüssel über das Land verteilt zu werden. Während ihres meist wochenlangen Aufenthaltes in der jeweiligen ZASt leben sie dort weitgehend isoliert und dürfen das Haus nur mit Urlaubsschein verlassen. – Die ZASt Rostock-Hinrichshagen z.B. wird hin und wieder von Wellen von Asylbewerbern überschüttet, meist Roma und Sinti, die von Schleppern über die Grenze gebracht werden. An dem einen Wochenende stehen dann plötzlich 900 vor der Tür, so daß ein Notstand ausbricht, am nächsten Wochenende kommt fast niemand. Nach welchem Rhythmus dieses abläuft, ist nur schwer zu ergründen.

Die ZASt Rostock-Lichtenhagen, vor der die Krawalle stattfanden, hatte ähnliche Probleme mit Asylbewerbern, die abgewiesen wurden und vor der Tür lagern mußten, was für die Anwohner zu einer ständigen Belästigung führte. Dr. Wolfgang Richter, der Ausländerbeauftragte des Senats der Hansestadt Rostock, ist es gewesen, der mit ganzem Einsatz über Wochen auf diese unhaltbaren Zustände hingewiesen hat, aber scheinbar wollte man ihn nicht hören. Böse Zungen behaupten sogar, daß es Absicht war, damit die unhaltbare Situation der überlaufenen ZASt mitten in den Wohnblocks zur Gewaltauseinandersetzung kulminiere.

Die dreitägige Gewaltorgie des letzten Spätsommers gipfelte in der Erstürmung des Wohnblocks der Vietnamesen, wo sich Wolfgang Richter und ein ZDF-Team gerade aufhielten. Mit welcher Brutalität die Gewalttäter vorgingen, wie alle über Stunden in unmittelbarer Todesgefahr schwebten, von der abrückenden Polizei gnadenlos im Stich gelassen, schildert Wolfgang Richter in folgendem Interview, das ich mit ihm in Aarhus/Dänemark führte.

**Wolfgang Weirauch:** 1990 wurde in Rostock-Lichtenhagen die Zentrale Aufnahmestelle für Asylbewerber eingerichtet. Wie viele Asylbewerber wurden in den ersten Monaten durchschnittlich aufgenommen, und auf welche Weise explodierte die Situation dort in den Monaten vor den Krawallen?

**Wolfgang Richter:** Zunächst war diese Zentrale Aufnahmestelle für etwa 250 Personen ausgerichtet, und die Zahl derjenigen, die dort ihren Asylantrag gestellt haben, war in den ersten Monaten auch relativ gering, so daß es von der Belegung her keine Probleme gab. Die Stadt Rostock hatte zu dieser Zeit noch kein kommunales Asylbewerberheim. Asylbewerber, die Rostock zugewiesen wurden, konnten weiterhin in der ZASt für mehrere Monate bleiben, denn das Platzangebot war ausreichend. Das änderte sich allerdings mit dem Frühjahr 1991. Das ist übrigens auch die Zeit, in der ich Ausländerbeauftragter wurde (seit dem 1. Mai 1991).

Bereits im Sommer 1991 gab es eine Zuspitzung der Belegung. In dieser Zeit entstand in Rostock auch das kommunale Asylbewerberheim. Bei dieser ersten Zuspitzung im Sommer 1991 wurde auch ganz deutlich, daß die Lage der ZASt äußerst ungünstig war, denn es war der eine Aufgang von insgesamt acht Aufgängen innerhalb eines großen Häuserblocks. Diese ungünstige Lage traf dann mit einer so großen Belegung zusammen, auf die diese ZASt nicht eingestellt war. Mitunter waren sogar 300 bis 350 Leute im Haus. Diese ungute Situation strahlte natürlich nach außen aus und war Anziehungspunkt für viele deutsche Jugendliche, nicht um dort Krawalle zu veranstalten, sondern einfach deswegen, weil es etwas Interessantes war. Alles zusammen führte zu einer Belästigung der Nachbarn, sowohl der Vietnamesen als auch der Deutschen.

**W.W.:** Was haben Sie unternommen, damit diese unhaltbare Situation hätte verbessert werden können?

**W. Richter:** Ich habe dem Oberbürgermeister von Rostock mündlich und schriftlich dringend nahegelegt, die Verlegung der ZASt vom Innenministerium zu fordern und darauf hinzuweisen, daß es dort dramatische Zustände gebe und daß die Gefahr, daß es dort zu einer Tötung kommen könne, nicht mehr auszuschließen sei. Allerdings muß ich gestehen, daß ich dies damals zwar nicht für übertrieben, doch aber als sehr hart ausgedrückt empfand. Seit einem entsprechenden Brief, den ich im Auftrage des Oberbürgermeisters verfaßt habe, wurde dann auch im Innenministerium laut über eine Verlegung der ZASt nachgedacht, aber es zog sich noch über ein Jahr hin, bis vom Innenministerium eine andere, bessere und größere Zentrale Aufnahmestelle auserkoren wurde.

**W.W.:** Ist der Vorwurf berechtigt, daß verschiedene Behördenvertreter und Politiker die unhaltbare Situation der überfüllten ZASt hingenommen hätten, damit die Gesamtsituation eskaliere und man denen in Bonn damit zeigen könne, daß der Asylbewerberanteil im Osten zu groß bzw. nicht gewünscht sei?

**W. Richter:** Den zweiten Vorwurf, den der Eskalation, kann ich so nicht bestätigen, weil ich dafür keine Belege habe, ausschließen möchte ich ihn aber nicht. Richtig ist aber auf jeden Fall, daß die Situation lange Zeit ignoriert bzw. unterschätzt worden ist.

## Die ersten Asylbewerber bleiben draußen vor der Tür

Mit dem Frühjahr 1992 gab es dann erstmals Fälle von Obdachlosigkeit. Es war ja die eigenartige Situation, daß die ZASt dem Innenministerium unterstand, daß aber trotzdem die Stadt Rostock Verantwortung für das hatte, was auf dem Territorium der Kommune passierte. Die Mitarbeiter der ZASt waren aber direkt auf das Innenministerium ausgerichtet und hielten es überhaupt nicht für nötig, auf die Situation, daß sie Asylbewerber nicht aufgenommen hatten, hinzuweisen. Zum Beispiel erhielt ich im März 1992 einen Anruf eines Arztes, der mir davon berichtete, daß bei ihm ein Afrikaner gewesen sei, der von der ZASt nicht aufgenommen worden war. Ich hielt dies zuerst für ausgeschlossen, rief dann in der ZASt an, wo man mir allerdings mitteilte, daß mindestens zwanzig vor der Tür ständen – es war ein Freitag – und daß diese zwanzig Asylbewerber erst am nächsten Montag wieder aufgenommen werden könnten. Ich konnte dies zuerst überhaupt nicht fassen und habe dann mit Hilfe des Arbeiter-Samariter-Bundes (ASB), der bei uns das Kommunal-Asylbewerberheim betreut, diese Leute untergebracht und habe dann eingefordert, daß die Stadt bei einer weiteren derartigen Situation sofort informiert werde. Allerdings wurde das meist nicht eingehalten.

In der ersten Zeit haben wir dann versucht, die Notsituation mit unseren bescheidenen Möglichkeiten – ich habe nur eine Mitarbeiterin – und mit Hilfe des ASB hinzubekommen, aber dann trat immer häufiger dieselbe

Situation ein, auch von der Zahl her wurden es immer mehr. Ich habe dann verstärkt in der Stadtverwaltung Lösungen eingefordert, gleichzeitig habe ich immer wieder den zuständigen Abteilungsleiter des Innenministeriums auf diese Zustände hingewiesen.

**W.W.:** Wie viele Asylbewerber wurden in den Monaten vor den Krawallen nicht mehr aufgenommen?

**W. Richter:** Bereits im Mai 1992 gab es einen gewissen Höhepunkt. Währenddessen übernachteten etwa 30 Asylbewerber vor der ZASt. Allerdings war dies ein permanenter Zustand, denn der einzelne Asylbewerber hat höchstens drei Tage vor diesem Heim warten müssen. Aber dadurch, daß immer wieder neue dazukamen, führte dies zu der ständigen Situation, daß Leute vor der ZASt auf der Wiese übernachteten.

Zuerst hat die Stadt ein kleineres, später ein größeres Quartier mit 500 Übernachtungsmöglichkeiten zur Verfügung gestellt, so daß wir hofften, daß bis zum 1. September, für den die Verlegung der ZASt angekündigt war, für alle Asylbewerber Platz vorhanden wäre. Aber es zeigte sich dann, daß auch diese 500 zusätzlichen Plätze sehr schnell belegt waren, weil die Weiterverteilung der Asylbewerber in die Kreise nicht schnell genug vorgenommen wurde. Deswegen waren die Übernachtungen vor der ZASt ab Ende Juni/Anfang Juli ein permanenter Zustand.

## Anonyme Gewaltandrohung

**W.W.:** Ende August schleudern Neofaschisten, Skins und andere Rechte Steine und Molotow-Cocktails in das Ausländerheim voller Menschen. Wie kam es letztlich zu diesem angestauten Haß während dieser drei Tage?

**W. Richter:** In den Wochen und Tagen davor war zu spüren, daß sich die Situation immer mehr zuspitzte. Es kam jede Menge an Eingaben, Protesten und Beschwerden seitens der Anwohner sowohl an die Stadt als auch an das Innenministerium. Der Innensenator hat ständig gefordert, daß etwas geschehen müsse, auf der anderen Seite meinte der Senat der Stadt, daß er mit dem, was er unternommen hat, die Grenzen seiner Möglichkeit bereits überschritten hätte.

Für mich ist schon dieses Innenministerium in ganz entscheidender Weise verantwortlich, denn jede andere Lösung in der Stadt, als zu sagen, wir können nichts mehr unternehmen, wäre auf jeden Fall besser gewesen. Es gab also durchaus leerstehende Häuser, die hätten requiriert werden können, selbst jede Turnhalle, auch während der Schulzeit, wäre besser gewesen, als die Menschen vor der ZASt auf der Wiese übernachten zu lassen. Aber im nachhinein läßt sich natürlich alles sehr einfach sagen.

In dieser Situation, in der die Anwohner der Blöcke neben der ZASt alle demokratischen Möglichkeiten durchgespielt hatten, sich aber weiterhin nichts veränderte, gab es am Dienstag vor Beginn der Krawalle einen anonymen Anruf bei einer Lokalzeitung, daß, wenn nicht sofort etwas geschehe, es am Sonnabend (22.08.1992) gewalttätige Aktionen gegen die ZASt geben würde. Zwar war der Verlegungstermin (01.09.1992) bekannt, aber viele Anwohner haben mir versichert, daß sie der Landesregierung überhaupt nichts mehr glauben würden. Sie fühlten sich einfach verschaukelt. Trotzdem muß es Kräfte gegeben haben, die gerade diese überspitzte Situation vor dem 1. September 1992 noch ausnutzen wollten. Allerdings ist bis heute unbekannt, wer diesen anonymen Anruf getätigt hat und wer die in diesem Anruf genannte Bürgerwehr im einzelnen ausmacht.

Dieser anonyme Anruf erschien dann am folgenden Tag in Form eines Artikels in der Zeitung, und man muß schon sagen – vorsichtig ausgedrückt –, daß dieser Artikel nicht zur Besonnenheit aufgerufen, sondern zu einer Verbreitung des anonymen Anrufs beigetragen hat. Als ich von dem anonymen Anruf erfuhr, habe ich sofort den Innensenator angerufen, ebenfalls den Abteilungsleiter des Innenministeriums in Schwerin, und beide haben mir versichert, daß sie diesen anonymen Anruf sehr ernst nehmen würden, daß es eine Katastrophe wäre, wenn so kurz vor dem 1. September noch etwas geschähe, und daß sie alle erforderlichen Maßnahmen einleiten würden.

Ein Rechtsradikaler feuert einen Schuß in Richtung der Polizeiverbände. (Foto: dpa)

Meine Bestrebungen in diesen Tagen gingen dahin, die Asylbewerber von dieser Wiese herunterzubekommen, gleich in welches Quartier sie kommen würden, aber es gab sowohl vom Innenministerium, den Mitarbeitern der ZASt als auch von der Stadt keine Hilfestellungen, die dies bewerkstelligt hätten. Ich habe lediglich bis Freitag (21.08.1992) erreicht, daß zugesichert war, wenn Gefahr im Verzug sein sollte, die auf der Wiese lagernden Asylbewerber hereinzuholen. Es war dann auch tatsächlich so, daß 25 Asylbewerber in die ZASt hereingeholt wurden, als sich die ersten Menschen am Sonnabend davor ansammelten.

**W.W.:** Dann hätten sie natürlich genauso in den Tagen davor hereingeholt werden können.

**W. Richter:** Das denke ich auch. Natürlich hatte man die nicht ganz unberechtigte Meinung, daß, wenn man diese 25 hereinholen würde, schon am nächsten Tag die nächsten auf der Wiese lagern würden. Aber alles, was ich sage, bedeutet nicht, daß dies jemand bewußt eskaliert hätte. Ausschließen möchte ich es nicht, aber ich weiß es nicht. Auf jeden Fall aber gab es eine große Menge Ignoranz und Fehlentscheidungen in bezug auf diese sich immer mehr zuspitzende Situation. Es sind z.B. der Innensenator, der Abteilungsleiter im Innenministerium, verschiedene Polizeiführungskräfte am Freitag ins Wochenende gefahren. Sie waren alle nicht da!

## Die Gewalt bricht aus und wird zunehmend organisierter

**W.W.:** Aber wie kam es letztendlich zu dem Ausbruch der Gewalt am Sonnabend? Hat man irgendwelche Formen der Organisation festgestellt, oder hat sich der Mob spontan gebildet und in den Gewaltaktionen gegenseitig gesteigert?

**W. Richter:** Das kann ich bis heute nicht eindeutig sagen. Ich bin am Sonnabend – zunächst im Zweistundenabstand – regelmäßig bei der ZASt vorbeigefahren und habe mit den Vietnamesen und dem Personal der ZASt gesprochen. Am späten Nachmittag wurde dann deutlich, daß sich immer mehr Menschen ansammelten, vor allem Jugendliche. Ich weiß nicht, ob sie sich angesammelt haben, weil etwas entsprechendes in der Zeitung gestanden hat und sie einfach nur gucken wollten, ob etwas passieren würde, oder ob etwas Organisiertes dahinter steckte.

Der Ausbruch der Gewalt steigerte sich allmählich über Stunden hin. Rufe, Sprechchöre, schließlich marschierte ein kleines Polizeiaufgebot auf, dann erste Steinwürfe, aber es dauerte mehrere Stunden, ehe es richtig losging. Ob dies nun aus der Masse der Menschen entstand, die gerade dort waren und die sich gegenseitig hochgeputscht haben, oder ob dort Kräfte standen, denen es schon seit Tagen oder Wochen klar war, daß sie in diesen Tagen Steine schmeißen wollten, weiß ich nicht.

**W.W.:** Vielleicht ist beides zusammengekommen. – In der Nachbarschaft der ZASt lebten etwa 120 Vietnamesen, die während der dreitägigen Krawalle fast erstickt und verbrannt wären, weil die Polizei für mehrere Stunden einfach abgerückt ist. Sie selbst waren zusammen mit dem ZDF-Team („Kennzeichen D“) und den Vietnamesen von der gewalttätigen Masse eingeschlossen. Können Sie ein wenig schildern, was während dieses Schreckensszenarios, während dieser sogenannten „Leerphase“ geschehen ist?

**W. Richter:** Das geschah während der dritten Nacht. Ich setze in meiner Schilderung noch einmal bei der ersten Nacht ein, damit man den Fortgang versteht. Die erste Nacht war ziemlich schlimm, wir hatten mehrfach Bedenken, daß das Haus gestürmt werden könnte, weil die wenigen Polizisten, denen man im einzelnen keinen Vorwurf machen kann, die mit dem Einsatz ihres Lebens das Haus verteidigt haben, nicht ausreichten.

In der zweiten Nacht waren die Gewaltauseinandersetzungen sehr viel ausgeprägter, es war auch viel straffer und organisierter, auch mehr Zugereiste, Berufschaoten waren dabei, die sich alle ziemliche Schlachten mit der Polizei lieferten. Im Haus selber fühlten wir uns in dieser zweiten Nacht allerdings relativ sicher. Mit diesem Gefühl sind wir auch in den Montag hineingegangen: daß die Polizei und die politische Führung die Situtation nun endlich begriffen hätten und daß der entsprechende Schutz vorhanden sei.

Tagsüber war ich im Rathaus, nachmittags erreichte mich ein Anruf von den Vietnamesen, ob es stimmen würde, daß die Polizei abgezogen werden solle. Mittlerweile waren nämlich die Bewohner der ZASt evakuiert worden, während zeitgleich der Innenminister auf einer Pressekonferenz mitteilte, daß nicht evakuiert werden würde. Dem Innensenator habe ich um 18.00 Uhr, als wir zusammen einen Rundfunktermin hatten, erst erzählt, daß die Bewohner der ZASt Hals über Kopf evakuiert worden seien; er wußte das also auch noch nicht. In dieser Situation fragten mich also die Vietnamesen nach dem Abzug der Polizei, und ich antwortete, daß ich mir dieses nicht vorstellen könne. Ich habe dann versucht, mit dem Lagezentrum der Polizei zu telefonieren, habe versucht, Herrn Deckert zu erreichen, was zwar nicht möglich war, aber bei allen Stellen, wo ich angerufen habe, habe ich hinterlassen, daß noch die Vietnamesen im Haus seien, daß in der ZASt noch Wachpersonal sei und daß der Schutz unbedingt weiterhin gewährleistet sein müsse.

## Das Haus wird gestürmt

Gegen 20.30 Uhr bin ich dann zu den Vietnamesen rausgefahren und habe schon bei meinem Eintreffen gesehen, daß zwar noch die Polizei vor Ort war, aber anders als in den zwei Nächten zuvor nicht mehr zwischen

Haus und Gewalttätern stand, sondern sich mit den Jugendlichen auf der Straßenkreuzung Duelle lieferte, während auf dem Rasen vor dem Haus der Vietnamesen mehrere Jugendliche standen. Das Haus war praktisch nicht geschützt.

## Weit und breit keine Polizei

Ich bin dann von hinten, wo die Eingänge sind, in das Haus hineingegangen, wo es zu diesem Zeitpunkt noch ruhig war. Mit dem Gefühl der Sicherheit von Montag früh hatte ich mich mit dem ZDF-Team von „Kennzeichen D" im Haus der Vietnamesen verabredet, weil sie mit ihnen sprechen wollten. Oben in der achten Etage hat das ZDF-Team dann begonnen, mit den Vietnamesen Interviews zu führen, und während diese Gespräche liefen, wurde das Haus angegriffen. Sprechchöre tönten, Steine flogen, Brandsätze wurden durch die Fenster geschmissen. Gleichzeitig stiegen einige über die Balkone in die untere Etage ein, denn es war keiner da, der sie daran hindern konnte. Zum Glück begannen die Wohnungen der Vietnamesen erst ab der sechsten Etage, die Räume darunter sind nur Geschäfts- und Büroräume, die alle an diesem Abend leerstanden.

Als ich hörte, wie unten die ersten Steine hereinflogen, bin ich noch einmal nach unten gelaufen und habe mit der Einsatzleitung der Polizei telefoniert und ihnen mitgeteilt, daß bereits die ersten Brandsätze in das Haus geschmissen worden und die Gewalttäter bereits eingedrungen seien. Zur gleichen Zeit wurde die Eingangstür mit Steinen eingeschmissen, und ich wußte aus den Tagen zuvor, daß, wenn dies geschehen sei, die Gewalttäter eindringen würden. Mein Telefonpartner bei der Einsatzleitung der Polizei fragte mich lediglich andauernd, ob denn das Feuer so gravierend sei, daß die Feuerwehr anrücken müsse, aber nachdem ich ihm nach zwei oder dreimaligen Schildern die Gefahr nicht klarmachen konnte, mußte ich den Hörer auflegen und nach oben fliehen.

Es war 21.15 Uhr, als wir in die sechste Etage liefen, denn wir hatten keine Lust, den Gewalttätern schon unten zu begegnen. Etwa eine Viertelstunde später haben wir aus dem Fenster geguckt und gesehen, daß weit und breit keine Polizei mehr anwesend war, weder auf der Kreuzung, wo die Polizisten noch standen, als ich kam, noch irgendwo anders. Zu welchem Zeitpunkt sie genau abgezogen sind, kann ich nicht exakt sagen. Wie ich später aus den Protokollen entnommen habe, ist die Polizei wahrscheinlich schon vor den ersten Angriffen abgezogen.

**W.W.:** Was haben Sie in dem Moment empfunden?

**W. Richter:** Es gab eigentlich gar keine Zeit, über irgendwelche Empfindungen nachzudenken. Wir haben uns in die sechste Etage zurückgezogen, wo es einen Durchgang zur ZASt gibt, den wir aufgebrochen haben. Die

Frauen und Kinder haben wir ganz nach oben geschickt und vieles mehr. Es war eigentlich in jeder Minute so viel zu tun, so daß man keine Zeit hatte, über das Gesamtgeschehen zu reflektieren. Allerdings gab es eine einzige Situation, in der ich ganz intensiv gedacht habe: „Wenn du hier tatsächlich wieder rauskommen solltest", – und das war mir keineswegs gewiß – „dann mußt du alles tun, um dafür zu sorgen, daß diejenigen, die für diese Schweinerei verantwortlich sind, dafür auch zur Rechenschaft gezogen werden." Aber das war nur so ein Blitzgedanke, der dann auch gleich wieder weg war, weil wir jede Sekunde damit zu tun hatten, uns selber zu retten.

## „Wir hörten, wie unter uns alles zerschlagen wurde"

Wir haben z.B. mit dem Funktelefon des ZDF-Teams überall versucht, Hilfe herbeizuholen, sogar aus Berlin, aber als uns dann klar wurde, daß wir nicht mehr darauf hoffen konnten, daß uns die Polizei raushaut, haben wir selber überlegt, wie wir aus dem Haus rauskommen könnten. In die ZASt konnten wir nicht rübergehen, weil von dort das Wachpersonal ebenfalls hochkam und uns berichtete, daß die Gewalttäter ebenfalls bei

Jugendlicher Steinewerfer vor einem brennenden Trabi. (Foto: dpa)

ihnen eingedrungen seien, andererseits hörten wir die Geräusche aus unserem Haus, als in den unteren Etagen die Einrichtungen zerschlagen wurden, und wir wußten nicht, ob sie noch drei, zwei oder auch nur eine Etage von uns entfernt waren und erwarteten sie jeden Moment. Auf jeden Fall war klar, daß wir auch in unserem Haus nicht mehr nach unten heraus konnten. Gleichzeitig heulte die Sirene im Haus, so daß das gesamte Geschehen von einem ohrenbetäubenden Lärm begleitet war. Auch der Qualm wurde immer dichter und stach in den Augen. In dieser Situation haben wir einen kleinen Trupp losgeschickt, der versuchen sollte, die Dachluken aufzubrechen. Als wir das erreicht hatten, haben wir allerdings vermieden, alle aufs Dach hinaufzuklettern, weil man uns dort gesehen hätte und wir fürchten mußten, daß die unten Stehenden den Gewalttätern, die im Haus randalierten, Bescheid geben würden, daß wir alle auf dem Dach seien.

Im weiteren haben wir einen anderen Trupp vorgeschickt, der vom Dach aus einen Abstieg ins Nachbarhaus vorbereiten sollte. Als dies erreicht war, haben wir zuerst die Frauen und Kinder über das Dach geleitet, so daß sie dann durchs Nachbarhaus fliehen konnten. Ich war die meiste Zeit nicht bei denen, die auf dem Dach gearbeitet haben, sondern in der sechsten Etage, bin aber dann, als der Abstieg vorbereitet war, über das Dach in eine der Wohnungen des Nachbarhauses gegangen und habe von dort noch einmal die Polizei angerufen. Aber der Notruf der Polizei war besetzt, so daß ich die Feuerwehr angerufen habe. Dieses Gespräch ist ja auch aufgezeichnet worden, in dem ich mitteile, daß sie uns nicht durch den Eingang des Hauses 19, sondern durch den Eingang 15 herausholen sollten. Die Feuerwehr teilte mir dann mit, daß sie bereits versucht hätten zu löschen, aber daß sie wieder zurückgeschlagen worden seien, sie würden aber wiederkommen, hätten jetzt sogar Polizeiunterstützung und würden uns dann herausholen. Als wir dann in dem Haus 15 waren, war es etwa 23.00 Uhr.

## „In der gemeinsamen Gefahrensituation haben wir uns intensiv kennengelernt“

**W.W.:** Was ist zwischen Ihnen, den Vietnamesen und dem ZDF-Team für eine Beziehung entstanden, während sie in Todesangst diesen Gewalttätern standhalten mußten?

**W. Richter:** In dem Haus drinnen war eigentlich eine ungeheure Besonnenheit, nicht einmal der Ansatz von Panik oder Hektik. Lediglich ein deutsches Mädchen hat furchtbar geweint, weil sie glaubte, ihre Kinder nicht wiedersehen zu können, aber ansonsten war gerade bei den Vietnamesen eine ausgesprochene Besonnenheit und Ruhe vorhanden. Vor allem in den Monaten danach haben wir gespürt, daß diese gemeinsame Gefahrensituation unheimlich zusammenhält. Wir sehen uns regelmäßig, auch die Leute vom „Kennzeichen D“ waren schon einige Male bei uns. Zwischen uns ist eine Beziehung entstanden, die davon geprägt ist, daß man zusammen in dieser Gefahr war und Menschen in dieser kurzen Zeit so intensiv kennengelernt hat, wie man das normalerweise nur über Jahre hinweg könnte. Dieses Gefühl, in welcher schlimmen Situation man eigentlich gewesen ist, ist eigentlich erst gekommen, als wir dann in Haus 15 in Sicherheit waren. Dort sind dann auch viele zusammengebrochen, begannen zu weinen, weil ihnen nun erst alles bewußt wurde. Es war eine Mischung aus Ängsten, die man gehabt hat, und einer unheimlichen Wut und Zorn auf diejenigen, die das zugelassen haben.

**W.W.:** Mittlerweile ist es ja wohl ziemlich sicher, daß der Abzug der Polizei geplant bzw. eine große Schlamperei war, Innenminister Kupfer mußte seinen Hut nehmen, und vor wenigen Tagen ist durch die Presse gegangen, daß es Absprachen zwischen der Polizei und den Rechtsradikalen gegeben habe, vorübergehend nicht in das Geschehen einzugreifen. Können Sie das anhand von eigenen Wahrnehmungen konkretisieren?

**W. Richter:** Nein, leider nicht. Das war in den ersten Monaten nach den Krawallen überhaupt kein Thema, auch in den Untersuchungsausschüssen nicht, und kam erst ans Tageslicht, als ich vor kurzem für vier Wochen in Vietnam war. Ich mußte das erst nachträglich anhand der Zeitungen aufarbeiten. Es wird aber anhand von Protokollen deutlich, daß es bis zur Polizeispitze, zu den Herren Cordus und Deckert, klar gewesen ist, daß sie dieses Nichteingreifen der Polizei gedeckt haben, so daß es mit Sicherheit einen Zusammenhang zwischen den Verhandlungen der Rechtsradikalen mit der Polizei und dem Abzug der Polizei am Montag (24.08.1992) gibt. Allerdings liegt noch keine lückenlose Kette von Beweisen vor.

## „Es war wie eine Droge, bei den Krawallen mitzumachen“

**W.W.:** Wie kann es geschehen, daß sämtliche Menschlichkeit verschwindet und niederste Eigenschaften und Kräfte wie Rassenhaß, gemeinsames Vernichten Schwächerer in so vielen Menschen Oberhand gewonnen hat? Wie entsteht dieser brutale Wille, fremde Menschen, die man überhaupt nicht kennt, zu lynchen, bloß weil sie eine andere Sprache sprechen, eine andere Hautfarbe haben oder einer anderen Nation angehören?

**W. Richter:** Ich denke, daß es unter denen, die beteiligt waren, einen harten Kern von Rechtsextremisten gegeben hat, die auch faschistische Ideologie im Kopf haben und die auch in einer nüchternen und entspannten Situation den Willen haben, auf Ausländer einzuschlagen und sie auch physisch zu vernichten. Aber ich glaube nach wie vor auch, daß dies ein relativ kleiner Teil der Randalierer war.

Auf der anderen Seite gab es eine Stimmung und Atmosphäre, die Jugendliche anzog, die im Umfeld der Nazis herumlaufen, selber aber keine Faschisten sind. Das sind Menschen, die von einfachsten Antworten geprägt sind: Ausländer nehmen uns Wohnungen weg; Ausländer nehmen uns die Arbeit weg; würde das Geld nicht für die Asylbewerber ausgegeben, so würde es für uns ausgegeben usw. Diese Jugendlichen lassen sich von derart einfachen Antworten einfangen und haben dann mehr oder weniger bewußt in dieser aufgeheizten Stimmung mitgemischt.

Ich habe auch mit vielen dieser Jugendlichen hinterher gesprochen, die selber Steine geworfen haben, und sie haben mir mitgeteilt, daß es wie eine Droge gewesen sei, bei diesen Krawallen mitzumachen oder überhaupt dabei zu sein. Sie konnten sich überhaupt nicht mehr selbst steuern. Viel faszinierender, als das Ausländerheim anzugreifen, war für sie eigentlich die Auseinandersetzung mit der Polizei. Dieses tolle Gefühl, „die Bullen weglaufen zu sehen, wenn wir angreifen", hat sie weiter aufgeputscht. Viele haben hinterher auch geäußert, daß sie es nicht gut gefunden haben, daß bei ihren Gewalttaten Ausländer das Leben hätten lassen können, auch haben sie geäußert, daß sie die Vietnamesen eigentlich überhaupt nicht treffen wollten. In diesen Kreisen differenziert man sogar noch die Auslän-

Randalierer reden auf Polizisten ein. (Foto: dpa)

der: Die Vietnamesen schneiden relativ gut ab, eigentlich gehaßt werden nur die Sinti und Roma.

Man muß also differenzieren und darf es sich nicht zu einfach machen, indem man alle jugendlichen Randalierer und Gewalttäter als Rechtsextremisten und Faschisten bezeichnet. Man macht es sich auch zu einfach, wenn man behauptet, daß alles nur mit einer mentalen Ausländerfeindlichkeit zu tun hat, denn hier spielen viele andere Probleme mit hinein.

**W.W.:** Man hört hin und wieder über die psychische Situation vieler dieser Jugendlichen, die an den Krawallen beteiligt waren, daß sie sich in den Krawallen beinahe nach Prügel sehnten, daß sie sogar die Polizei verachteten, weil diese zu lasch gegen sie vorgegangen sei. Ist das zutreffend?

**W. Richter:** Ich glaube schon. Was wir in diesen Nächten aus dem Haus heraus gesehen haben, war schon so, daß sich die Polizei hat vorführen lassen und daß die Randalierer bestimmt haben, wann sie zum Angriff vorgehen und wann sie sich wieder zurückziehen. Verhaftungen im unmittelbaren Umfeld des Hauses hat es auch nur dann gegeben, wenn ein oder zwei Jugendliche den Anschluß an ihre Gruppe verloren haben. Nur dann wurden sie abgeschnitten und verhaftet. Aber an die, die wir von oben als die Antreiber des Geschehens ermitteln konnten, hat sich keine Polizei herangewagt.

## Menschenverachtende Pogrome

**W.W.:** Nun gab es in Rostock, wie vordem auch schon in Hoyerswerda, eine offene Pogromstimmung: Große Teile der Anwohner standen klatschend und johlend dabei, feuerten die Neofaschisten und die anderen Jugendlichen zu ihren Gewalttaten an. Was ist dies für eine Seelenhaltung, was ist mit diesen Menschen geschehen, daß sie die Randalierer zu dieser widerlichen und feigen Hetzjagd angestachelt haben? Ich zumindest finde das fast noch schlimmer!

**W. Richter:** Das sehe ich genauso. Ich denke, daß diese Haltung zum einen daraus resultiert, daß diese Zustände in und vor der ZASt tatsächlich unhaltbar waren, sowohl für die Asylbewerber als auch für die Vietnamesen und Deutschen, daß sich aber in dieser Situation die Stimmung der Deutschen nicht gegen die eigentlich Verantwortlichen gerichtet hat, sondern gegen die, die auf der Wiese lagerten. Daß sich Leute daran hochgeputscht haben, ist natürlich eine niederträchtige Haltung. Der Ärger über die unhaltbaren Zustände in der ZASt ist ja nicht die Ursache, sondern höchstens der Anlaß für ihre verwerfliche Ausländerfeindlichkeit. Bei diesen Menschen sind es viel tieferliegende Probleme, und sie haben eben in den Asylbewerbern die Verursacher ihrer sozialen Nöte gesehen. In dem

Gefühl, selber zur untersten Schicht in Deutschland zu gehören, haben sie jemanden gesucht, der noch weiter unten steht. Ich denke schon, daß hier auch, als ein weiterer Grund, über vierzig Jahre DDR faschistisches Gedankengut in Köpfen von Menschen geblieben ist, gerade bei der Generation, die heute 60 Jahre und älter ist.

Wir haben z.B. im Februar dieses Jahres eine Befragung von Rostockern zur Ausländerfeindlichkeit durchgeführt, bei der auffällig war, daß gerade die 20 bis 25jährigen sowie die Menschen über 60 sich in besonders krasser Weise ablehnend gegenüber Asylbewerbern geäußert haben.

Von diesen Menschen, die während der Krawalle Beifall geklatscht haben, hat man auch schon in den Wochen vor diesen Gewalttaten oftmals gehört, daß man sich, wenn die Politiker keine Ordnung schaffen würden, die Rechten als Unterstützung holen würde und daß diese dann hier schon aufräumen und für Ordnung sorgen würden. Allerdings muß man auch bei ihnen wiederum differenzieren: In der ersten Nacht war es eine relativ große Zahl, die dabeistanden und Beifall klatschten und die angefeuert haben. Nur einmal ging so etwas wie ein Entsetzen durch diese Menschen: als die Randalierer begannen, die Scheiben der Kaufhalle zu zerschmeißen. Da war so etwas wie ein Erschrecken zu spüren, weil sie merkten, daß es nun gegen sie selber ging. In der zweiten und dritten Nacht waren es deutlich weniger Leute, die dort einfach nur geguckt und Beifall geklatscht haben. Das Potential an Leuten, die die gleichen Gedanken wie die Jugendlichen haben, aber die sich nicht mehr trauen bzw. nicht mehr in dem Alter sind, sich aktiv zu beteiligen, ist aber meines Erachtens relativ groß.

**W.W.:** Ich kann zwar verstehen, daß man kurzfristig wütend wird, aber die drei Tage der Krawalle sind doch eine relativ lange Zeit, in der jeder der Dabeistehenden viele Momente des Reflektierens hätte haben müssen. Auch wenn es am zweiten und dritten Tag weniger geworden sind, so frage ich mich doch, was diese Menschen für eine psychische Struktur haben. Vergessen sie über Tage hinweg ihre gesamte Mitmenschlichkeit, vergessen sie, daß Asylbewerber auch Menschen sind? Es ist für mich kaum noch nachzuvollziehen, was in diesen Tagen für ein Ungeist über diese Menschen gekommen ist.

**W. Richter:** In der dritten Nacht, als wir den Aufgang 15 hinuntergingen, kam uns ein Mann entgegen, der uns sagte, gestern und vorgestern hätte er auch mit dort gestanden und „Ausländer raus!" gerufen, aber das, was in dieser dritten Nacht geschehen sei, sei so schlimm, daß er es kaum fassen könne. Er fragte uns dann, ob er uns nicht helfen könne, und er hat uns dann auch geholfen. Also auch solche Erscheinungen traten auf: das Entsetzen und Erschrecken vor dem, was man selbst mit initiiert hatte. Andererseits sind wir auch im Haus 15 von vielen beschimpft worden, Unterstützung wurde abgelehnt. Ferner gab es nach diesen drei Tagen Menschen, die mehr Angst um ihre Autos hatten als um die Menschen, die angegriffen worden sind. Sie zeigten Züge von Menschenverachtung und Haltungen, in denen es ihnen vollkommen gleichgültig war, was mit den Ausländern geschehen würde.

**W.W.:** Wie sah es in den Tagen danach bzw. wie sieht es heute aus: Haben diejenigen Menschen, die bei den Pogromen geklatscht haben, mittlerweile ihre Tat bereut?

**W. Richter:** Das ist differenziert. Ich denke schon, daß ein Teil der Menschen ihr schreckliches Verhalten bereut hat. Es gab einen Film in der ARD, wo sich ein Reporter aufgemacht und diejenigen befragt hat, die sich während der Ereignisse gegenüber Ausländern abwertend geäußert haben, was die nun heute dazu sagen. Darunter waren solche, die klar äußerten, daß es Unsinn gewesen sei, was sie gemacht haben, andere wiederum fanden es nach wie vor richtig. Ich denke, daß dies ganz gut das Spektrum derjenigen zeichnet, die damals bei den Krawallen dabeigewesen sind.

**W.W.:** Haben diejenigen, die ihre Taten bereut haben, dieses in Taten ausgedrückt, z.B. in konkreten Hilfeleistungen gegenüber Ausländern?

**W. Richter:** Ja, das hat es bei einigen Menschen gegeben. Zum Beispiel ist im Ortsamt Lichtenhagen eine Erklärung von zwanzig Familien, die in diesem Häuserblock wohnen, eingegangen. Diese Menschen haben erklärt, die Vietnamesen in ihrer Familie aufzunehmen, wenn sie noch einmal in ähnlicher Gefahr sein sollten. – Kurz vor Weihnachten haben die Vietnamesen verschiedene Menschen, die ihnen geholfen haben, eingeladen. Darunter waren auch einige Anwohner, die sich tätig dafür einsetzen wollen, daß ein besseres Zusammenleben möglich wird. Auf der anderen Seite muß man aber auch ein bißchen vorsichtig sein, weil gegenüber den Vietnamesen ein echtes Schuldbewußtsein vorliegt, denn selbst diejenigen, die sich sehr extrem gegenüber Asylbewerbern ausgesprochen haben, haben oft in einem Nachsatz bekundet, daß sie die Vietnamesen eigentlich nicht meinten. Denn die Vietnamesen seien Menschen, mit denen sie schon seit über zehn Jahren ordentlich zurechtkämen. Während man auf der einen Seite seine Schuld gegenüber den Vietnamesen ein wenig abwaschen möchte, hört man oft die Meinung, daß Roma und Sinti eigentlich keine richtigen Menschen seien. Deswegen ist *die* Ausländerfeindlichkeit im Grunde eine sehr differenzierte Angelegenheit.

## Zwei Skins sprangen aus dem Gebüsch

Hierbei fällt mir noch eine Begebenheit ein, über die man eigentlich lachen könnte, wenn sie nicht so traurig wäre. Am 3. Oktober 1992 kam noch einmal das Gerücht auf, daß eine Aktion gegen das Haus der Vietnamesen geplant sei. Zum späten Nachmittag kommt ein Vietnamese nach Hause, als zwei Skins aus dem Gebüsch springen und ihn festhalten.

Natürlich hatte er entsetzliche Angst, aber sie versuchten ihm klarzumachen, daß er keine Angst zu haben brauche, und fragten ihn dann, ob in seinem Haus noch Rumänen wohnten oder nur noch Vietnamesen. Als er antwortete, daß nur noch Vietnamesen in dem Haus seien, teilten sie ihm mit: „Gut, dann kannst Du Deinen Leuten sagen, daß Euch nichts mehr passieren wird. Wir wollten nur wissen, ob noch Rumänen in dem Haus wohnen.“ Selbst bei Skins gibt es also noch Differenzierungen. Ich will damit nur sagen, daß es schwierig ist, alles unter die Überschrift „Ausländerfeindlichkeit“ zu stecken. Es gibt sogar eine ABM-Maßnahme hier, in der zwei Skins, die bei den Krawallen dabeiwaren, mit Vietnamesen beim Bau einer sozialen Einrichtung zusammenarbeiten, und sie kommen sogar miteinander aus.

## Der Boden, auf dem die Ausländerfeindlichkeit wächst

**W.W.:** Woher stammt der Frust der Ostdeutschen, speziell auch der Haß, auch wenn es ein differenzierter ist, auf die Ausländer? Meines Erachtens ist diese Ausländerfeindlichkeit in den neuen Bundesländern größer als im Westen, auch wenn die Umfrageergebnisse manchmal anderes zu zeigen scheinen. Wurde der Fremdenhaß in der DDR nur durch den von oben verordneten Internationalismus unterdrückt, oder ist es bei vielen Menschen auch der Frust und die Enttäuschung, daß sie auf die Verlockungen des goldenen Westens und auf die dummen Versprechungen Helmut Kohls von den blühenden Landschaften im Osten hereingefallen sind?

**W. Richter:** Ich denke, daß es von allem ein bißchen ist. Zum ersten denke ich, daß Wurzeln der Fremdenfeindlichkeit vorhanden sind, die genauso bei den Deutschen in Westdeutschland vorhanden sind. Aber ich würde schon zustimmen, daß es im Osten spezielle Bedingungen gibt, die das verstärken oder verschärfen. Allerdings würde ich immer widersprechen, wenn man so täte, als ob dies nur ein ostdeutsches Problem sei. Natürlich spielen die ganzen Enttäuschungen mit hinein, ferner die sozialen Ängste, die man bei allen anderen Dingen, die in der DDR damals schlimm waren, nicht gespürt hat. Früher stand man allerhöchstens vor der Frage, *welche* Arbeit man haben würde und ob sie einem Spaß machen würde, nicht aber davor, arbeitslos zu sein.

Ähnlich verhält es sich mit den Wohnungen: Zum ersten Mal gibt es in Rostock Obdachlose und ein Obdachlosenheim. Daraus entwickeln sich soziale Ängste, z.B. in die Obdachlosigkeit abzugleiten. Hinzu kommen natürlich alle die Versprechungen, die nicht eingelöst worden sind, die wahrscheinlich auch gar nicht hätten eingelöst werden können, aber die nun einmal gegeben worden sind. Viele Menschen haben sich an diese Versprechungen geklammert. Die offizielle Arbeitslosigkeit in Rostock liegt bei 14 %, allerdings gibt es von den Gewerkschaften Untersuchungen, die in den Neubaugebieten 40 bis 45 % Arbeitslosigkeit ausmachen, wenn man alle hoffnungslosen Beschäftigungsmaßnahmen abzieht.

All das kann natürlich in keiner Weise rechtfertigen, daß man andere Menschen angreift, aber es ist eben der Hintergrund, der dazugehört, wenn man dieses Phänomen beurteilen will. Sicherlich spielen auch weitere Dinge aus der vierzigjährigen DDR-Zeit mit hinein: die relative Abgeschiedenheit, denn das, was als Internationalismus verkündet wurde, konnte fast überhaupt nicht gelebt werden. Wirklich mit Ausländern zusammengelebt haben nur einige Studenten in den Wohnheimen, ferner diejenigen, die Vertragsarbeitnehmer, z.B. Vietnamesen, an ihrem Arbeitsplatz hatten und die mit ihnen nebeneinander gearbeitet haben. Dabei sind zwar auch einige Beziehungen entstanden, aber sobald die Vietnamesen aus der Arbeitsstätte heraus waren, zogen sie sich in ihre Wohnheime zurück und waren nicht in das Leben der Stadt integriert. Es wurde auch gar nicht gewollt. Natürlich konnte man in die Ostblockstaaten reisen, trotzdem fehlte die Erfahrung, mit Menschen im Ausland umzugehen, vor allem auch von draußen auf sein eigenes Land zu schauen, wodurch man manches hätte anders sehen können.

Mehr als 14.000 Menschen demonstrierten am 29.08.1992 in Rostock unter dem Motto „Stoppt die Pogrome“ gegen die tagelangen ausländerfeindlichen Krawalle. (Foto: dpa)

Auch das Phänomen des Bettelns ist für uns etwas völlig Neues. Den Roma wird immer vorgeworfen, daß sie betteln. Ich habe es selbst erlebt, wenn ich in Hamburg auf dem Hauptbahnhof stehe: Dann werde ich auch angebettelt, und zwar von Deutschen. Aber in dieser DDR hat es vierzig Jahre Betteln nicht gegeben. Und nun kommen die Roma und betteln, mitunter auch aggressiv, und darauf entsteht bei vielen Ostdeutschen eine völlige Überreaktion.

## Wenn alle Ideale zusammenbrechen und die Leere übrigbleibt

**W.W.:** Ich kann mir vorstellen, daß ein großer Teil dieses Frustes auch daraus resultiert, daß im Grunde die gesamte Vergangenheit, alle bisher gesammelten Werte, die Arbeit und ein großer Teil der Lebenserfahrung plötzlich nichts mehr wert sind.

**W. Richter:** Das ist ein weiterer Aspekt, der ganz bestimmt dazukommt. Man steht heute in einer Situation, in der man gar nicht über das, was man gemacht bzw. nicht gemacht hat, reflektieren kann. Es wird auch gar nicht gewollt. Statt dessen gibt es eine Verdammung in Bausch und Bogen, den Menschen wird ein Stück ihrer Identität genommen, indem sie sich nicht zu Dingen bekennen, zu denen sie auch heute noch stehen, auf die sie auch heute noch aufrecht zurückschauen können. Gerade bei Jugendlichen, die Idealen nachgehangen haben, spielt das eine sehr große Rolle. Und nun bricht das mit einem Male zusammen, und was übrigbleibt, ist eine gähnende Leere, die dann natürlich von derartigen rechten Parolen ausgefüllt werden kann.

## Den Ausländern klarmachen, daß sie zum Leben einer Stadt dazugehören

**W.W.:** Sie sind der Ausländerbeauftragte des Senats der Hansestadt Rostock. Können Sie die Bereiche Ihrer Tätigkeit kurz skizzieren?

**W. Richter:** Das sind mehrere. Zum einen ist es die unmittelbare praktische Hilfe: Es kommen viele Menschen zu uns, die ganz persönliche Probleme haben, z.B. mit dem Arbeitsamt, der Wohnung, mit aufenthaltsrechtlichen Dingen im Zusammenhang mit der Ausländerbehörde, bei denen wir, wenn wir denken, daß sie im Recht sind, ihnen versuchen beizustehen oder Entscheidungen in ihrem Interesse zu fördern. Allerdings bin ich mit der Bezeichnung „Ausländerbeauftragter" nicht so ganz glücklich, weil ich mich eher für das Zusammenleben zwischen Ausländern und Deutschen einsetzen möchte. Denn es kommen auch Deutsche zu uns, die

Probleme mit Ausländern haben. Und auch dort werden wir, wenn wir glauben, daß es gerechtfertigt ist, aktiv für diese Menschen eintreten. Mitunter gibt es ja auch von ganz Linken die Parole, daß jeder Ausländer per se einfach gut sei, aber so kann es natürlich auch nicht sein.

Ferner versuchen wir, Öffentlichkeitsarbeit durchzuführen, Projekte auf den Weg zu bringen, mit denen wir Begegnungsmöglichkeiten in der Stadt schaffen wollen, z.B. in den Schulen. Wir sind zur Zeit dabei, eine Broschüre herauszugeben. Der Hintergrund ist, daß wir ein breites Spektrum an Information geben möchten, um all den herrschenden Gerüchten entgegenzutreten. Gerüchte, daß Asylbewerber jede Menge Geld bekämen, halten sich nach wie vor hartnäckig, obwohl wir schon mehrfach über die Presse die Fakten realistisch dargestellt haben.

Im weiteren möchten wir ausländische Vereine wie auch die Ausländer selber stärken, denn es geht nicht, daß nur Deutsche etwas für Ausländer unternehmen. Es muß auch etwas von ihnen selber kommen. Rostock ist die zweite Stadt in Ostdeutschland, die einen gewählten Ausländerbeirat hat, und momentan geht sehr viel Zeit dafür drauf, diesen ins Laufen zu bringen. Wir haben jetzt auch ein Büro und eine kleine Begegnungsstätte, über die der Ausländerbeirat selber verfügen kann. Mittlerweile hat sich in dem Haus 19 der „Vietnamesische Verein" begründet, und dort wird auch eine deutsch-vietnamesische Begegnungsstätte in Trägerschaft dieses Vereins entstehen. Wir versuchen also, Ausländer in dieser Stadt zu ermutigen, offener zu leben, und ihnen deutlich zu machen, daß auch sie zu diesem Leben dazugehören.

Dann ist es für uns Aufgabe, in die Stadtverwaltung hineinzuwirken und auf Entwicklungen Einfluß zu nehmen. Derzeit brauchen wir z.B. unbedingt ein zweites kommunales Asylbewerberheim. Wir versuchen auch, mit der Stadtentwicklung über Wohnkonzepte nachzudenken, denn eine solche soziale Differenzierung wie in den Städten der alten Bundesländer gibt es hier noch nicht. Deswegen können wir noch versuchen, auf das Zusammenleben zwischen Deutschen und Ausländern Einfluß zu nehmen. – Hinzu kommt die Bildung: Bei uns gehen alle Asylbewerberkinder in die Schule, mit Ausnahme einiger Kinder von Romafamilien, weil die Eltern das nicht wollen. Wir versuchen, Konzepte zu entwickeln, was sie machen können, wenn es mehr Ausländerkinder geben sollte. Momentan sind es nicht sehr viele. Es wird dann darum gehen, daß sie möglichst in die verschiedenen Klassen integriert werden, auf der anderen Seite aber auch verstärkt Deutschunterricht bekommen.

**W.W.:** Was ist das derzeit größte Problem, ist es die Quartiersuche?

**W. Richter:** Es sind wie immer mehrere. Momentan kommen wir z.B. ausgesprochen gut mit der Wohnungsbaugesellschaft in Rostock zurecht, auch mit dem Arbeitsamt, weil durch den Einsatz des Arbeitsamtsdirektors plötzlich Dinge möglich sind, die vorher nicht möglich waren. Das größte

Problem ist es, auf die Atmosphäre in der Stadt Einfluß zu nehmen, so daß sich an dieser etwas grundlegend ändert. Leute, die aktiv gewalttätig gegen Ausländer vorgehen wollen, gibt es nach wie vor nur sehr wenige. Aber sie können bestärkt oder beschnitten werden, und das hängt von der Atmosphäre der Stadt ab. Deshalb ist es so wichtig, auf diese Atmosphäre Einfluß zu nehmen. Aber ich gebe mich keinen Illusionen hin, daß dies kurzfristig zufriedenstellend zu erreichen wäre.

## „Ich habe noch keinen Tag bereut“

**W.W.:** Was hat Sie motiviert, diese Arbeit zu übernehmen?

**W. Richter:** Ich war vorher in einer Eine-Welt-Gruppe tätig, bin auch beim Nord-Süd-Forum Rostock dabeigewesen und habe an der Universität in Greifswald am Geographischen Institut gearbeitet. Über diese Eine-Welt-Arbeit habe ich Beziehungen zu dem Bereich der Ausländerfragen bekommen. Vor allem durch meine Arbeit als Geographielehrer, auch als Hochschullehrer, habe ich gemerkt, daß es eigentlich gar nicht so sehr darauf ankommt, Schülern eine Menge an geographischen Fakten zu vermitteln, sondern daß es einfach sehr viel wichtiger ist, mit den Mitteln der Geographie ihnen ein Bewußtsein dafür zu schaffen, daß andere Menschen unter anderen Verhältnissen auch anders leben müssen und daß diese andere Lebensweise nicht einer Einschätzung von gut oder schlecht, richtig oder falsch unterliegt. Von dieser Akzeptanz und Toleranz für das andere konnte ich ein gutes Stück für meine jetzige Arbeit mitnehmen. Eigentlich habe ich noch keinen Tag bereut, meine Arbeit zu machen, auch wenn es manchmal sehr bitter ist und man eine Menge Nackenschläge einstecken muß. Aber es ist eine ungeheuer interessante Aufgabe, und man lebt äußerst intensiv.

## Es geht um die Demokratie in unserem Land

**W.W.:** Wie ist ihre Perspektive für das Zusammenleben zwischen Deutschen und Ausländern für die Zukunft Deutschlands?

**W. Richter:** In Deutschland haben immer Ausländer gelebt, und es werden hier auch immer weiter Ausländer leben. Mitunter spitzt sich diese Situation nur auf Asylbewerber zu, aber das Thema der Ausländer ist ja sehr viel breiter. Ich denke schon, daß in der Asylgesetzgebung, wie sie bisher war, etwas verändert werden muß, allerdings nicht so wie dieser sogenannte Asylkompromiß jetzt aussieht. Man kann natürlich nicht so tun, als ob das Asylproblem nicht vorhanden wäre, z.B. haben sich am letzten Wochenende in der ZASt in Rostock 900 Asylbewerber gemeldet. An zwei Tagen! Da muß man natürlich Regelungen treffen, allerdings nicht auf

Kosten derjenigen, die in ihren Heimatländern aus lauter Not losgehen. Denen kann man keinen Vorwurf machen. Trotzdem muß es bestimmte Regelungen geben.

Hier ist ein ganzes Paket von Regelungen notwendig, um z.B. auch die rechtliche Situation von Ausländern zu verbessern: kommunales Wahlrecht, leichtere Einbürgerung, doppelte Staatsbürgerschaft. Man muß einfach die Situation derjenigen verbessern, die schon lange in unserem Land leben, die hier geboren werden, aber immer noch als Ausländer geboren werden. Man muß einfach deutlicher machen, daß sie zu dem Leben in unserer Gesellschaft dazugehören. Hier sind einige Dinge auf den Weg gebracht, die mir schon Hoffnung machen. Und ich denke auch, daß ein großer Teil der Menschen, leider erst nach den Ereignissen in Mölln, noch nicht nach den Ereignissen in Rostock, aufgewacht ist. Daß so ein Ruf durch das Land geht, hatten wir eigentlich schon nach den Ereignissen in Rostock erwartet.

**W.W.:** Der kam erst nach den Morden in Mölln.

**W. Richter:** Der kam erst nach Mölln, ja. Eigentlich geht es darum, daß immer mehr Menschen begreifen, daß es nicht so sehr um die Ausländer geht, sondern vielmehr um die Demokratie in unserem Land. Dieses Eintreten für die Demokratie ist eine Hoffnung, an der ich mich festhalte und die mich auch für meine Arbeit motiviert.

# Einwanderungsland Deutschland

## INTERVIEW MIT DANIEL COHN-BENDIT

## von Wolfgang Weirauch

Foto: Baranski

**Daniel Cohn-Bendit:** *Ich bin 1945 in Montauban in Südfrankreich geboren, weil meine Eltern 1933 aus Berlin vor den Nationalsozialisten fliehen mußten. Meine Kindheit habe ich in Paris verbracht. 1958 kehrte meine Mutter mit mir nach Deutschland zurück. Ich besuchte die Odenwaldschule, wo ich 1966 das Abitur machte.*

*In den sechziger Jahren studierte ich Soziologie an der Universität Nanterre in Paris und hatte das große Vergnügen, an der Studentenrevolte in Frankreich beteiligt gewesen zu sein. Hier ging es um das Aufbrechen verkrusteter Strukturen in Universität, Politik und Gesellschaft. Dies ist geglückt, hatte jedoch meine Ausweisung aus Frankreich zur Folge. Ich übersiedelte nach Frankfurt, wo die antiautoritäre Revolte gerade in vollem Gange war. In den siebziger Jahren habe ich den „Revolutionären Kampf" mitbegründet, eine Studentengruppe, die versuchte, mit ArbeiterInnen und Lehrlingen zusammenzuarbeiten. Mit StudentInnen und ArbeitsemigrantInnen habe ich Häuser besetzt, um gegen die Wohnraumzerstörung zu protestieren, die Wohngemeinschaftskultur mitgestaltet und schließlich das Stadtmagazin* Pflasterstrand *aus der Taufe gehoben. Gleichzeitig arbeitete ich in dem Uni-Kinderladen als Bezugsperson, dann als Buchhändler in der Karl Marx-Buchhandlung in Bockenheim.*

*In den achtziger Jahren war ich erneut Bezugsperson in einer Krabbelstube in Sachsenhausen, um mich dann als Autor und Herausgeber des* Pflasterstrand *sowie vieler Bücher und Veröffentlichungen als Publizist zu etablieren. Seit 1984 bin ich Mitglied bei den GRÜNEN. Am Vorabend der neunziger Jahre bin ich ehrenamtlicher Stadtrat und Dezernent für Multikulturelle Angelegenheiten der Stadt Frankfurt geworden. Ich freue mich über diese Aufgabe und das Wagnis, den Menschen verschiedener Herkunft in dieser Stadt verantwortlich zu sein, ihr Zusammenleben mitzuformen und zu unterstützen. Alles andere ist mir geblieben: ein Wanderer zwischen den Welten, Kulturen, Sprachen, Berufen, Generationen, Schichten – und spielender Fußballnarr.*

Seit etwa 35 Jahren leben wir in diesem Staat mit einer – abgesehen von kleinen Schwankungen – ständig steigenden Anzahl von Ausländern, die man zuerst mit dem unzutreffenden Begriff „Gastarbeiter" belegte, als wären es Gäste, die man entsprechend empfangen hätte und die auch jederzeit wieder gehen würden. Zuerst waren es hauptsächlich Italiener, Griechen und Spanier, später kamen überwiegend Türken und Jugoslawen hinzu. Heute ist es die Masse der Asylbewerber, die aus den verschiedensten Ländern durch das Nadelöhr des Artikels 16 GG in die Bundesrepublik Deutschland drängen.

Spätestens seit 1973 – dem Jahr des Anwerbestops für ausländische Arbeitnehmer – hat sich in diesem Staat langsam eine Kultur entwickelt, die von den ausländischen Familien entscheidend mitgeprägt worden ist. Unbemerkt, bzw. von vielen ignoriert, sind die ausländischen Arbeitnehmer längst integrativer Bestandteil unserer Sozialstruktur geworden, tragen einen erheblichen Anteil zum Bruttosozialprodukt bei und haben Berufssparten ergriffen, für die die deutschen Arbeitnehmer nicht mehr zur Verfügung stehen. Kurzum: Ohne die Ausländer würde in unserem Staat nicht nur eine anregende und herausfordernde Vielfalt fehlen, sondern große Bereiche der Wirtschaft und der Gesellschaft überhaupt müßten weitgehend zusammenbrechen, vor allem in den großen Städten.

Auch wenn sich die rechtsradikalen Rufe – „Ausländer raus!" – weitgehend an der Masse der in den letzten Jahren gekommenen Asylbewerber neu entzündet haben, sind sie, abgesehen von der rassistischen Komponente, realitätsfern und kurzsichtig. Ohne Ausländer können und wollen wir in diesem Staat gar nicht mehr leben. Wir leben längst in einer multikulturellen Gesellschaft, bei allen Schwierigkeiten, die diese mit sich bringt.

Längst sind auch die Konflikte zwischen Ausländern und Deutschen unübersehbar geworden, aber die Bundesrepublik Deutschland hält sich in einer Mischung aus Elitebewußtsein, Blutsreinhaltung und mangelnden Begriffen und Ideen über ihre Nation wie ein Öltropfen mit einer Haut von dem sie umgebenden Wasser fern. Warum sollen nur diejenigen Deutsche sein, die von deutschen Eltern geboren werden, nicht aber die in diesem Land geborenen Kinder der seit Jahrzehnten hier lebenden Ausländer? Fast kein europäisches Land leistet sich einen derartig irrationalen Luxus!

Daniel Cohn-Bendit und Thomas Schmid plädieren deshalb in ihrem sehr zu empfehlenden Buch „Heimat Babylon“ (Hamburg 1992) dafür, daß die Bundesrepublik Deutschland endlich rechtlich akzeptiert, das zu sein, was sie faktisch schon längst ist: ein Einwanderungsland. Würde dies anerkannt, erließe man endlich ein entsprechendes Einwanderungsgesetz, so könnte man aus der Zwickmühle herauskommen, die der Artikel 16 Abs. 2 GG heute aufwirft.

Ich besuchte Daniel Cohn-Bendit im Amt für Multikulturelle Angelegenheiten in Frankfurt, wo er als Dezernent tätig ist, und befragte ihn zu Aspekten, die sich aus dem 35jährigen Zusammenleben von Ausländern und Deutschen in diesem Land ergeben haben und sich noch entwickeln werden.

**Wolfgang Weirauch:** Von jeher gab und gibt es weltweit Migrationen. Warum wird die Migration zu einem Problem sowohl für die, die in die Fremde gehen, als auch für die, die die Migranten bei sich aufnehmen?

**Daniel Cohn-Bendit:** Man sollte die Schwierigkeit der Migration nicht unterschätzen. Eine Migration entsteht immer nur in einer Zwangssituation, denn hierbei geht es keineswegs darum, daß Menschen einfach nur reisen wollen. Migration bedeutet immer Auswanderung, d.h. man verläßt eine Region, man verläßt seine Heimat und seine traditionellen Bindungen und fühlt sich genötigt, irgendwo anders hinzugehen. Das kann politische, religiöse, wirtschaftliche oder ökologische Gründe haben. Aber es ist eine Pendelbewegung des Verlassens des einen Gebietes, um sich dann in einer neuen Umgebung zurechtfinden zu müssen.

## Die Angst vor dem Fremden

Dort muß man sich neu integrieren, d.h. man muß die andersartigen Lebensverhältnisse neu erlernen. Und dies ist meiner Meinung nach immer ein schwieriger und schmerzhafter Prozeß, den die Menschen, die sich dieser Neuerung aussetzen müssen, nicht gerne und freiwillig durchleben, sondern nur, weil sie unter einem unerträglichen Druck stehen, der sie letztlich zur Migration treibt. Auf der anderen Seite ist es auch für diejenigen, die die Migranten aufnehmen müssen, ein sehr schwieriger Neuerungs- und Umstellungsprozeß, weil sie sich mit neuen Wertmaßstäben auseinandersetzen müssen.

**W.W.:** Was ist für Dich Xenophobie? Ist es der Haß auf Teile in sich selbst, mit denen man nicht zufrieden ist, die man dann auf andere projiziert?

**D. Cohn-Bendit:** Xenophobie ist in erster Linie die Angst und die Verunsicherung vor dem Fremden. Verstärkend kommt natürlich hinzu, daß jemand, der sich in seiner eigenen Haut nicht wohlfühlt, durch den Fremden noch mehr verunsichert wird. Xenophobie ist also auch Ausdruck einer individuellen Verunsicherung, die man überspielt, indem man sich von dem anderen, dem Fremden abgrenzt. Gerechterweise sollte man aber hinzufügen, daß zwar nicht die Ablehnung, aber die Verunsicherung vor dem Fremden etwas Normales, zumindest etwas Verständliches ist. Ich denke nicht, daß es Menschen gibt, die permanent Fremdes aufnehmen, integrieren und in sich verarbeiten können. Natürlich gibt es hier verschiedene Abstufungen. Aber Xenophobie ist eine Form normaler Verunsicherung durch den Fremden, die sich allerdings schon verfestigt hat und mit der der Übergang von der Verunsicherung zur Ablehnung schon vollzogen ist.

**W.W.:** Die Ausländerfeindlichkeit lebt sich ja verschieden aus: In Frankfurt gibt es etwa 25 % Ausländer ...

**D. Cohn-Bendit:** 27 %!

**W.W.:** ... in den neuen Bundesländern nicht einmal 1 %. Trotzdem hat man den Eindruck, daß das Problem in den neuen Bundesländern größer zu sein scheint als in Frankfurt, Stuttgart oder Berlin. Hat Xenophobie überhaupt mit der realen Anwesenheit von Ausländern zu tun oder ist es eine Vorstellung ohne konkreten Wirklichkeitsbezug?

**D. Cohn-Bendit:** Sicherlich ist die erweiterte Bundesrepublik der Beweis dafür, daß Fremdenhaß nichts mit der real-existierenden Anwesenheit der Fremden zu tun hat. Es gab ja vor einiger Zeit eine berühmte Studie hier in der Bundesrepublik, mit der festgestellt worden ist, daß ungefähr 25 bis 30 % der deutschen Bevölkerung antisemitisch eingestellt sind ...

**W.W.:** ... obwohl die meisten nicht einmal einen Juden kannten.

**D. Cohn-Bendit:** Genau. Deswegen würde ich schon sagen, daß die soziale Verunsicherung ein ausschlaggebendes Moment für die Ausländerfeindlichkeit ist. Und die Menschen in den neuen Bundesländern sind radikal verunsichert, ihre gesamten sozialen Orientierungswerte sind zusammengebrochen, und ehe sich neue bilden, wird noch eine längere Zeit vergehen müssen. Die Hoffnungen auf eine entscheidende Verbesserung ihrer Lebenssituation haben sich zerschlagen. Aus diesen Gründen erscheint der kleinste Unruhestifter, der geringste Troublemaker als unerträglich, und man projiziert auf ihn alles. Deswegen haben die Migranten bzw.

Asylbewerber in den neuen Bundesländern, obwohl sie zahlenmäßig dort nur sehr gering vertreten sind, eine derartig negative Sprengkraft. Denn sie berühren Nerven, die sowieso schon blank liegen, so daß sofort eine Gegenreaktion ausgelöst wird.

## Ausländer sind keine Konkurrenten auf dem Arbeitsmarkt

**W.W.:** Mit dem wirtschaftlichen Aufstieg der Bundesrepublik wurden zunehmend mehr Arbeitsstellen frei, für die deutsche Arbeitslose nicht mehr zur Verfügung standen. Statt ihrer holte man seit Ende der fünfziger Jahre die billigeren ausländischen Arbeitskräfte, die man dann Gastarbeiter nannte. Daraus entwickelte sich die Diskrepanz, daß man auf der einen Seite – besonders seitens der Wirtschaft – gar nicht mehr auf die ausländischen Arbeitnehmer verzichten wollte, auf der anderen Seite verrannten sich aber im Laufe der Jahrzehnte immer mehr Deutsche in die Vorstellung, die Ausländer würden ihnen die Arbeitsplätze wegnehmen. Wie konnte es zu dieser Situation kommen? Hätte man mit einfacher Aufklärung diesen Vorurteilen vorbeugen können?

**D. Cohn-Bendit:** In der ersten Zeit hat diese Diskrepanz überhaupt nicht existiert. In den fünfziger und sechziger Jahren empfand man nicht, daß die ausländischen Arbeitnehmer den Deutschen Arbeitsplätze wegnehmen würden. Als 1955 der erste Anwerbungsvertrag zwischen Italien und Deutschland unterschrieben wurde, gab es zwar eine große Arbeitslosigkeit, man wandte sich auch allgemein gegen diese Verträge, sowohl die Gewerkschaften als auch die Parteien, aber das Wirtschaftsministerium hat sie trotzdem durchgedrückt.

Erst Ende der sechziger Jahre begann die massenhafte Anwerbung, die mit der Prosperitätsphase der Bundesrepublik zusammenhängt. In dieser Zeit waren die Ausländer zwar nicht sehr willkommen, aber doch noch als Arbeitskräfte akzeptiert. Erst in der Phase der Krise, also in den siebziger Jahren, begann man in der Zeit der steigenden Arbeitslosigkeit über die Konkurrenz der deutschen und ausländischen Arbeitnehmer nachzudenken.

Aber woran es zu dieser Zeit – genau wie heute – gemangelt hat, ist eine aktive Einwanderungspolitik, die auch hätte zeigen können, daß die Arbeiten, die die ausländischen Arbeitnehmer verrichten, gar nicht von den Deutschen hätten übernommen werden können.

**W.W.:** Welche Gründe hat das?

**D. Cohn-Bendit:** Zum einen demographische Gründe, weil die Deutschen zu alt waren und viele Arbeiten gar nicht mehr verrichten konnten, ferner sind das Mobilitätsgründe und Gründe der Perspektive. Denn die meisten deutschen Arbeitnehmer hatten längst eine andere Perspektive –

also höherwertige und besserbezahlte Arbeiten – entwickelt. Das ist ja auch der Grund, warum diese Einwanderung der Arbeitskraft nötig war.

**W.W.:** Wie steht es überhaupt mit dem Vorurteil, daß die ausländischen Arbeitnehmer den Deutschen die Arbeitsplätze wegnehmen? Ist da überhaupt etwas dran?

**D. Cohn-Bendit:** Sicherlich gibt es heute an der unteren Leiter der Gesellschaft eine reale Konkurrenz, aber die ist relativ minimal. Ansonsten ist dieses Vorurteil nicht haltbar. Die größte Konkurrenz, die derzeit gespürt wird, liegt aber auf einem anderen Felde, und das ist die Konkurrenz um den Wohnraum. Hier haben wir aufgrund einer katastrophalen Baupolitik der letzten zwanzig Jahre eine Situation, in der es eine echte Konkurrenz in dem Sinne gibt, daß junge deutsche Familien, deren Kinder jetzt erwachsen sind und eigentlich eine eigene Wohnung haben wollen, in Konkurrenz mit Migranten stehen, die auch eine Wohnung suchen bzw. bereits eine haben, weil sie Bürgerinnen und Bürger derselben Stadt sind. In dieser Verkettung hat das Vorurteil – „Wären die Ausländer nicht da, hätten wir jetzt eine Wohnung" – eine scheinbare Plausibilität.

**W.W.:** Die ausländischen Arbeitnehmer wurden den Deutschen in arbeits-, tarif- und sozialrechtlicher Hinsicht gleichgestellt, so daß es keine Lohnkonkurrenz gab. Da sie aber – vor allem in den ersten Jahrzehnten der Bundesrepublik – die unteren Lohngruppen besetzt haben, heißt dies doch fast automatisch, daß eine große Anzahl Deutscher in höhere Lohngruppen aufsteigen konnte und daß sie dies den Ausländern zu verdanken haben.

**D. Cohn-Bendit:** Dadurch, daß die Ausländer hier bestimmte Arbeiten ausgeführt und Berufe ergriffen haben, konnte die überwiegende Mehrheit der deutschen Arbeitnehmer in der hierarchischen Skala nach oben rücken. Das ist sicherlich richtig. Das ist auch eines der Probleme bei den ganzen Debatten um die Ausländerfrage: daß sich kaum jemand klarmacht, was geschehen würde, wenn sämtliche Ausländer verschwinden würden. Denn dann müßte die hierarchische Arbeitsverteilung in der Gesellschaft vollkommen neu definiert und durchgeführt werden. Daraus entstände eine noch viel größere Krise, als sie für viele durch die Anwesenheit der Ausländer schon besteht.

**W.W.:** Die Zahl der deutschen Erwerbstätigen nimmt beständig ab, und in diese Lücke sind die ausländischen Arbeitnehmer gesprungen. Haben die Deutschen ihren ausländischen Kollegen nicht auch Arbeitszeitverkürzung, längeren Urlaub, ein früheres Ende des Erwerbslebens und auch einen längeren Bildungsweg zu verdanken?

**D. Cohn-Bendit:** Selbstverständlich. Die Deutschen haben es der ökonomischen Entwicklung zu verdanken, und ein Teil dieser Entwicklung sind halt die Arbeitsmigranten. Überhaupt haben wir Deutschen eine bestimmte Form des Reichtums, des Wohlstands, der Flexibilität, der Arbeitszeitreduzierung der Migration zu verdanken.

## Man vergaß, in den Ausländern Menschen zu sehen

**W.W.:** 1973 gab es den Anwerbestop für ausländische Arbeitnehmer. Welch grundlegender Wandel zeichnete sich dadurch für die Ausländer ab?

**D. Cohn-Bendit:** Der Anwerbestop ist deswegen entscheidend, weil er im Grunde die Geburtsstunde der Migrantenminderheit, der Ausländerminorität in der Bundesrepublik darstellt, denn seit diesem Moment war es für die hier lebenden Ausländer klar, entweder für immer hierbleiben oder wieder in ihr Heimatland zurückgehen zu müssen. Der Anwerbestop und die damit verbundene Unmöglichkeit, hin und her zu reisen, hat von den Migranten abverlangt, eine Entscheidung zu treffen, ob sie sich in Deutschland niederlassen oder zurückgehen wollen. Viele Arbeitsmigranten sind zurückgegangen, aber für diejenigen, die hiergeblieben sind, ist damit gleichzeitig verbunden gewesen, die Familien nachzuholen. Seit dieser Zeit leben die Ausländer als Familien hier, und nicht mehr nur als Arbeiter, die nur Geld verdienen, um eines schönen Tages wieder nach Hause zu fahren.

**W.W.:** Ihr schreibt dazu in Eurem Buch „Heimat Babylon", daß man vollkommen vergessen hatte, in den Ausländern auch Menschen zu sehen, die sich zunehmend in unsere Gesellschaft integrierten.

**D. Cohn-Bendit:** Ja, man hat bis 1973 in den ausländischen Arbeitnehmern nur die Arbeitskraft gesehen. Aber seit 1973 war man plötzlich damit konfrontiert, daß dies nicht nur Arbeitnehmer sind, sondern auch Familien, Lebenszusammenhänge, soziale Zusammenhänge, und zwar mit allem, was dazugehört. Das hat diese Gesellschaft bis heute aktiv nicht verarbeitet. Es wurde bis heute keine aktive Einwanderungspolitik betrieben, statt dessen wurden die Ausländer mit ihren Familien nur nebenbei geduldet.

**W.W.:** Was würde mit unserer Gesellschaft geschehen, wenn man alle Ausländer mit einem Mal aus Deutschland vertreiben würde, z.B. hier in Frankfurt?

**D. Cohn-Bendit:** Es würde alles zusammenbrechen. Schau Dir die letzten Wahlen an, z.B. die Kommunalwahl in Hessen. Ein Drittel der Wähler war dabei über sechzig Jahre alt. Wenn das gleichzeitig auch die Bevölkerungsstruktur wäre, so könnte z.B. der Frankfurter Flughafen nicht mehr funktionieren, die Banken könnten nicht mehr arbeiten, und überhaupt die gesamte Wirtschaft und soziale Infrastruktur der Stadt Frankfurt würde zusammenbrechen. Es gäbe überhaupt keine Stadt Frankfurt mehr, die leben könnte. Es wären die Renten in Gefahr, und es würde eine Situation eintreten, die man kaum beschreiben kann, denn das demographische Bild der Bevölkerung der Stadt Frankfurt würde so überaltert sein, daß nichts mehr funktionieren würde.

Die Einwanderung aber ist in diese Lücke gestoßen und erhält damit die Lebensfähigkeit so einer Stadt aufrecht. Wenn alle Ausländer raus müßten, würde natürlich die Arbeitslosigkeit enorm erhöht sein, es gäbe Ausfälle bei der Gewerbesteuer, bei den Renten- und Sozialbeiträgen, es käme der Kaufkraftverlust hinzu und vieles mehr. Alles würde unheimlich ins Rotieren kommen.

## In Deutschland floß das Blut ins Recht

**W.W.:** Etwas Gespenstisches hat es an sich, wenn man darauf schaut, wer ein Deutscher werden kann und wer nicht, denn dabei stützt sich die Bundesrepublik immer noch auf das Reichs- und Staatsangehörigkeitsgesetz von 1913, wonach nicht der Deutscher ist, der in Deutschland geboren ist, sondern der, der von Deutschen abstammt. „Nirgendwo sonst floß das Blut so dick ins Recht", schrieb hierzu ein Kommentator in der *Süddeutschen Zeitung*. Wie kommt es, daß das deutsche Volk als Bluts-, nicht aber als Staatsgemeinschaft definiert worden ist und noch definiert wird?

**D. Cohn-Bendit:** Deutschland hat als Staat nur eine sehr kurze Geschichte und hat deswegen bei weitem nicht eine so große politisch emotionale Definition, wie z.B. der französische Staat als Ausdruck der Französischen Revolution oder der angelsächsische Staat mit der Definition der Teilung der Staatsgewalt. Die Deutschen haben sich immer nur als Zweckverband der Deutschen definiert: also die deutsche Nation als Verein der Deutschen. Entsprechend war auch die Staatsgründung. Im Grunde ist dies bis jetzt die einzige Definition der Deutschen, nämlich: Deutschland ist das Land der Deutschen.

Deutschland hat keine andere Idee von sich selber, deswegen ist es für diese Leute zwangsläufig, daß derjenige ein Deutscher ist, der deutsches Blut besitzt. Eine republikanische Definition der Nation gibt es in Deutschland erst seit 1945, und es dauert eben, bis so etwas Allgemeingut wird. Unser heutiges Problem ist, daß wir eine ethnische Definition der Bundesrepublik haben. Als ethnische Bundesrepublik kann man freundlich zu ausländischen Ethnien sein, wenn man das will, aber man kann sie nicht als gleichberechtigte politische Subjekte ansehen.

**W.W.:** Ein deutsches Elternpaar lebt in Frankreich und bekommt dort ein Kind. Ist dieses Kind Franzose?

**D. Cohn-Bendit:** Bei Geburt in Frankreich kann es die französische Staatsangehörigkeit bekommen. Auch ein in Frankreich geborener Türke kann diese Staatsangehörigkeit in Anspruch nehmen, während ein in Deutschland geborener Türke bis zu seinem Lebensende ein Ausländer bleibt. Das aber schafft wiederum einen ethnischen Nationalismus hiesiger Prägung.

Wenn dann noch eine soziale Ausgrenzung, zumindest das Gefühl der sozialen Ausgrenzung, für diese Ausländer hinzukommt, entsteht eine Aggressivität gegen diese Gesellschaft, die einen als Subjekt ausgrenzt, die sich in den Städten massiv durch Gewaltausbrüche zeigen kann.

**W.W.:** Warum wird dieser ethnische Nationalismus, diese auf das Blut gegründete Staatszugehörigkeit nicht abgeschafft? Selbst viele Sozialdemokraten scheinen damit ja noch Schwierigkeiten zu haben.

**D. Cohn-Bendit:** Weil ich glaube, daß an dieser Stelle die deutschen Eliten in ihren eigenen Ideologien verfangen sind. Eigentlich versteht das niemand auf dieser Welt. Aber das ist die Macht in den politischen Ideologien, und die Menschen, die diese Ideologien vertreten, würden es als ein äußerst großes Problem ansehen, an dieser Stelle eine Änderung vorzunehmen. Eigentlich ist es nur eine Luftblase, und ein kleiner Stich würde genügen, daß dieses Gespenst verschwindet. Das wäre nicht einmal ein Problem. Man bräuchte nur die Definition zu verändern, wer in Zukunft als Deutscher zu gelten habe bzw. daß derjenige ein Deutscher ist, der auf deutschem Boden geboren wird oder einen deutschen Elternteil hat.

**W.W.:** Für die Einbürgerung gelten derzeit ja auch abstruse Bedingungen: einwandfreie Lebensführung, der Umgang mit Rauschmitteln führt zur Ablehnung, eine einwandfreie Orthographie wird abverlangt und vieles mehr. Woher stammt diese Anmaßung?

**D. Cohn-Bendit:** Das ist einfach Arroganz. Auch einem geborenen Deutschen wird schließlich nicht bei der Geburt abverlangt, deutsch sprechen und schreiben zu können. Auch er muß es erst lernen. Lernt er es nicht, wird ihm die deutsche Staatsbürgerschaft nicht aberkannt.

## Doppelte Staatsbürgerschaft als Übergangsphase

**W.W.:** Die in Deutschland lebenden und hier geborenen Ausländer bleiben also weitgehend Ausländer. Wäre hier als Hilfe nicht die doppelte Staatsbürgerschaft möglich?

**D. Cohn-Bendit:** Deutschland ist für mich ein atypisches Einwanderungsland. Atypisch deswegen, weil die Menschen, die hierhergekommen sind, nicht gekommen sind, um hierzubleiben. Im Gegensatz dazu stehen z.B. Amerika und Australien, denn in diese Kontinente wandert man aus, um auch dort zu bleiben. Deswegen ist es für die ersten Generationen der Migranten, die nach Deutschland gekommen sind, sehr schwer, sich mit dem Gedanken zu befreunden, doch endgültig hierzubleiben. Wenn ihre in diesem Staat geborenen Kinder dann Deutsche werden wollen, die alte Staatsangehörigkeit aufgeben möchten, kommt es für viele einem Verrat an ihren Eltern gleich. Dieser permanente Konflikt mit ihren Eltern ist für viele Kinder unerträglich. Das ist eine psychologische Hürde, die sie nur ganz schwer überspringen können. Deswegen ist die Doppelstaatsangehörigkeit de facto Ausdruck dieser atypischen Einwanderung, d.h. man müßte für eine bestimmte Zeit die Möglichkeit zulassen, dieses Zwitterverhältnis zu beruhigen und zu legalisieren. Nach zwei bis drei Generationen wird diese doppelte Staatsangehörigkeit überhaupt keine Rolle mehr spielen. Der dann Deutscher gewordene Mensch türkischer Abstammung wird nach zwei bis drei Generationen kaum noch die doppelte Staatsangehörigkeit verlangen, aber in der Übergangsphase spielt sie eine große Rolle.

**W.W.:** Die eine der beiden Staatsangehörigkeiten könnte ja jeweils ruhen.

**D. Cohn-Bendit:** Zum Beispiel; hier kann man sich die verschiedensten Formen ausdenken.

**W.W.:** Wie stehst Du zum kommunalen Wahlrecht für alle Ausländer, die seit gewisser Zeit in Deutschland leben?

**D. Cohn-Bendit:** Ich halte das kommunale Wahlrecht auch für eine Möglichkeit, die Idee der politischen Gleichheit zu stabilisieren. Man müßte dann natürlich die Maastrichter Verträge nicht nur so formulieren, daß nur die EG-Ausländer wählen dürfen, sondern alle, die hier mehr als fünf Jahre leben. Das wäre eine notwendige vertrauensbildende Maßnahme zur Stabilisierung der politischen Verhältnisse. Dabei sollte man nicht alles zu sehr komplizieren. Eine Hürde wäre, wie gesagt, die fünfjährige Aufenthaltsdauer in Deutschland, damit man keine Durchreisenden wählen läßt. Denn diejenigen, die zu einer Wahl gehen, müssen stabile Bürger einer Stadt sein.

**W.W.:** Oft wird behauptet, die Ausländer würden sich nicht den deutschen Verhältnissen anpassen. Kannst Du einige Merkmale nennen, ob das den Tatsachen entspricht?

**D. Cohn-Bendit:** Es gibt eine große Anzahl überangepaßter Ausländer, z.B. Türken. Wenn sie lange in Deutschland waren, dann wieder in die Türkei zurückkehren, so werden sie dort als „Deutschländer" bezeichnet. Die hierherkommenden Migranten haben natürlich eine andere Geschichte, eine andere Tradition als die Deutschen. Deswegen dauert es mit der Anpassung seine Zeit.

## Der Bundesrepublik fehlt ein Einwanderungsgesetz

Einwanderung bedeutet auch immer eine Ungleichzeitigkeit in der Wahrnehmung der Realität. So eine Ungleichheit muß eine Einwanderungsgesellschaft aushalten können. Deswegen denke ich, daß es nicht wahr ist, daß sich die Migranten nicht an „unsere Verhältnisse" anpassen, denn sie müssen die ganzen Bedingungen, die zu unseren Verhältnissen geführt haben, zeitversetzt nachholen. Und so etwas dauert eben eine gewisse Zeit.

**W.W.:** In den letzten Jahren steigt die Zahl der Ausländer spürbar, vor allem durch die Asylbewerber, wodurch eine Vielzahl von bekannten Problemen entstanden ist. Oft verlegt man die Asylbewerberheime in die

Regionen der sozial Schwächsten. Warum ist gerade dies ein gravierendes Problem?

**D. Cohn-Bendit:** Es hat bisher überhaupt keine klaren Überlegungen gegeben, wie man diese Probleme befriedigend lösen kann. Zwar wird man bei der steigenden Zahl der Asylbewerber um die Kasernen und ähnlichen Gebäude nicht drumherum kommen, aber was mich dabei ärgert, ist, daß man sich nicht überlegt hat, welche Konflikte man dadurch produziert. Weil man in der Frage der Asylbewerber immer von der Hand in den Mund gelebt hat, mußte man jeweils ganz schnell reagieren, ohne sich genau zu überlegen, wie man diese Probleme sozialverträglich mit der Umgebung lösen kann. Man hat keine Politik entwickelt, die bei den Anwohnern zu einer Akzeptanz der Asylbewerber führen kann. Deswegen bezahlen wir jetzt die Auswirkungen.

**W.W.:** Als Argument gegen die steigende Zahl der Asylbewerber wird immer wieder angeführt, daß Deutschland nicht für das Elend der ganzen Welt aufkommen könne und daß die meisten Asylbewerber lediglich Wirtschaftsflüchtlinge seien. Wieviel Tatsachengehalt steckt dahinter?

**D. Cohn-Bendit:** Ich denke schon, daß die Mehrzahl der Asylbewerber das Asylrecht mißbrauchen und im strengen Sinne keine politisch Verfolgten sind. Aber das hängt damit zusammen, daß die Bundesrepublik Deutschland kein Einwanderungsgesetz hat, so daß die Asylbewerber gezwungen werden, durch das Nadelöhr Asylrecht zu schlüpfen. Auf der anderen Seite war die Bundesrepublik bis jetzt ein wirtschaftlich starkes Land, wodurch viele Menschen berechtigt angezogen werden. Deswegen halte ich die Debatte um Asylmißbrauch für sehr unergiebig.

Denn um das Institut des Asylrechts zu schützen, muß man andere Einwanderungsmöglichkeiten schaffen, Regelungen treffen, die das Asylrecht entlasten. Selbstverständlich hätte man sich auch überlegen können, wie man dieses Asylrecht schützt, aber derzeit stecken wir in einer völlig verrannten Situation, und man ist im Begriff, ein neues Asylrecht zu schaffen, das lediglich die Bundesrepublik abschirmt und kaum noch jemandem die Möglichkeit geben wird, Asylanträge zu stellen. Statt dessen wird die illegale Einwanderung gefördert werden.

**W.W.:** Seit 1945 wurden 500 kriegerische Auseinandersetzungen gezählt, von denen 70 noch virulent sind. Die UNO spricht derzeit von 17,2 Millionen politischen Flüchtlingen. Nimmt man diejenigen politischen Flüchtlinge hinzu, die in den eigenen Landesgrenzen auf der Flucht sind, so kommt man bereits auf 100 Millionen. – Dann muß man an die Menschen des ehemaligen Ostblocks denken, allein 13 Millionen Bürgerinnen und Bürger der ehemaligen Sowjetunion denken an Auswanderung. – Der größte Teil von Migranten ist aber der, der aus ökologischen und ökonomischen Gründen auf der Flucht ist. – Insgesamt ergeben sich laut Schätzungen des Roten Kreuzes 500 Millionen Menschen, die gegenwärtig auf der

Flucht sind, eine Zahl, die sich bis zum Jahrtausendende verdoppeln soll. Das sind beängstigende Perspektiven, die Vorurteilen, daß die halbe Welt Deutschland überrennen werde, Nahrung geben. Wie aber sieht es wirklich aus, wie viele könnten denn überhaupt nach Deutschland kommen?

**D. Cohn-Bendit:** Genaue Zahlen kann ich natürlich nicht angeben. Auf jeden Fall werden die meisten nicht kommen. Die Mehrheit der Flüchtlinge flieht kaum über die eigene Grenze, oft sind es nur wenige Kilometer. Schließlich besteht die Mehrheit der Flüchtlinge aus Frauen und Kindern, die es gar nicht schaffen könnten, bis nach Deutschland zu kommen. Hierher kommen nur starke junge Männer, und das ist gerade ein Teil des Problems. Wir leben heute in einer Wanderungssituation, in der bestimmte Bevölkerungsgruppen und -schichten sich das aussuchen, was sie gebrauchen können.

**W.W.:** Trotzdem wird eine immer größere Zahl von Illegalen kommen, so wie die Nordafrikaner nach Spanien und Frankreich illegal einwandern. Die illegalen Einwanderer in Deutschland dürften vorwiegend aus dem Osten kommen.

**D. Cohn-Bendit:** So ist es. Und so etwas birgt sozialen Sprengstoff in den Städten.

## Die Generosität des Asylrechtes wird zum Problem

**W.W.:** Deutschland hat das größte Verbrechen der Menschheitsgeschichte verübt und nicht nur Millionen von Menschen vernichtet, sondern auch ungeheure Massen politischer Flüchtlinge verursacht. Das hat dazu geführt, daß der Parlamentarische Rat das Recht auf Asyl im Grundgesetz festgeschrieben hat. Was ist hieran das Gute, und wo liegen die Schwierigkeiten in der heutigen Zeit?

**D. Cohn-Bendit:** Als 1948 das Grundgesetz formuliert und auch das Recht auf Asyl mit eingebracht wurde, geschah dies vor allem auf dem Hintergrund der Verbrechen an den Juden und der Flüchtlinge aus Deutschland. Im Grundgesetz wurde dann ein Asylrecht verwirklicht, was einmalig in der Welt ist, denn es ist ein Artikel, der sich nicht an die eigene Bevölkerung richtet, sondern an alle diejenigen, die sich nicht in dem eigenen Land befinden. Das ist eine Generosität ohnegleichen, hat sich aber aufgrund der Entwicklungen in der Welt zunehmend als schwierig erwiesen. Wir haben heute zwar einen sehr generösen Asylartikel, aber eine völlig ungeneröse Anerkennungs- und Durchführungspraxis. Deswegen ist das ganze Asylproblem zu einem Monstrum geworden, zu einem Zwitter von Einwanderungs- und Asylgesetz. Das hat der Institution Asyl am Ende geschadet. Deswegen wäre eine nüchterne Bilanz und Diskussion der Asylproblematik in der Bundesrepublik notwendig gewesen, aber das ist leider nicht geschehen.

**W.W.:** Wie ist der Zusammenhang mit der Genfer Flüchtlingskonvention, daß abgelehnte Asylbewerber nicht abgeschoben werden können?

**D. Cohn-Bendit:** Die Genfer Flüchtlingskonvention regelt nur etwas im Asyl, ist aber kein Recht zum Asyl. Die Genfer Flüchtlingskonvention gibt niemandem das Recht, nach Deutschland zu kommen, aber wenn man in Deutschland ist, kann man durch die Genfer Flüchtlingskonvention in Deutschland bleiben. Deswegen ist die Verbindung des Asylgesetzes, also Artikel 16 Abs. 2 GG, mit der Genfer Flüchtlingskonvention ein sicherer Schutz für viele. Denn wenn ihr Asylantrag abgelehnt wird, dürfen sie nicht ausgewiesen werden.

**W.W.:** Muß man demzufolge Artikel 16 Abs. 2 abschaffen?

**D. Cohn-Bendit:** Man sollte eine komplexe Einwanderungspolitik formulieren, indem man das Staatsangehörigkeitsrecht ändert und ein Einwanderungsgesetz formuliert. In diesem Zusammenhang hätte man auch den Artikel 16 präzisieren oder umformen können. So etwas geht aber nur in einem Paket, aber das ist versäumt worden.

**W.W.:** Wenn sich Deutschland zum Einwanderungsland erklären würde, was es de facto ja schon ist, wie würde das konkret aussehen?

**D. Cohn-Bendit:** Deutschland müßte ein Verfahren zur Einwanderung formulieren, mit Regelungen, die sich auf humanitäre, ökonomische und demographische Notwendigkeiten stützen müßten. Zusätzlich würde es eine Einwanderungspolitik notwendig machen, also zu ermöglichen, daß diejenigen, die nach Deutschland einwandern, es auch wirklich schaffen, hier als Bürgerinnen und Bürger zu leben, mit allen Pflichten und Möglichkeiten, die es gibt.

**W.W.:** In welcher Größenordnung wären Einwanderungen möglich?

**D. Cohn-Bendit:** Das kann ich nicht sagen, dagegen wehre ich mich auch. Wirtschaftsinstitute sprechen von 300- bis 400.000 jährlich, die wir ab dem Jahre 2000 brauchen, und zwar aufgrund der demographischen Entwicklung. Ich sage aber dagegen, daß man ein demokratisches Verfahren entwickeln muß. Zum Beispiel habe ich vorgeschlagen, einen Einwanderungsbeauftragten mit einer Zweidrittel-Mehrheit vom Bundestag wählen zu lassen, also eine Konsensperson, die gleichzeitig eine Behörde, ein Bundesamt für Einwanderung, zur Verfügung hätte. Diese Behörde müßte dann verpflichtet sein, mit Arbeitnehmer- und Arbeitgeberorganisationen, humanitären und Flüchtlingsorganisationen Rücksprache zu halten, um Zielvorstellungen der Einwanderung zu formulieren, natürlich auch zahlenmäßige Zielvorstellungen. So eine Einrichtung würde dann die Einwanderung als permanent zu reflektierendes Problem in dieser Gesellschaft verdeutlichen können.

**W.W.:** Läge darin nicht auch wieder die Gefahr, eine Auslese der Einwanderer vorzunehmen, z.B. aus ökonomischen Gründen nur junge und kräftige Männer nach Deutschland zu lassen?

**D. Cohn-Bendit:** Das ist natürlich eine Gefahr, aber das Asylrecht birgt diese ganz genauso, denn die Mehrheit der Armen, Kranken und Alten schafft es nicht, in die Bundesrepublik zu kommen. Daran siehst Du, daß der Artikel 16 in der Praxis eine darwinistische Selektion veranlaßt. 70 % der Asylbewerber sind junge Männer, und es wird wohl kaum so sein, daß die Mehrzahl der politisch Verfolgten nur junge Männer sind. Dieser Gefahr muß man natürlich humanitäre Gründe für die Einwanderung entgegenstellen, aber niemand soll mir sagen, daß die gleiche Gefahr nicht auch schon heute existiert. Die Beibehaltung des Status quo birgt dieselbe Gefährdung in sich, wie sie natürlich in meinem Vorschlag eines Einwanderungsgesetzes auch enthalten ist.

## Wir leben bereits in einer multikulturellen Gesellschaft

**W.W.:** Ausländerbeauftragte haben in diesem Land nicht viel politisches Gewicht. Ein Schritt weiter ist Euer Amt für Multikulturelle Angelegenheiten auf kommunaler Ebene. Was sind seine Aufgaben?

**D. Cohn-Bendit:** Wir sind ein Amt, das verpflichtet ist, die gesamte Stadtpolitik vom Blickwinkel der Einwanderung zu sehen, zu begleiten und dementsprechende Vorschläge zu machen. Das reicht von der Kultur und den Schulen über den Wohnungsbau bis zur Stadtgestaltung.

**W.W.:** Versteht Ihr Euch als Lobby der Ausländer in dieser Stadt?

**D. Cohn-Bendit:** Nein, wir sind eine Lobby für eine Einwanderungspolitik, d.h. daß wir sowohl für die Deutschen als auch für die Ausländer zuständig sind. Wir wollen klarmachen, daß diese Stadt Frankfurt als Einwanderungsstadtgesellschaft Wege des Zusammenlebens findet und neue Wege der Kommunalpolitik gestaltet. Das ist deswegen nicht einfach, weil alle politischen Organisationen sich in ihrem traditionellen Denken meistens auf die deutsche Bevölkerung beziehen.

**W.W.:** Durch Euer Wirken ist die Multikulturelle Gesellschaft zunehmend ins Gespräch gekommen. Wird die Gesellschaft der Zukunft auf jeden Fall eine multikulturelle sein, oder werden sich auf Blut und Abstammung gestützte Gesellschaften, so wie die Deutschen sich noch heute verstehen, noch eine Durchsetzungschance haben?

**D. Cohn-Bendit:** Diese Frage ist schon entschieden, denn wir haben durch die Einwanderung bereits eine multikulturelle Gesellschaft. Inwieweit man diese multikulturelle Gesellschaft akzeptieren wird und als real-existierende in den Städten anerkennt, ist natürlich eine andere Frage, und das wird auch noch eine Zeitlang dauern. Eine monokulturelle Gesellschaft wird es auf absehbare Zeit nicht mehr geben.

# Laßt sie nicht allein!

## INTERVIEW MIT TILMAN ZÜLCH

### von Thomas Höfer

**Tilman Zülch,** *geboren 1939 in Deutsch-Libau, Januar 1945 Flucht nach Westdeutschland. Abitur 1960, Studium der Volkswirtschaft und Politik in Hamburg. 1968 Mitbegründer der Aktion Biafrahilfe, 1970 Mitbegründer der Gesellschaft für bedrohte Völker. Redaktionsleitung der Zeitschrift und Taschenbuchreihe* pogrom. *Verfasser bzw. Herausgeber von sieben Büchern über Nationalitätenprobleme sowie Minderheitenverfolgung durch Nationalsozialismus und Stalinismus.*

Überall auf der Welt fürchten ethnisch-kulturelle oder religiöse Menschengruppen um ihre physische und seelisch-geistige Existenz, täglich leiden Menschen unter der Unterdrückung ihrer Sprache und dem Verbot ihrer traditionellen Bräuche, stündlich werden Angehörige von Minderheiten aus ihrer angestammten Heimat vertrieben oder einfach ermordet, werden Menschenrechte mit Füßen getreten und demokratische Strukturen zerstört oder im Ansatz erstickt. All dies betreiben Menschen, die sich in rassistischer oder nationalistischer Verblendung für überlegen halten oder deren Ausbeutermentalität keine Skrupel aufkommen läßt. Juden, Kurden, Assyrer, Biafraner, Südmolukker, Eritreer, Hutu, Aborigines, Tuareg, Liven, Pygmäen, Somali, Oromo, Sahauri, Ostbengalen, Bihari, Chittagong-Bergvölker, Naga, Mizo, Meo, Montagnard, Igorot, Moro, Westpapua, Osttimoresen, Yanomami, Basken, Katalanen, Südtiroler, Aaländer, Sinti und Roma, in der Laussitz lebende Sorben, Bosnier – dies sind nur einige der Namen der Völker, die in diesem Jahrhundert um ihr Überleben fürchten mußten und zum großen Teil weiter fürchten müssen. Kaum jemand kennt auch nur ihre Namen.

Ab und an machen kultureller und physischer Völkermord Schlagzeilen und beschäftigen für kurze Zeit das Bewußtsein derer, die nicht betroffen sind – so wie augenblicklich das Schicksal der bosnischen Moslems. Aber auf einen wütenden und empörten Aufschrei der europäischen Bevölkerung oder das entschlossene Handeln westlicher Regierungen wartet man auch in diesem Fall vergebens, kaum noch erträglich ist das diplomatische Gewäsch, das keine Türen zuschlagen darf, um wirtschaftliche und politische Zweckinteressen nicht zu gefährden. Hat denn keiner gehört, daß der serbische Oppositionsführer Vuk Draskovic sagte, daß Serbien dort sei, wo ein serbisches Grab liege, oder daß der serbische Präsident Slobodan Milosevic die Auffassung vertritt, Serbien sei dort, wo ein Serbe wohne?

Wann wird die Völkergemeinschaft jemals so weit kommen, die Menschen- und Völkerrechte zur Maßgabe ihres Miteinanders zu machen? Wann wird man aufhören, Verbrechen gegen die Menschheit zu ignorieren oder gar zu tolerieren, weil wirtschaftliche Interessen dies gebieten? Wann wird man Völkermord beim Namen nennen, und wann wird das Gedächtnis der Menschen so weit reichen, daß man nicht morgen Geschäfte mit den Mördern von gestern macht, wie es am Beispiel Chinas zu beobachten war?

Die Arbeit von Menschenrechtsorganisationen, wie der Gesellschaft für bedrohte Völker und anderer, kann helfen, das Bewußtsein tatsächlich zu erweitern und sich zu erinnern, kann helfen, Orientierung und Kriterien in einer Welt zu gewinnen, über die wir zwar immer mehr wissen, die aber immer undurchschaubarer und unübersichtlicher wird. Menschenrechtsorganisationen sind aber auch unter dem Gesichtspunkt wichtig, daß sie als unabhängige Verfechter der Rechte der Schwachen und Unterdrückten frühzeitig warnend auf Entwicklungen hinweisen, die zu Problemen führen können, wie wir sie heute im ehemaligen Jugoslawien haben. Die Menschen täten gut daran, diese Warnungen ernstzunehmen.

## Die Gesellschaft für bedrohte Völker

**Thomas Höfer:** Was ist die Gesellschaft für bedrohte Völker?

**Tilman Zülch:** Die Gesellschaft für bedrohte Völker ist eine Menschenrechtsorganisation, die in Deutschland, der Schweiz, Österreich, Südtirol und Luxemburg arbeitet. Sie ist nach Amnesty International die zweitgrößte Menschenrechtsorganisation im deutschsprachigen Raum, doch durch die Gründung einer italienischen Sektion, die letzten Sonntag unter großer Anteilnahme der Medien in Florenz im Palazzo di Medici erfolgte, entwikkelt sie sich zunehmend zu einer gesamteuropäischen Menschenrechtsorganisation.

Ihre Aufgabe besteht darin, Menschenrechtsverletzungen bekannt zu machen, wobei der Schwerpunkt auf bedrohten Völkern liegt, d.h. wir weisen hauptsächlich auf kulturellen Völkermord, Ethnozid, und physischen Völkermord, Genozid, hin. Im Gegensatz zu Amnesty International, die sich hauptsächlich um das Schicksal einzelner Menschen kümmert, engagiert sich die Gesellschaft für bedrohte Völker für das Schicksal von Volksgruppen, von religiösen, ethnischen, sprachlichen Minderheiten, die diskriminiert, bedroht, verfolgt werden oder denen Vernichtung droht, weltweit und unter allen politischen Systemen. Wir haben uns in Osteuropa während der Zeit des Kommunismus genauso eingesetzt wie für Volksgruppen in Westeuropa oder in der dritten Welt.

## Unabhängigkeit und ihre Folgen

Wichtig für unsere Arbeit ist die politische, ideologische und ökonomische Unabhängigkeit. Am einsichtigsten ist die Notwendigkeit der Unabhängigkeit im ökonomischen Bereich, denn wenn man auf Zuwendungen von Behörden, Gewerkschaften, Regierungen, Parteien oder Kirchen angewiesen ist, dann ist es mit der politischen und ideologischen Unabhängigkeit auch nicht weit her. Insbesondere die ideologische Unabhängigkeit ist wichtig, den rechts wie links im politischen Spektrum werden jeweils eigene Vorurteile, Ressentiments, Mythen, Moden und Utopien entwickelt. Eine Menschenrechtsorganisation kann auf diese Dinge, will sie sich wirklich für die Belange der Betroffenen einsetzen, keine Rücksicht nehmen, sondern muß liebgewordene Vorurteile angreifen, muß deutliche Worte sprechen, was links wie rechts gleichermaßen unwillkommen ist.

Natürlich wird die Arbeit dadurch nicht einfacher. Hier in Hamburg, wo die Gesellschaft für bedrohte Völker gegründet wurde, sind wir von 1970 bis 1978 vom Hamburger Staatsschutz beaufsichtigt worden. Ich selbst hatte Einreiseverbot in die DDR, so daß ich meine Verwandten nicht einmal besuchen durfte, als sie verstarben. Von einem Münchener Gericht bin ich wegen Hausfriedensbruch verurteilt worden, weil ich während des Irakembargos, begleitet vom *Spiegel* und vom bayerischen Fernsehen, in eine deutsche Waffenfabrik eingedrungen bin und dort ein Paket geöffnet und Ersatzteile für Kampfhubschrauber vorgelegt habe. Nicht die Firma MBB ist verurteilt worden, sondern ich. Durch zwei einstweilige Verfügungen, unter Androhung eines Ordnungsgeldes in Höhe von je 500.000 DM, sind wir außerdem im Frühsommer 1987 daran gehindert worden, noch einmal dezidiert zu erwähnen, daß bestimmte deutsche Firmen durch die Lieferung von Giftgas an die irakische Regierung die Ausrottung kurdischer und assyrisch-christlicher Dörfer im Nordirak unterstützten und ermöglichten. Auf diesen Tatbestand haben wir lange vor Hallabja hingewiesen – die Stadt Hallabja wurde mit 500.000 Einwohnern durch Giftgas ausgelöscht.

Zwei grundlegende Prinzipien unserer Menschenrechtsorganisation möchte ich noch nennen: Wenn du dich für eine bedrohte Minderheit einsetzt, frage dich, was dein Land zum Schutz dieser Minderheit tun kann – und fordere es an –, und frage dich, inwieweit dein Land, wer auch immer im einzelnen, in die Unterdrückung dieser Minderheit verstrickt ist, und beginne dort mit deiner Arbeit. Außerdem setze dich für die Völker ein, über die keiner spricht, die vergessen wurden und die nicht zu den *fashionable victims,* zu den modischen Opfern gehören.

## Genozid – Ethnozid

**T.H.:** Was bedeuten die Begriffe Genozid und Ethnozid?

**T. Zülch:** Genozid ist nach der Konvention der Vereinten Nationen von 1948 physischer Völkermord, er zielt auf die totale oder teilweise Vernichtung einer ethnischen, rassischen oder religiösen Gruppe. Hierzu zählt das Zufügen von physischen, aber auch psychischen Verletzungen sowie das Töten von Mitgliedern der Minderheit, die Verhinderung der Fortpflanzung oder das gewaltsame Fortschaffen der Kinder und anderes mehr.

Ethnozid hingegen als kultureller Völkermord will die Zerstörung der kulturellen Identität einer Minderheit, indem Kultur, Sprache und Brauchtum unterdrückt werden oder eine zwangsweise Assimilierung betrieben wird. Maßnahmen hierzu sind Zwangsumsiedlungen und Vertreibungen, Verbot des Gebrauchs der eigenen Sprache in Wort und Schrift, die Verweigerung eigener Schulen und Behörden usw.

**T.H.:** Wie sieht die Arbeit der Gesellschaft für bedrohte Völker konkret aus?

**T. Zülch:** Die Arbeit ist vielschichtig und umfaßt verschiedene Aufgabenbereiche. Wir machen z.B. auf Verbrechen aufmerksam, und zwar in der Regel bevor die Massenmedien dies tun. Ich möchte das am Beispiel Bosniens deutlich machen. Schon im Frühjahr und Frühsommer 1992 haben wir – wohl als erste in Mitteleuropa – darauf hingewiesen, daß in Bosnien Menschen vertrieben und deportiert wurden, daß dort zahllose Konzentrationslager existierten, in denen Menschen zu Tode gequält wurden, und daß Frauen massenweise vergewaltigt wurden. Seit Juli vergangenen Jahres waren wir in Talkshows und Interviews mit dem Thema Bosnien ca. vierzigmal im Fernsehen und vielleicht 250- bis 300mal im Rundfunk. Dazu kommen die Meldungen in den Nachrichten der Rundfunksender und der Tagespresse.

Ein nächster Schritt ist, gegen Verbrechen zu protestieren. Als also z.B. ein Politiker aus Rest-Jugoslawien, Milan Panic, in die Bundesrepublik kam, sorgten wir dafür, daß man ihn mit einer Mahnwache und einer Menschenkette empfing. Oder als Mitterand nach Buchenwald kam, der Teil hat an der Verantwortung für das Geschehen in Bosnien-Herzegowina, weil er, statt etwas zu unternehmen, beruhigt und beschwichtigt und damit die serbische Ausrottungspolitik ermöglicht, empfingen wir ihn genau am Mahnmahl für die in Buchenwald Ermordeten – in diesem Fall in einer gemeinsamen Aktion mit der Vereinigung der Opfer des Stalinismus und der Vereinigung der Opfer des Nationalsozialismus. So gibt es eine Vielzahl von Aktionen, von Postkartenaktionen bis zu Großkundgebungen und Demonstrationen.

Ein weiteres Stichwort ist Lobby. Die Gesellschaft für bedrohte Völker versteht sich als eine politische Menschenrechtsorganisation – nicht als eine parteipolitische –, und sie versucht, Menschen und Organisationen – Gewerkschaften, Jugendorganisationen, Kirchen, karitative Verbände – mit Einflußmöglicheit zu finden, die ihre Arbeit unterstützen und den Willen entwickeln, politisch zu handeln und etwa im Falle Serbiens etwas gegen den Völkermord zu unternehmen. So haben wir dem MdB Stefan Schwarz einen Vorabdruck unserer Dokumentation in Buchform über den Völkermord der Serben zukommen lassen, und Stefan Schwarz hat unter dem Eindruck dieser furchtbaren Mitteilungen im deutschen Bundestag eine Rede gehalten.

Heute bin ich in Hamburg und versuche, zusammen mit den Grünen und den Christdemokraten eine Demonstration gegen den Völkermord in Serbien zu initiieren.

Eine weitere Aufgabe, der wir uns zuwenden, ist die Mobilisation von Hilfe. Wir haben 1.800 Städte und Gemeinden in Deutschland angeschrieben und sie gebeten, Patenschaften für Städte, Dörfer und auch Flüchtlingslager in Kroatien und Bosnien-Herzegowina zu übernehmen. Das Gleiche haben wir auch in Südtirol getan. In Deutschland waren wir mit 98 Städten, die unser Anliegen aufgenommen haben, leider nicht so erfolgreich wie in dem kleinen Ländchen Südtirol, wo unsere dortige Sektion 50 von 116

Gemeinden zur Mitarbeit bewegen konnte. Ein anderes Beispiel wäre Äthopien, wo unter dem marxistisch-leninistischen Regime 17 Millionen Menschen umgesiedelt werden sollten und dafür zu sorgen war, daß Hilfsorganisationen auf beiden Seiten, sowohl auf der Seite der Regierungstruppen wie auch auf der Seite der Widerstandsbewegung, tätig werden konnten, damit Hunderttausende von Menschen nicht verhungern mußten.

## Das bosnische Zentrum zur Erfassung von Kriegs- und Genozidverbrechen

Als nächstes sehen wir unsere Aufgabe auch darin, den Völkern, für die wir arbeiten, den Vertretern der Unterdrückten, Verfolgten und der von Massenmord Betroffenen ein Forum in Deutschland, Europa und auch weltweit zu geben oder zu schaffen. So haben wir derzeit eine Delegation aus Bosnien vom bosnischen Zentrum zur Erfassung von Kriegs- und Genozidverbrechen zu Gast, einer noch weitgehend unbekannten Einrichtung die sich in aller Stille zusammengefunden hat und nach dem Wiesenthal-Prinzip arbeitet. Bisher hat man 20.000 Namen von Ermordeten und

Aktion der Gesellschaft für bedrohte Völker vor dem Darmstädter Landgericht 1992
© Archiv *pogrom*

1.350 Namen von Menschen, die Kriegsverbrechen beschuldigt werden, zusammengetragen. Damit dieses Zentrum bekannt wird, stellten wir dessen Arbeit auf Pressekonferenzen in Florenz, Bern, Hannover und Hamburg vor und werden das auch noch in Paris und Washington machen. Außerdem konnten wir eine Spende vom Kreis Wolfsburg von DM 10.000 an das bosnische Zentrum vermitteln.

Ein weiteres Feld unserer Arbeit betrifft die Menschen bedrohter Völker, die versuchen, den Ereignissen in ihrem Land zu entkommen, also ins Exil – auch nach Deutschland – zu gehen. In der Regel sind diese Menschen nicht willkommen, und wir versuchen, darauf hinzuwirken, daß die Bedingungen für die Hilfesuchenden erleichtert werden.

So setzten wir uns beispielsweise dafür ein, daß der Visumzwang für die Menschen aus Bosnien aufgehoben wird und daß Kontingente von Bosniern in der Bundesrepublik aufgenommen werden. Wir protestieren auch gegen Gerichtsentscheidungen wie die kürzlich in Zirndorf, derzufolge eine Vergewaltigung durch Soldaten serbischer Truppen kein Grund wäre, Asyl in der Bundesrepublik zu suchen.

Gemeinsam mit der römischen Kirche haben wir dafür gesorgt, daß Assyrer und Armenier bei uns Aufnahme finden konnten, zum Teil als politische Flüchtlinge, zum Teil durch asylunabhängige Bleiberechtserlasse. Gleiches haben wir in Zusammenarbeit mit der nordrhein-westfälischen Regierung für die kurdischsprachigen Yezidi erreicht, so daß die Yezidi aus der Türkei zu 95 Prozent Aufnahme in der Bundesrepublik finden konnten und nicht mehr den greuelvollen Unterdrückungen in ihrem Land ausgesetzt sind.

Schließlich hat die Gesellschaft für bedrohte Völker eine Beratungs- und Vermittlungsfunktion. Wir beraten Verlage, Journalisten von Rundfunk, Fernsehen und Presse, Lehrer, Sozialarbeiter und Politiker und machen so den Gedanken des Minderheitenschutzes bekannt. Kürzlich war ich als Teil einer Delegation unter Rita Süssmuth auf einer Reise für Bosnien und Kroatien in Zagreb, wo ich versuchte, an die kroatischen Politiker, die leider eine unmögliche Bosnienpolitik betreiben, zu appellieren, in Bosnien nicht soviel Unheil anzurichten, zumal sie selbst bis vor kurzem der Vernichtung ausgesetzt waren und es in Bosnien immer noch sind.

**T.H.:** Wie finanziert sich die Gesellschaft für bedrohte Völker?

**T. Zülch:** Wir haben in Deutschland 5.800 Mitglieder, die zwischen DM 5 und DM 1.000 monatlich zahlen, so daß wir auf einen durchschnittlichen Jahresbeitrag von DM 200 pro Mitglied kommen. Darüber hinaus haben wir einen Kreis von vielleicht 15.000 Einzelspendern und 5.000 Abonnenten unserer Zeitschrift *pogrom*. Diese drei Faktoren machen unsere Haupteinkünfte aus, es gibt aber noch eine weitere Quelle aus Bußgeldern, die uns von Gerichten zugewiesen werden. Unser Jahreshaushalt beläuft sich insgesamt auf etwa DM 3,5 Millionen. Von diesem Geld werden unter anderem in Deutschland rund zwanzig hauptamtliche Mitarbeiter bezahlt, die in drei Büros in Göttingen, Berlin und Leipzig arbeiten, wobei Göttingen die Zentrale ist.

## Ein Abenteurer und Menschenrechtler: Rüdiger Nehberg

**T.H.:** Einiges Aufsehen erregten ja die Aktionen von Rüdiger Nehberg. Ist die Gesellschaft für bedrohte Völker für Nehberg nicht bloß ein Feigenblatt, um Akzeptanz für seine abenteuerlichen Unternehmungen zu erwirken?

**T. Zülch:** Wenn die Überquerung des Atlantiks im letzten Jahr die einzige Aktion Nehbergs gewesen wäre, dann wäre die Frage vielleicht berechtigt. Diese Aktion hatte zum Ziel, auf die fünfhundertjährige Geschichte des Völkermordes an den Indianern Nord- und Mittelamerikas hinzuweisen, dem über einhundert Millionen Indianer zum Opfer fielen. Sie sollte das Bemühen der Indianer unterstützen, der Feierei in Europa und Nordamerika unter dem Motto „500 Jahre Entdeckung Amerikas“ das Thema „500 Jahre Völkermord“ gegenüberzustellen, und das hat Nehberg sehr gut rübergebracht, allein schon durch das Segel, dessen Bild durch die gesamte Presse ging.

Nehberg ist ein Abenteurer und Survivalexperte. Anfang der achtziger Jahre kam er an den Amazonas und sah, daß die Zivilisation schon zugeschlagen hatte und im Begriff war, die Yanomami-Indianer zu vernichten. Dies war wohl ein Schlüsselerlebnis, denn seitdem ist er über zehn Jahre kontinuierlich am Thema geblieben. Er hat unter Gefahr für das eigene Leben einen Film über die Vernichtung der Yanomami-Indianer gedreht, der nicht nur im ZDF zur besten Zeit gesendet wurde, er lief auch auf allen drei Kanälen des brasilianischen Fernsehens. Weltweit hat kein anderer Unterstützer der Yanomami diese Leistung erbracht. Insgesamt hat Nehberg eine breite Palette von Aktionen gestartet, etwa auch den Fußmarsch zum Papst, die seine ganz persönliche Art spiegeln, mit dem Thema Völkermord umzugehen. Auch wenn Nehberg andere Methoden als die Gesellschaft für bedrohte Völker hat, halte ich es für akzeptabel und vertretbar, mit ihm zusammenzuarbeiten, denn das Ziel ist das gleiche.

## Auf den einzelnen Menschen kommt es an

**T.H.:** Die Haltung, der einzelne könne ja doch nichts tun, ist weit verbreitet. Welche Möglichkeiten der Mitarbeit gibt es?

**T. Zülch:** Uns ist es wichtig zu vermitteln, daß der einzelne Mensch nicht allein mit seinem Protest steht, daß sein Beitrag in einen größeren Zusammenhang eingebettet ist, auch wenn er nur darin besteht, viermal im Jahr an einer Protestaktion teilzunehmen oder eine Protestpostkarte abzuschikken. Seine Postkarte ist nicht die einzige, die an einen Verantwortlichen geht, und vielleicht kann hier und da etwas erreicht werden, wenn die Aktionen zusammengefaßt und gebündelt werden.

So haben wir neben der hauptamtlichen, professionell geleisteten Arbeit einen Kreis von etwa vierzig Regionalgruppen im deutschen Sprachgebiet, die ehrenamtlich von Koordinatoren betreut werden, die oftmals mehr wissen und können als mancher hauptamtliche Mitarbeiter. Darüber hinaus haben wir über 50.000 Adressen von Privatpersonen und Institutionen gespeichert, die in der einen oder anderen Form unsere Arbeit finanziell oder durch Protestaktionen unterstützen. Auch wächst der Kreis von Journalisten der verschiedensten Medien, die mit unserer Arbeit sympathisieren und sie je nach Möglichkeit mit Interviews und Beiträgen unterstützen. Die Zustimmung zur Arbeit der Gesellschaft steigt eigentlich zunehmend.

Zur Zeit haben wir einen Zustrom von Kroaten und Bosniern, die Anschluß an die Gesellschaft für bedrohte Völker suchen und deren Problem hoffentlich eines Tages gelöst sein wird. Bezeichnenderweise bleiben solche Menschen, die einstmals selbst bedroht waren, oft Mitglieder der Gesellschaft und setzen sich, nachdem ihre eigene Situation nicht mehr bedrohlich ist, später für andere Völker oder ethnische Gruppen ein.

## Überall kann es zu Spannungen kommen

**T.H.:** Wir können heute nur exemplarisch einen kleinen Ausschnitt der Verfolgungs- und Vertreibungsszenerie beleuchten. Können Sie den Umfang der Bedrohung religiöser und ethnischer Minderheiten weltweit kurz skizzieren, damit ein Eindruck von der Gesamtproblematik entsteht, mit der wir es zu tun haben?

**T. Zülch:** Grundsätzlich läßt sich sagen, daß in allen Staaten, in denen verschiedene Nationalitäten, religiöse oder ethnische Gruppen zusammenleben, Probleme und Spannungen auftreten. Die Frage ist, wieweit man sich dieser Probleme bewußt ist und ob man bereit ist, sie institutionell zu bewältigen.

In der Schweiz z.B. leben vier Nationalitäten zusammen: deutsche, italienische, französische und romanische Schweizer. Durch das in Jahrhunderten entstandene Kantonssystem gibt es eine Vielzahl von Möglichkeiten der Selbstverwaltung, so daß es gar nicht erst zum Zusammenstoß der Nationalitäten kommt. Weitere Lösungsmodelle – ich fange einfach mit den Lösungen an, aber so wird deutlich, worauf es ankommt – gibt es für die Katalanen in Spanien, für die Deutschen und Ladiner in Südtirol und für den deutsch-dänischen Nationalitätenausgleich. Überall da, wo vor allem zentral-diktatorische Regierungen gegen eine Minderheit regieren, wo zugelassen wird, daß der Kleinere, Schwächere unterdrückt oder diskriminiert wird, wo Nationalitätenprobleme nicht diskutiert werden dürfen, kann es zu Verfolgungssituationen kommen, was man an Jugoslawien, der Sowjetunion und der Tschechoslowakei sehen kann. Dort bricht jetzt alles auseinander, weil keine Diskussion geführt, die Vergangenheit nicht bewältigt wurde, weil man keine Modelle für ein verträgliches Miteinander geschaffen hat. Der Deckel der Diktatur hat all das erstickt.

Auch dort, wo europäische Staaten in der Dritten Welt willkürlich aus ehemaligen Kolonien Staaten bildeten, ohne die Betroffenen zu fragen oder ihre Interessen zu berücksichtigen, tauchen Probleme auf, wenn sich die Menschen auf ihre Identität besinnen. Die Kurden z.B. leben heute in vier Staaten.

Wenn wir nicht international darauf drängen, daß Nationalitätenrechte durchgesetzt und brauchbare Modelle entwickelt und erprobt werden, wird sich die Gesamtsituation kaum verbessern. An der Situation in Bosnien-Herzegowina sehen wir, was geschieht, wenn die internationale Völkergemeinschaft schläft und nicht rechtzeitig Einhalt gebietet. Dann kommt es erneut zu Situationen wie 1933, und wir alle wissen, wohin uns das geführt hat.

## „Wir brauchen eine Weltregierung“

**T.H.:** Was kann man konkret tun?

**T. Zülch:** Konflikte zwischen Nationalitäten gibt es meiner Meinung nach wie es auch Konflikte zwischen Individuen gibt, und wie man im Extrem Polizei und Gerichte braucht, um diesen individuellen Konflikten zu begegnen, so wird man auch international auf der Grundlage demokratischer Strukturen eine Polizei und unabhängige Gerichte brauchen, um den Konflikten zwischen Nationalitäten wirkungsvoll zu begegnen. Letztlich wird es eine Weltregierung geben müssen. Die kann lose sein und auf konföderativer Basis, aber ohne ein Dach, das auch die Möglichkeiten bietet, faktisch einzugreifen, werden wir nicht zur Ruhe kommen. So wie man den Mord innerstaatlich eingedämmt hat, wird man den Völkermord weltweit in den Griff bekommen müssen. Dazu werden Institutionen wie die UN weiterentwickelt werden müssen.

**T.H.:** Gesetze und Polizeigewalt allein reichen nicht einmal auf nationaler Ebene aus, um der Gewalt Herr zu werden. Im Gegenteil, Kriminalität und Gewaltverbrechen nehmen immer mehr zu.

**T. Zülch:** Natürlich, hier gibt es Probleme, und ich denke, es muß viel im erzieherischen Bereich geschehen, und ich meine nicht nur die schulische Erziehung. Werte pflanzen sich von oben nach unten fort: Wenn Politiker immer egozentrischer auftreten und immer leichtfertiger mit öffentlichen Mitteln umgehen, wenn immer neue und weitreichende Korruptionsfälle aufgedeckt werden und politische Macht zunehmend mißbraucht wird, braucht man sich nicht zu wundern, wenn Bilder entstehen, die als Handlungsmuster nachgeahmt werden. Wir brauchen eine Erneuerung der politischen Kultur und der gesellschaftlichen Werte. Die auf Egozentrik aufbauende Ellenbogengesellschaft, in der wir leben, wird mit den Problemen von Gewalt und Kriminalität, von Feindbildern und Haß nicht fertigwerden.

**T.H.:** Unternimmt die Bundesregierung genug zum Schutz ethnischer und religiöser Minderheiten?

**T. Zülch:** Ich denke, daß die deutsche Bundesregierung genauso wie alle anderen europäischen Regierungen versagt. Deutschland liegt geographisch gesehen in der Mitte Europas, und es sollte dieser Lage gerecht werden, indem es eine Art Bindeglied zwischen West- und Osteuropa wird. Faktisch verhält sich die Bundesrepublik aber so, als sei sie ein Teil Westeuropas, während in Osteuropa die Nationalitätenkonflikte eskalieren. Mit der Anerkennung Kroatiens und Sloweniens nahm Hans-Dietrich Genscher – ich möchte sagen, zum ersten Mal in seiner Karriere – die Rolle Deutschlands gegenüber Osteuropa wahr. Die serbische Aggression gegenüber Kroatien wurde dadurch ja auch zunächst einmal aufgehalten, nachdem bereits ein Drittel des Landes okkupiert war. Kinkel betreibt überhaupt keine konstruktive Politik, obwohl wir am Rande Europas Krieg und Völkermord haben.

## „Westeuropa ist unfähig, sich der osteuropäischen Herausforderung zu stellen“

Die KSZE, die EG, die NATO und die UN versagen angesichts der Probleme in Osteuropa. Über den Fall der Mauer und das Ende des Kommunismus in Osteuropa haben wir uns alle gefreut. Was wir jetzt aber dringend brauchen, ist ein Marshallplan für Osteuropa, ein Programm für einen umfassenden Nationalitätenschutz sowie massive Unterstützung der jungen Demokratien in Osteuropa – all das fehlt. Die europäischen Staaten, die evangelische Kirche, die Gewerkschaften, die Friedensbewegung, die es offenbar nicht mehr gibt, die gesamte Linke, die großen Parteien – sie alle nehmen die Vernichtung des bosnisch-muslimischen Volkes und seine Zerstreuung über die Welt hin.

Wir befinden uns in einer Situation, die der der dreißiger Jahre dieses Jahrhunderts erschreckend ähnelt. Im Augenblick sehe ich keine Hoffnung, daß sich Westeuropa der bedrohlichen Situation in Osteuropa in irgendeiner Weise gewachsen zeigen könnte. Diese Unfähigkeit wird auf uns zurückschlagen, und wir werden uns noch sehr wundern, was auf uns zukommen wird.

**T.H.:** Sie kennen wahrscheinlich die kürzlich im *Spiegel* erschienene Karte, die Deutschland an den Flickenteppich erinnern läßt, der es einmal war,

**T. Zülch:** Ja, aber diese Karte war skurril und absurd, denn ich sehe überhaupt keine Gefahr, daß Deutschland auseinanderfallen könnte. Andererseits finde ich an den Bestrebungen der Ukrainer, Esten, Letten, Littauer, Tschechen, Slowaken, Slowenen, Kroaten und Bosnier, in eigenen Staaten leben zu wollen, überhaupt nichts Anstößiges, denn hierin offenbart sich ein Stück Selbstbestimmungsrecht und Autonomiebestreben. Wenn Dänen, Holländer und Schweden – um nur einige zu nennen – soviel Wert darauf legen, daß sie eigene Staaten, Länder und Nationen sind, warum sollte man das Recht auf Selbstverwaltung den Nationalitäten Osteuropas vorenthalten?

Alle eben genannten Völker wollen in die EG, woran man sieht, daß sie keinen altfränkischen, traditionellen Nationalismus im Sinn haben, sondern versuchen wollen, ihre Probleme im Kleinen zu lösen, um dann aber ein einigendes Dach zu akzeptieren, das letztlich nur ein europäisches sein kann. Viele Völker haben Schwierigkeiten mit der Selbstverwaltung, insbesondere die, die kleinere Minderheiten beherrscht haben, wie die Serben oder die Russen. Daß hier ein schwieriger Lernprozeß durchgemacht werden muß, zeigt die Tatsache, daß selbst in Westeuropa die Unterdrückung von Minderheiten noch nicht der Vergangenheit angehört. Ich denke z.B. an die Vorenthaltung von Sprachenrechten für Bretonen oder Katalanen in Frankreich.

Demokratie, Humanität und Nationalitätenschutz ohne einen gesunden ökonomischen Unterbau ist schwer zu haben. Wenn wir in Deutschland zehn Millionen Arbeitslose hätten, wäre auch bei uns der Teufel los. Wenn wir das Einströmen von Millionen von Osteuropäern vermeiden wollen, müssen wir ihnen helfen, ihre Wirtschaft im eigenen Land neu zu organisieren. Sicherlich ist es besser, Milliarden von DM in Strukturverbesserungsmaßnahmen in den Ländern Osteuropas und auch der Dritten Welt zu investieren, als sie hier für Flüchtlinge auszugeben. Ich vermisse auch hier die Unterstützungs- und Aufbaustrategien für Osteuropa, es gibt da seitens der Politik kein verantwortungsvolles Handeln, keine konstruktiven Utopien. Es kommt einfach gar nichts.

**T.H.:** Der europäische Einigungsprozeß innerhalb der EG stellt ja in der Hauptsache auf wirtschaftliche Gesichtspunkte ab. Ich frage mich, ob das reicht.

**T. Zülch:** Das reicht natürlich nicht. Die EG ist von ihrer Idee her auch mehr als eine bloße Wirtschaftsgemeinschaft, sie ist ebenso eine Wertegemeinschaft, die durch parlamentarische Demokratie, durch Menschen- und Bürgerrechte und eine gemeinsame europäische Zivilisation verbunden ist. Da hätten wir theoretisch Osteuropa vieles zu bieten, aber wenn die EG über Verhandlungen über Würstchenlängen, Milchquoten und die Reinheit des Bieres nicht dazu kommt, sich zu einer gemeinsamen Politik gegenüber Serbien durchzuringen, und zuläßt, daß Perlen der europäischen Kultur – sei es der europäisch-katholischen wie Dubrovnik oder der europäisch-islamischen wie Sarajevo – unwiederbringlich zerstört und die Menschen dort abgeschlachtet werden, dann hat die EG versagt. Das Europaparlament hat sich in Menschenrechtsfragen ausgezeichnet, ist aber mangels Kompetenzen handlungsunfähig geblieben. So steht Europa vor dem politischen Nichts.

## Roma und Sinti

**T.H.:** Volksgruppen, die bereits zu den Opfern des Nationalsozialismus zählten, sind die Roma und Sinti. Da sich diese Begriffe noch nicht im allgemeinen Bewußtsein verankert haben, möchte ich Sie bitten, sie kurz zu erläutern.

**T. Zülch:** Bis 1979 hießen diese Bevölkerungsgruppen in Deutschland offiziell Zigeuner. Im Dritten Reich sollten sie, der nationalsozialistischen Rassenideologie zufolge, kollektiv vernichtet werden, und damit waren sie neben den Juden die einzigen Volksstämme, die insgesamt vom Rassenmord bedroht waren. Weit über eine viertel Million Roma und Sinti wurden vernichtet. In Deutschland und den ehemaligen Ländern des Heiligen Römischen Reiches Deutscher Nation sind die Sinti – im Gegensatz zu den Roma, die aus Südosteuropa kommen – seit etwa sechshundert Jahren ansässig. Damit sind sie eine deutsche Volksgruppe, die übrigens im Ersten Weltkrieg als Soldaten gedient haben. Die Sinti betonen auch immer wieder, daß sie Teil des deutschen Volkes sind.

Bis 1979 hat man nicht nur den Völkermord an den Sinti und Roma nicht anerkannt und ihnen die Entschädigungszahlungen für NS-Opfer verweigert, sondern sie wurden auch weiterhin diskriminiert. Es gab in einigen Bundesländern bis dahin Sondergesetze und -bestimmungen, sie mußten in Ghettos leben, und in Hamburg und Bayern hat man ihre NS-Akten weiterverwendet und weitergeführt. Die Gesellschaft für bedrohte Völker hat dies 1979 alles aufgebrochen, hat den Bundeskanzler, den Bundespräsidenten und die Parteien gezwungen, den Genozid an den Sinti und Roma öffentlich anzuerkennen, eine Wiedergutmachung zu zahlen, die Sondergesetze außer Kraft zu setzen, eine Reihe der Ghettos aufzulösen und Selbstverwaltungseinrichtungen zu finanzieren.

Auch die Begriffe Sinti und Roma hat die Gesellschaft für bedrohte Völker in Deutschland etabliert, sie haben sich auch weitgehend durchgesetzt. Allerdings wird der Name Sinti oft fälschlicherweise auch für osteuropäische Roma verwendet; in Osteuropa gibt es nur Roma.

Die deutschen Sinti konnten sich viele Sympathien erwerben und hatten sich weitgehend in die hiesige Gesellschaft eingelebt. Aber dann kam die riesige Einwanderungswelle der Roma aus Osteuropa, auf die die deutsche Gesellschaft nicht vorbereitet war und die zu Ängsten, Abwehr und Ressentiments führte. Darunter hatten dann auch wieder die Sinti zu leiden. Die riesigen Erfolge, die die Gesellschaft für bedrohte Völker für die hiesigen Sinti erzielen konnte, werden durch die Einwanderungswelle massiv in Frage gestellt.

**T.H.:** Wie ist die Situation der Roma und Sinti heute?

**T. Zülch:** Die in Deutschland Ansässigen sind weitgehend integriert und arbeiten z.B. als Musiker, Handwerker und Restaurateure, einige sind aufgrund der NS-Folgen immer noch von Sozialhilfe abhängig. Die Kinder gehen auf deutsche Schulen.

Die Situation der neu eingewanderten Roma ist demgegenüber schwierig und ungewiß. Die Flüchtlinge haben kaum Chancen, anerkannt zu werden, und auch ein asylunabhängiges Bleiberecht ist nicht in Sicht. Die Anpassung fällt ihnen schwer, da sie aus fremden sozialen Zusammenhängen kommen und weil sie in der unsicheren Situation von Asylbewerbern leben, denen die Abschiebung droht. Hier stehen wir vor einem großen Problem, das auch in Zusammenhang mit dem Asylproblem insgesamt gesehen werden muß.

## Die Türkei – alles andere als ein perfekt bewahrtes Paradies

**T.H.:** Darauf gehen wir später noch ausführlich ein. Die Türkei wirbt derzeit intensiv um deutsche Touristen. Ist die Türkei wirklich ein „perfekt bewahrtes Paradies“, wie ein Werbeslogan vermitteln will?

**T. Zülch:** Dieser Slogan wird schon Lügen gestraft, wenn man sich die Strände anschaut, an denen, wie vielfach in Europa, Betonburgen entstehen, mit der Folge, daß die Laichplätze der Schildkröten bedroht sind. Daran sind offen gesagt auch deutsche Touristen schuld.

Die Türkei war immer schon ein Staat, der von vielen verschiedenen Nationalitäten bewohnt wurde. In den Grenzen der heutigen Türkei wohnten im Jahr 1915 etwa 4,5 Millionen Christen, gegliedert in 2 Millionen Armenier, 2 Millionen Griechen und 500.000 assyrische Christen. Die Armenier sind durch die türkische Armee vernichtet worden, 1,5 Millionen wurden ermordet, 500.000 vertrieben. Die griechische Bevölkerung von Konstantinopel ist vertrieben worden, etwa 100.000 sind bei der Deportation umgekommen. Die assyrisch-christliche Bevölkerung ist bis auf 60.000 Menschen dezimiert worden. All dies geschah in den zwanziger Jahren dieses Jahrhunderts. Heute liegt die Zahl aller Christen in der Türkei weit unter 100.000. Von Paradies kann da keine Rede sein.

Hinzu kommen die Probleme der 12 Millionen Kurden in der Türkei, einem Viertel der Bevölkerung. Erst wurden die Kurden als Soldaten der türkischen Armee dazu mißbraucht, die christlichen Nationalitäten zu bekämpfen, zu vertreiben und totzuschlagen. In den zwanziger und dreißiger Jahren hat Kemal Atatürk seinerseits die kurdischen Türken bekämpft, ließ Hunderttausende deportieren und Zehntausende ermorden. Davon hat sich Türkisch-Kurdistan nie wieder erholt. Der kurdischen Bevölkerung werden heute alle Nationalitätenrechte vorenthalten, sie haben keine eigenen Institutionen, keine eigenen Parteien, keine Universitäten oder Schulen. Auch ihre Sprache ist nicht anerkannt. Die Unterdrückung der Kurden provoziert Widerstand, der sich in terroristischen Organisationen wie der türkischen PKK äußert, einer auf stalinistischen Prinzipien aufgebauten Arbeiterpartei. Wirksam bekämpfen ließe sich der Terrorismus nur durch die Einräumung von Autonomierechten. Statt dessen reagiert die türkische Regierung mit Folter, Verschleppung, Inhaftierung und Liquidierung. Ganze Dörfer werden zerstört und dem Erdboden gleichgemacht. Hierzu gibt es sogar ein offizielles Programm. Außerdem will die türkische Regierung die höhere Geburtenrate der Kurden in den Griff bekommen. Ich frage mich, wie das in der Praxis aussehen wird.

Die anderen Nationalitäten in der Türkei haben es auch nicht leichter. Wer sich nicht mit dem Stolz brüsten kann, Türke zu sein, bekommt die Knute, wird verfolgt, diskriminiert und unterdrückt. Unter dem Gesichtspunkt des Miteinanders und der Verständigung traditionell ansässiger Nationalitäten ist die Türkei eine Horrorregion, und es gibt eigentlich keinen Grund, solch ein Land als Urlaubsziel zu wählen.

**T.H.:** Ein Phänomen, das sich an der Türkei zeigte, aber auch sonst häufig zu beobachten ist, ist, daß von offiziellen Stellen, etwa der Bundesregierung, Unrecht nur selten Unrecht genannt wird. Wie kommt das?

**T. Zülch:** Dem stehen knallharte wirtschaftliche und militärische Gründe entgegen. Die Türkei ist Mitglied der NATO, und einem Verbündeten fällt man nicht in den Rücken, auch dann nicht, wenn es um Menschenrechtsverletzungen und Völkermord geht, und erst recht nicht, wenn diese Verbrechen mit deutschen Waffen verübt werden.

## Die Kurden

**T.H.:** Können Sie die heutige Situation der Kurden allgemein, also nicht nur mit Blick auf die Türkei, schildern?

**T. Zülch:** Es gibt insgesamt etwa 25 Millionen Kurden, zwölf Millionen davon in der Türkei, sieben bis acht Millionen im Iran, 4 bis 5 Millionen im Irak, eine Million in Syrien. Die günstigste Situation für die Kurden besteht im Irak, denn dort sind ungefähr drei Viertel des kurdischen Gebietes de facto autonom, was durch ein amerikanisches Garantieabkommen gewährleistet wird. Dort hat es Wahlen gegeben, und die Kurden verwalten sich selbst. Für die dort lebenden Minderheiten, Türken z.B., gibt es Minderheitenrechte, so daß die Situation insgesamt Anlaß zu leisem Optimismus gibt – solange Saddam Hussein nicht angreift.

In Syrien und dem Iran ist die Situation für die Kurden ähnlich wie in der Türkei, wobei der Iran, angetrieben durch religiösen Fanatismus und persischen Chauvinismus, besonders hartnäckig gegen Kurden vorgeht. Syrien ist liberaler geworden, dort ist die kurdische Sprache auf Schallplatten und Musikkassetten zugelassen, und es stört auch niemanden mehr, wenn in der Öffentlichkeit oder auf Behörden kurdisch gesprochen wird. Selbstverwaltung gibt es aber auch in Syrien nicht.

Die Forderung nach einem eigenen kurdischen Staat halte ich allerdings für nicht realisierbar, da durch einen solchen Staat ein gewaltiger Druck in der Region erzeugt würde, der sie nie zur Ruhe kommen ließe. Der einzige Weg ist, daß den Kurden in den bestehenden Staaten Selbstverwaltungsrechte zugestanden werden.

## Die Fakten werden wegdiskutiert

**T.H.:** Das bosnische Zentrum zur Erfassung von Kriegs- und Genozidverbrechen hat Ihnen am 24.02.1993 eine Liste mit Namen und Tatbeschreibungen von über 1.350 Kriegsverbrechern übergeben. Was hat es mit dieser Liste auf sich, und wie können Sie sie verwenden?

**T. Zülch:** Immer wieder kann beobachtet werden, daß Medien, Regierungen und internationale Organisationen faktischen Völkermord nicht zur Kenntnis nehmen oder den Umfang des Geschehens herunterspielen. Letzten Sommer etwa befanden sich mindestens 100.000 Bosnier in mindestens 100 Konzentrationslagern, und in Deutschland begann eine Diskussion um die Frage, ob der Begriff Konzentrationslager angebracht oder ob angemessener von Internierungslagern zu sprechen sei. Dabei wurden im letzten Sommer mindestens 10.000 Menschen in diesen Lagern umgebracht, so daß es sich eindeutig um Vernichtungslager handelt.

Durch das Zerreden der Tatbestände, durch die Leugnung des Völkermordes und den Streit um Begriffe wird die allgemeine Diskussion auf Nebensächlichkeiten gelenkt und so der Protest in der Öffentlichkeit abgebaut. Und wenn der Protest abgebaut wird, baut man den Druck auf die Regierungen ab, und es besteht für die Offiziellen kein echter Handlungsbedarf. Man zieht sich in Scheinmanöver zurück, wie dieses unsinnige Abwerfen von Paketen, die die Bedürftigen nicht erreichen.

Weil das alles so ist, ist der Nachweis des Völkermordes so immens wichtig. Hier hat das bosnische Zentrum einzigartige Arbeit geleistet, nach dem Vorbild des Wiesenthal-Zentrums arbeitend. 20.000 Schicksale von Opfern sind dokumentiert, 1.350 Namen von Menschen, die Kriegsverbre-

Die Gesellschaft für bedrohte Völker organisiert im September 1992 in Hamburg ein Hearing zu Kriegsverbrechen
© Stefab Trappe

chen beschuldigt werden, sind erfaßt. Zusätzlich haben die Menschen des bosnischen Zentrums einzelne Fakten über die Anzahl der Konzentrationslager, der Massenhinrichtungen, der Vergewaltigungen von Frauen und so fort gesammelt. Dieses Material wird der Weltöffentlichkeit vorgelegt, und es ist schwer, es wegzudiskutieren. Die Medien berichten ja auch entsprechend.

**T.H.:** Können Sie kurz die heutige Situation im ehemaligen Jugoslawien im Überblick schildern?

**T. Zülch:** Zunächst einmal ist festzuhalten, daß sich alle Völker des ehemaligen Jugoslawiens trennen wollen – mit Ausnahme der Serben –, denn sie fühlen sich unterdrückt. Sie alle wollen ihre Selbstbestimmung realisieren und streben gleichzeitig auf Europa zu. Slowenien und Mazedonien sind aus Jugoslawien ausgeschieden, Kroatien ist international anerkannt, ein Viertel seines Territoriums ist besetzt, Bosnien-Herzegowina ist ebenfalls international anerkannt und Hauptopfer aller serbischen Aggressionen.

## Die Schreie hallen heute aus den Konzentrationslagern

Die Serben schließlich üben sich in Völkermord. Was das bedeutet, habe ich ja schon zum Teil geschildert. Außerdem sind mindestens 1,5 Millionen Menschen vertrieben worden, zum Teil wurden sie über Tage ohne Wasser und Brot in geschlossenen Güterwagen transportiert. In der Hitze des letzten Sommers haben viele das nicht überlebt, vor allem Kranke, Verwundete, alte Menschen und Kinder nicht.

In Bosnien-Herzegowina wurden Hunderte von Dörfern und Städten dem Erdboden gleichgemacht, die Bevölkerung wurde verschleppt oder ermordet. Es gibt eine Liste von über sechzig Massengräbern, in denen jeweils mehrere hundert oder gar tausend Menschen liegen. Der erste Beweis für die Existenz dieser Massengräber ist angetreten: In Vukowa wurde ein Massengrab durch die UN geöffnet. Die Serben verfolgen systematisch die bosnisch-islamische Elite – Lehrer, Ingenieure, Ärzte, Wissenschaftler usw. – und die islamische Geistlichkeit und liquidieren sie nach vorgefertigten Listen. Sie zerstören systematisch die gesamte materielle Kultur dieses einzigartigen islamischen mitteleuropäischen Volkes. Mindestens 620 Moscheen und 350 katholische Kirchen wurden durch Serben zerstört, einige davon stammten aus dem 15. und 16. Jahrhundert. Mindestens 750.000 Menschen wurden eingekesselt und mehr als zehn Tage ausgehungert und täglich mit Artillerie und Panzern beschossen. Häuser, Fabriken, Ländereien wurden den Eigentümern geraubt, indem diese unter Gewaltandrohung und -anwendung Verzichtserklärungen unterschreiben mußten. Die serbische Armee ist für Massenvergewaltigungen an mindestens 10.000 muslimischen Frauen verantwortlich, ebenso für Plünderungen, Massaker und Massenerschießungen von jungen Männern.

Das Ziel der serbischen Aggression ist die Vertreibung und Vernichtung des bosnisch-islamischen und auch des katholischen Volkes – das sind 50 Prozent der Einwohner –, um dann das Land als kulturelle, ökonomische und demographische Wüste übernehmen und Serbien anschließen zu können. Dieses Vorgehen ähnelt in vielerlei Weise dem Vorgehen von Nazi-Deutschland, Die Serben haben auch eine entsprechende Rassenideologie. Um so verwunderlicher ist, daß die deutsche intellektuelle Elite schweigt und stattdessen auf den Verbrechen der NS-Zeit herumreitet, in der Meinung, besonders fortschrittlich und mutig zu sein. Dabei gehört nicht mehr Zivilcourage dazu, über NS-Verbrechen als über Karl den Großen zu arbeiten. Zivilcourage gehört dazu, heute Verbrechen zu verhindern, zu ihnen Stellung zu nehmen und Konzequenzen von den Offiziellen zu fordern. Das ewige Zitieren der NS-Verbrechen kann sogar schaden, da von dem abgelenkt wird, was heute geschieht.

Im Jahre 1992/93 hallen die Schreie aus den Konzentrationslagern, aber niemand will sie hören. Die europäische Bevölkerung versagt heute, genauso wie sie in den dreißiger Jahren versagt hat. Kein Intellektueller, der zu den Vorgängen in Bosnien-Herzegowina schweigt, hat das Recht, seine Väter oder Großväter wegen der NS-Zeit anzuklagen, denn zur Nazi-Zeit hätte Mut dazu gehört, sich dem Regime entgegenzustellen. In der heutigen, durch eine parlamentarische Demokratie abgesicherten Konsumgesellschaft gehört nicht das kleinste bißchen Mut dazu, Völkermord und Angriffskrieg beim Namen zu nennen. Trotzdem spricht man von einem Bürgerkrieg und Kriegsparteien im ehemaligen Jugoslawien, und demonstriert damit, daß man aus der Geschichte nichts gelernt hat.

## Die Welt hat geschlafen

**T.H.:** In diesem Zusammenhang kommt üblicherweise der Hinweis, daß es auch auf bosnischer und kroatischer Seite Übergriffe gegeben hat.

**T. Zülch:** Es sind natürlich auch von bosnischer und kroatischer Seite Kriegsverbrechen verübt worden, das ist auch nicht zu verharmlosen. Daß man aber diesen Hinweis als Entschuldigung für die serbische Aggression benutzt, paßt ins Bild. Unbeliebt macht man sich in diesem Zusammenhang mit der Erwähnung der Tatsache, daß im Zweiten Weltkrieg Millionen von Deutschen Opfer von Kriegsverbrechen der Alliierten wurden. Obwohl das so ist, braucht man nicht darüber zu diskutieren, daß es die Nazis waren, die Völkermord verübten, einen Angriffskrieg führten usw. Niemand wird wohl auf Idee kommen zu bestreiten, daß es richtig gewesen wäre, Hitler rechtzeitig zu stoppen und Dachau und andere Lager rechtzeitig zu schließen, damit Auschwitz gar nicht erst zustande kommt.

**T.H.:** Vom Angriffskrieg im ehemaligen Jugoslawien zeigten sich viele Menschen überrascht und nahmen ihn eigentlich erst richtig wahr, als sie realisierten, daß Jugoslawien als preiswertes Urlaubsland nicht mehr zur Verfügung stand. Kam der Krieg wirklich überraschend?

**T. Zülch:** Spätestens als die serbische Armee ein kroatisches Dorf nach dem anderen überrollte, spätestens als Dubrovnik zerstört wurde und wir diesen Vorgang über Wochen auf unseren Bildschirmen verfolgen konnten, hätte Europa reagieren müssen. Zwei Jahre sind seit dem Beginn des serbischen Angriffskrieges vergangen, viel Zeit zu merken, was läuft. Ich frage mich, ob wir aufwachen und reagieren würden, wenn das, was in Kroatien und Bosnien-Herzegowina geschieht, in der Tschechei, Frankreich oder Bayern geschähe.

## Luftangriff als letzte, aber notwendige Möglichkeit

**T.H.:** Hätte die Bundesregierung, die EG, die WEU, die NATO oder auch die UN vor Ausbruch des Konfliktes etwas zu seiner Vermeidung tun können oder ihm nach Ausbruch wirksam begegnen können?

**T. Zülch:** Vor zwei Jahren, als Serbien den ersten Angriff gegen Slowenien startete, hätte ein totales Embargo für Waren, Kapital und Arbeitskräfte verhängt und an den serbischen Grenzen entweder von der NATO oder der UNO kontrolliert werden müssen. Hätte man dies getan, hätte Serbien den Angriffskrieg schon nach kurzer Zeit allein aus Mangel an Treibstoff einstellen müssen. Diese Maßnahme ist nie ernsthaft durchgeführt worden, und heute sehe ich die einzige Möglichkeit darin, daß man den serbischen Armeen durch Luftangriffe begegnet. Das Abwerfen von Hilfslieferungen ist völlig sinnlos, denn das meiste fällt in die Hände der Serben, entweder direkt oder nach der Eroberung einer Stadt. Wer sich die Pakete holen will, läuft Gefahr erschossen zu werden. Amerika hat sich hier vor der Welt als Zyniker und Narr aufgeführt, denn es hat die Situation für die notleidende Bevölkerung nur unerträglicher gemacht. Wird Serbien jetzt nicht gestoppt, wird es seine Aggressionen ausdehnen. Die Konsequenz ist schließlich ein großer Balkankrieg, den auch Westeuropa nicht unbeschadet überstehen wird.

**T.H.:** Sie halten die militärische Option für sinnvoll und zweckmäßig?

**T. Zülch:** Ja, aber nur ganz gezielt und begrenzt auf serbische militärische Angriffsobjekte wie Flugplätze, Munitionsdepots usw. Die serbische Bevölkerung darf nicht das Gefühl bekommen, man wolle an ihr in einem Racheakt Vergeltung üben, sondern der Angriff muß abgestuft und abgestimmt auf die serbische Aggression erfolgen. Genau dies hat die bosnische Regierung vorgeschlagen, sie fordert keinen großen Einsatz von Bodentruppen. In der bosnischen Armee arbeiten übrigens weiterhin serbische, kroatische und muslimische Menschen zusammen.

## Auf nach Deutschland

**T.H.:** In der Tagespresse ist ständig zu lesen, daß die Zahl der Asylbewerber ständig steigt und daß das Problem der Asylbewerber Ausmaße annimmt, die kaum noch zu bewältigen sind. Welches Ausmaß hat das Problem Asylbewerber tatsächlich?

**T. Zülch:** Es ist ein Fakt, daß Deutschland mit mehr als der Hälfte aller Zuwanderer konfrontiert ist, die nach Westeuropa kommen. Damit hat Deutschland die meisten Flüchtlinge in Europa aufgenommen, 1991 z.B. 256.112, 1992 sogar 438.191 Flüchtlinge. Bezogen auf die Einwohnerzahl stand Deutschland 1991 allerdings noch hinter der Schweiz und Österreich.

Solange keine Politik betrieben wird, die in Osteuropa und der Dritten Welt Bedingungen schaffen hilft, die die Menschen nicht zum Abwandern zwingen, sondern zum Bleiben ermutigen, wird sich daran auch nicht viel ändern. Dazu gehört neben Minderheiten- und Menschenrechtsschutz auch massive ökonomische und strukturelle Hilfe.

Sollte sich die Bundesregierung dazu entschließen, ein Einwanderungsgesetz zu erlassen, das den Zustrom an Ausländern reduziert, wird die Gesellschaft für bedrohte Völker dafür plädieren, daß solche Menschen aufgenommen werden, die wirklich in existentieller Not sind, deren Leib und Leben bedroht ist und die unsere Hilfe zum Überleben brauchen. Daneben gibt es historische Verpflichtungen, etwa gegenüber jüdischen Einwanderern oder deutschen Aussiedlern.

**T.H.:** Ist die Situation in anderen europäischen Staaten mit der in der Bundesrepublik vergleichbar?

**T. Zülch:** Nein, die meisten anderen europäischen Staaten haben sich so abgeschottet, daß bis auf ganz wenige Ausnahmen keine Einwanderer ins Land kommen. Die Gesamtperspektive ist ja, daß Westeuropa sich insgesamt abschottet und eine Oase des Wohlstands und des Reichtums inmitten einer Wüste der Armut wird. Die Geschichte lehrt, daß diese Strategie selten gutgeht.

Weltweit gibt es nach Zahlen der UNO etwa 20 Millionen Flüchtlinge, davon gelangen nur 5 Prozent nach Westeuropa. Der Rest verbleibt in den armen Ländern Asiens, Afrikas und Südamerikas.

## Die faktische Abschaffung des Asylrechts

**T.H.:** Derzeit wird eine Grundgesetzänderung des Artikels 16 auf Asyl erwogen, die unter anderem die Möglichkeit vorsieht, Asylbewerber, die über sichere Drittländer einreisen, zurückweisen zu können. Das bedeutet aber doch eine faktische Abschottung.

**T. Zülch:** Natürlich, wenn dieses Gesetz kommt, wird kaum noch jemand die Bundesrepublik erreichen, es sei denn im Direktflug oder schwimmend, denn wer die Bundesrepublik erreichen will, muß ein anderes, als sicher geltendes Land durchqueren. Wenn dazu noch für Länder, in denen verfolgt wird, Visumzwang besteht, kann keiner, der real verfolgt wird, mehr einreisen, denn er wird kein Visum erhalten. Das käme faktisch einer Abschaffung des Asylrechts gleich.

**T.H.:** Wenn die Bundesregierung dazu übergeht, die Asylbewerber in die Länder zurückzuschicken, aus denen sie einreisen, wird sich dann nicht ein Druck dieser Länder auf die Bundesregierung aufbauen?

**T. Zülch:** Hauptbetroffene werden ja wahrscheinlich die Tschechische Republik und Polen sein. Wahrscheinlich wird man mit dem üblichen Mittel finanzieller Zuwendung reagieren. Eine Problemverlagerung ist die Abschiebung natürlich trotzdem, keine Problemlösung. Im übrigen haben die Tschechei und Polen schon angekündigt, daß sie das „Problem“ nach Osten schieben werden. Wir müssen also damit rechnen, daß Flüchtlinge, die an unserer Grenze zurückgewiesen werden, durch diese Länder in ihre Heimat abgeschoben werden oder gar nicht erst nach Polen oder die Tschechei eingelassen werden. Das würde auf keinen Fall in Einklang mit der Genfer Flüchtlingskonvention stehen.

**T.H.:** Die Zahl der Flüchtlinge wird ja weiter steigen, auch die Zahl der Umweltflüchtlinge, die ihr Land verlassen, weil es nicht mehr bewohnbar ist oder die Menschen nicht mehr ernähren kann. Was auf die Welt zukommt, wenn z.B. Bangladesch aufgrund eines Anstiegs des Meerwasserspiegels unter Wasser steht, ist kaum auszudenken.

**T. Zülch:** Dann hätten wir zu den Hunger- und Elendsflüchtlingen, den politischen Flüchtlingen und Genozidflüchtlingen auch noch ökologische Flüchtlinge. Diese Palette spiegelt die Probleme, die wir nicht in den Griff bekommen oder nicht in den Griff bekommen wollen.

**T.H.:** Ein Argument, das immer wieder zu hören ist, unterstellt, daß das Gros der Asylbewerber aus wirtschaftlichen Gründen in die Bundesrepublik einreisen will. Ist es wirklich der Wohlstand der Deutschen, der die meisten Asylbewerber lockt?

**T. Zülch:** Es kursieren ja Zahlen, daß etwa 80 Prozent der Asylsuchenden aus wirtschaftlichen Gründen kommen. Diese Zahl ist total überzogen.

Kundgebung für politisches Asyl im Mai 1984 in Bergen-Belsen
© Klaudine Oland

Sicherlich kommen viele Menschen nach Westeuropa, die in ihrer Heimat weiterleben könnten, weil sie der Wohlstand lockt. Aber es sind längst nicht die Massen, die man gerne heraufbeschwört. Das Dilemma ist, daß der Kampf gegen den Mißbrauch des Asylrechts auch die Menschen trifft, die tatsächlich Asyl benötigen.

**T.H.:** Dem Grundrecht auf Asyl zufolge muß jeder Asylbewerber eine individuelle Verfolgung nachweisen. Ist diese Praktik noch zeitgemäß?

**T. Zülch:** Nein, denn die Hauptfluchtgründe liegen eben nicht in der individuellen Verfolgung. Die meisten Flüchtlinge sind Bürgerkriegs- oder Kriegsflüchtlinge, die nicht individuell, sondern kollektiv verfolgt werden. Einen nicht unbeträchtlichen Anteil haben Flüchtlinge, die wegen ethnischer oder religiöser Verfolgung in die Bundesrepublik kommen.

**T.H.:** Können Sie noch einmal kurz die Maßnahmen zusammenfassen, die zur Minderung der Fluchtursachen getroffen werden müßten?

**T. Zülch:** Zunächst müßte der Entwicklungshilfeetat drastisch aufgestockt werden. Derzeit zahlt Deutschland 0,3 Prozent seines Bruttosozialproduktes an Entwicklungshilfe an Drittweltländer und liegt damit weit unter der UN-Empfehlung von 0,7 Prozent. Außerdem sind die Zinsen, die diese Länder für ihre Schulden zahlen müssen inzwischen höher als die Mittel, die sie als Entwicklungshilfe erhalten. Weitere Maßnahmen wären die Bindung der Struktur- und Entwicklungshilfe an die Einhaltung der Menschenrechte und ein Verbot von Rüstungsexporten und die konsequente Überwachung dieses Verbots sowie strikte Ahndung von Verstößen. Angesichts der drohenden Umweltkatastrophen werden wohl auch umwelterhaltende Maßnahmen in aller Welt ergriffen werden müssen. Faßt man all diese Maßnahmen zusammen, so ist das Ziel letztlich, die Länder, in denen die Menschen wohnen, bleibenswert zu machen.

# Weil nicht mehr Krieg sein darf

## BILDER AUS KRIEG UND ZERSTÖRUNG AUF DEM BALKAN

**Mathias Riepe***

In den letzten acht Monaten wurde ich auf drei Reisen mit den Ereignissen des Krieges im ehemaligen Jugoslawien konfrontiert und kam mit Menschen aus den verschiedenen Landesteilen Kroatiens und Bosnien-Herzegowinas zusammen. Jedes Gespräch, jedes Erlebnis erhielt vor dem Hintergrund des Krieges eine Intensität, die in krassem Gegensatz steht zu den blassen Erfahrungen, die wir im Alltag hier in der Bundesrepublik machen.

Beispielhaft hierfür ist eine kurze Szene während des Checkins und Abfluges am Düsseldorfer Flughafen: Ein hochgewachsener Mann, gekleidet und ausgestattet mit allen bundesdeutschen Accessoires, verabschiedet sich von seiner Frau und reiht sich neben mir zur Paßkontrolle ein. Wir kommen ins Gespräch. Er ist Bosnier, Muslim. Er muß in seiner Heimat etwas Wichtiges erledigen. – Wo? – In einem kleinen Dorf, 17 km von Sarajevo. – Wie man dahin kommt? – Ja, nur mit Führung ortskundiger Freunde. Es ist gefährlich ... Im Flughafenbus treffen wir uns wieder. „So, da bin ich", sagt er. „Wissen Sie, bei uns gibt es keinen Schutz, weil die Menschen nichts wissen und nicht glauben."

Aus den Worten dieses Mannes sprachen innere Anteilnahme am Schicksal seines Volkes, aber auch tiefe Hoffnungslosigkeit und Einsamkeit. Fakt ist: Die Regierungen Europas sehen dem Geschehen im ehemaligen Jugoslawien zu und lassen es geschehen; die Masse der Bevölkerung ist unbeteiligt. Das nährt den Pessimismus der Betroffenen und lähmt jede Initiative. „Die Depression hier bei den Leuten ist epidemisch", sagt mir denn auch eine Freundin aus Dubrovnik.

Auf meinen Reisen bin ich aber auch ungeheurem Optimismus und Gottvertrauen begegnet und konnte viele Zeugnisse einer positiven seelischen Kraft bei Menschen jeden Alters und jeder sozialen Herkunft sammeln. Ich fand solche Zeugnisse im Gespräch, in Malereien aus Luftschutzkellern und an alten Gemäuern, in Briefen und Gedichten, in allen Arten von kreativem Handeln.

### Zur allgemeinen Situation – eine Einschätzung

Wer in diesen Wochen in das Kriegsgebiet im ehemaligen Jugoslawien reist, befindet sich in weniger als zwei Flugstunden im gefährlichsten

* Mathias Riepe ist Waldorflehrer in Witten.

Krisenherd Europas seit dem Zweiten Weltkrieg. Die dort an der südöstlichen Peripherie Europas mit grausamer Härte ausgetragenen kriegerischen Auseinandersetzungen tragen zwar noch ganz die Merkmale eines auf die Region begrenzten militärischen Konflikts, die Frage ist allerdings, wie lange dieser noch auf „kleiner Flamme" als lokaler Krieg weiterkochen kann. Bekanntlich setzt das offizielle Krisenmanagement der sogenannten „großen Politik", die von UNO, Großmächten und EG-Staaten verfolgt wird, nach wie vor auf Versuche diplomatischen Einwirkens und durch Embargo erzeugten ökonomischen Druck. Man weiß offensichtlich, daß man sich hier leicht die Finger verbrennen kann.

Andererseits zeichnen sich seit längerem offen und verdeckt im Hintergrund politische Tendenzen ab, die durchaus an die Konstellation vor und bei Ausbruch des Ersten Weltkrieges erinnern. So trat Rußland angesichts der kroatischen Offensive im Südwesten des Landes, die Ende Januar 1993 von Zadar aus in die auch stark von Serben besiedelte Krajina zielte und durch die seit über einem Jahr verlorenes Territorium zurückerobert wurde, mit der Forderung nach sofortigem Rückzug und unverhüllter Drohung gegen die kroatische Führung auf. Vor dem Hintergrund der traditionellen russisch-serbischen Freundschaft verzögert Rußland mit laxer Hinhaltetaktik die westlichen Friedensbemühungen und stört, wenn auch jeweils nur vorübergehend, den ohnehin nur mühsam errungenen europäischen Konsens.

Dazu paßt, daß die serbische Kriegsmaschinerie zur Zeit aus vielen dunklen Kanälen Treibstoff, Munition und Ersatzteile bezieht. Dieser illegale Markt macht beispielsweise das Auftanken eines Flugzeugs zum Preis weniger Liter Spirituosen möglich, was die Gefahren anzeigt, die aus dem chaotischen, unkontrollierten Zustand dieses militärischen Riesen, der ehemaligen Sowjetunion, resultieren.

Die von Deutschland im Alleingang noch vor der Europäischen Gemeinschaft vollzogene Anerkennung der Republiken Kroatiens und Sloweniens als souveräne Staaten hat den serbischen Massenmedien die Möglichkeit gegeben, Deutschland als den hinter den Kulissen wirkenden Erzfeind Serbiens auszumachen. Gezielt wird am Bild des ewig machtbesessenen Deutschen durch Berichte aus dem letzten Weltkrieg gezeichnet; die unselige Kollaboration von Naziregime und Ustascha-Terror wird aus der Vergangenheit in die Gegenwart zurückgeholt und muß als Rechtfertigung für die durch die Kriegspolitik der Führung entstandenen Leiden und Opfer der Bevölkerung herhalten. Die gleichgeschalteten Medien schüren so den kollektiven Haß und die Verteidigungsbereitschaft. Entsprechend gilt die ganze Sympathie der Kroaten der Bundesrepublik, steht der ehemalige Außenminister ganz hoch im Kurs. Die Genscher-Begeisterung führt zu lächerlichen Blüten: Politiker und Bürokraten tragen gelbe Pullover unter dem blauen Sakko, es gibt ein Cafe Genscher.

Nicht zuletzt wegen der humanitären Hilfe für die dalmatinische Küstenregion, die zwar schleppend, aber schließlich doch in Gang gekommen ist, wird das Ansehen Deutschlands so hoch gehalten. Zudem unterhalten Privatleute und clevere Hoteliers zu ihren „deutschen Gästen" zum Teil sehr enge gute Beziehungen, die über Jahre gewachsen sind und sich jetzt in der Not bewähren. Eine wichtige Rolle bei der Beschaffung von Hilfe auf der humanitären, finanziellen und Informationsebene spielen ferner die kroatischen Gastarbeiter. Ihre Möglichkeiten fördern erheblich das positive Image der Bundesrepublik bei den Kroaten. Last but not least erfüllt die harte D-Mark die Aufgabe einer zweiten Währung mit eindeutigen Vorteilen gegenüber dem inflationären kroatischen Dinar.

Großbritannien und Frankreich sind jetzt erst dazu übergegangen, die verdeckt proserbische Politik, die sie unter dem Begriff „Erhalt des Vielvölkerstaats Jugoslawien" betrieben hatten, zugunsten einer abgestimmten europäischen Gesamtstrategie abzulösen, die unter allen Umständen eine Eskalation zu vermeiden und den Konflikt herabzudämpfen und auszutrocknen sucht. Nicht nur nationale Überlegungen, also Angst vor separatistischen Bestrebungen im eigenen Hause, hatten beide Mächte zunächst auf die serbische Seite geführt, sondern traditionelle, historisch bedingte Einstellungen, das politische Kalkül der Franzosen einer „balance of power" hatten auch das britische Verhalten beeinflußt. So wie die Kroaten germanophil sind, so lebt bei den Serben ein frankophiles Element. In Kroatien lernt man die deutsche Sprache, in Serbien spricht man französisch.

Man hat mit Recht immer wieder vom Versagen der Europäischen Gemeinschaft im Südosten Europas gesprochen und die Ohnmacht der Politik schmerzlich erleben müssen. Die traditionell bedingten komplizierten Interessenverflechtungen haben bisher eine wirkungsvolle Befriedungspolitik verhindert. Uneinigkeit der Parteien im „europäischen Haus" hat die Aggressoren in diesem Konflikt ermutigt und läßt sie weiter kämpfen. Aber handelt es sich wirklich nur um diese oft beschriebene europäische Unfähigkeit? – Das bewußte Inkaufnehmen von Krieg, Terror, Mord, Vergewaltigung, Plünderung, von Flucht und Vertreibung, von „ethnischen Säuberungen" als Folge der von Großbritannien und Frankreich betriebenen Politik einerseits, die stillschweigende Sympathie und heimliche Unterstützung Serbiens durch den großen Bruder Rußland andererseits, die eilige, sogar voreilige, weil im Alleingang vorgenommene Anerkennung der staatlichen Souveränität Sloweniens und Kroatiens als ehemalige Länder der österreichisch-ungarischen Monarchie zum dritten – treten nicht an diesen drei vordergründigen Symptomen umrißartig die Ursachen zutage? Es kann scheinen, als werde der blutige Balkankrieg als eine Art Ersatzkrieg jener alten europäischen Machtkonstellation geführt, die mit der Herausbildung der Nationalstaaten seit dem Mittelalter im sogenannten „Europäischen Konzert" des 19. Jahrhunderts zwar eine Phase vorübergehender Machtbalance erfuhr, um dann allerdings im vom Wettlauf um koloniale Beute beherrschten Zeitalter des Imperialismus unter Entfesselung aller nationalistischen Kräfte blindlings in die Weltkriegskatastrophe zu rennen. Historisch gewachsene europäische Rivalitäten gestatten also den Parteien im ehemaligen Jugoslawien diesen barbarischen Krieg gegen alles und jeden – deshalb sieht Europa zu, deshalb seine angebliche Ohnmacht, welche die vorhandenen partikularen Interessen nur kaschiert.

Auf der anderen Seite schiebt sich jetzt jene oben genannte europäische Bemühung um Eindämmung des gefährlichen Konflikts stärker nach vorn, wobei es sich bei genauer Betrachtung allein um das Engagement der westlichen Welt handelt. Quer durch den völkerreichen Balkan verläuft nämlich eine Grenze, welche von Norden kommend das Baltikum, Polen, die Slowakei und Ungarn vom Staatsgebiet der GUS-Länder trennt, zwischen Ungarn und Rumänien auf die Donau stößt, um dann zwischen der Vojvodina im Osten und Slawonien im Westen dem Lauf der Save aufwärts zu folgen, bis sie – in etwa konform mit dem Fluß Una – unter Umgehung von Bosnien im Hinterland von Dalmatien parallel zur Küste verläuft und südlich von Dubrovnik vor den „Schwarzen Bergen“ (also Montenegro) die Adria erreicht. Westlich dieser Grenze liegen Länder, welche im wesentlichen die europäische Geschichte des letzten Jahrtausends mitvollzogen haben, dem Katholizismus zugehören, die lateinische Schrift verwenden und mehr oder weniger politisch erfolgreich, trotz des jahrzehntelang währenden „Eisernen Vorhangs“, parlamentarischen Demokratien zuneigen bzw. sich um eine solche Herrschaftsform bemühen. Östlich davon liegen Gebiete, die politisch, kulturell und geistesgeschichtlich eine Prägung in der Tradition des Byzantinismus und des moskowitischen Zarismus erfahren haben, überwiegend kyrillisch schreiben und in der jüngsten Vergangenheit, sogar bis in die Gegenwart hinein, autokratischen und totalitären Regimen verhaftet sind. Der gewalttätige Konflikt findet also im kulturellen Grenzgebiet von West und Ost statt, die Fronten befinden sich exakt an einer Linie, die nach den äußeren Gegebenheiten und nach dem Selbstverständnis der verfeindeten Völker Westeuropa vom slawischen Osten und von Asien scheidet (Zur Genesis und Geschichte dieser Scheidelinie vergleiche: J.v. Königslöw: Wirbel und Zerfall Jugoslawiens. In: Die Drei, 6/1991). Unter diesem Gesichtspunkt führen Kroaten und Serben quasi stellvertretend den Krieg zwischen West und Ost und tragen den weltgeschichtlichen Gegensatz der hinter ihnen wirksamen Kulturen aus. Erst auf dieser Ebene der Betrachtung werden die Einigkeit und das tendenziell geschlossenere Vorgehen der EG-Staaten gegen Serbien als dem hohnlachenden und Verachtung für den Westen demonstrierenden Aggressor verständlich.

Zum dritten hat sich in diesem Grenzgebiet eine eigene Geschichte entwickelt, haben sich die Kroaten in ihrer Eigenschaft als von der habsburgischen Krone gegen das Osmanische Reich eingesetzte Wehrbauern

„Grenzerfahrungen“ erworben, die denen der Serben als heldenhaften, in vielen Liedern besungenen Vorkämpfern gegen das Türkenjoch auf dem Balkan verwandt sind. „Zwanzig bis fünfzig Jahre leben wir immer in Frieden, bis wieder so ein Krieg kommt und alles zerstört, was wir seit der letzten Tragödie aufgebaut haben. Wir kommen von diesem Rhythmus anscheinend nicht los.“ – So wird mir während einer Autofahrt durch das ewig verstopfte Zagreb erklärt. Haß als kollektive Erscheinung und Nationalismus als ihm dienstbare Idee haben genauso Tradition wie nachbarschaftliche Friedfertigkeit und multikulturelle Lebensformen.

Dazu im folgenden einige persönliche Erfahrungen, Erlebnisse und Geschichten.

## „Ach Vukovar, es war so schön, als es dich noch gab“

18. Januar 1993: Auf dem Tisch steht frischer Joghurt, Kuchen. Es wird Kaffee gereicht, in kleinen Tassen, schwarz und süß. Wir sitzen auf drei übereinandergestapelten Matratzen, Hrvoje und Franjka Grgic, das Ehepaar Gojkovic und ich. Das Bettzeug und die Decken sind an der Wand zusammengerollt, ein häßlicher Schrank steht an der Seite. Gegenüber an der dritten Wand noch so ein Stapel alter Matratzen. Abends räumen die Menschen, die hier wohnen, den Tisch weg und schlafen nebeneinander, zu siebt. Heftig gestikulierend sagt der Hausherr gerade: „Ich will arbeiten, ich muß arbeiten, ich bin vital, ich bin stark, ich kann arbeiten.“ Ein großer Mann, kräftig, einundsechzig Jahre alt, unruhig wie ein Tier im Käfig. Heute ist er um zwei Uhr nachts aufgestanden, um Socken und Hausschuhe zu stricken, als Geschenk für den Gast aus Deutschland. Er wohnt hier, seit einem halben Jahr. Aber das ist nicht sein Haus. Er nennt mir seine richtige Adresse: Hasana Brkica 10, Vukovar. – Haus und Garten gibt es nicht mehr. Was durch das Bombardement nicht zerstört wurde, haben nach der Einnahme der Stadt die Bulldozer erledigt.

Es war ein großes Haus mit sieben Zimmern, schöner Terrasse und mit einem Garten. Hier zogen Hrvoje und Franjka das Gemüse für ihre Familie, hier gackerten Hühner, liefen Gänse durch das Gras und blökten Schafe. Ein glückliches Leben, angefüllt mit harter Arbeit in der Fabrik und zu Hause, mit Sonntagen und Taufen und Feiern. Sieben Kinder und eine große Verwandtschaft, unweit der Donau. Und jetzt? – Ein Fotoalbum ist geblieben, das einzige, was Franjka auf der Flucht mitnehmen konnte. Wir blättern. Die älteste Tochter ist jetzt in Berlin, sie ist Ärztin. Ein Bild weiter: Hrvoje bricht in Tränen aus, schluchzt, wiegt den Oberkörper hin und her, ist hilflos wie ein Kind. Seine Hände krallen sich in die Matratze. Nachdem er sich ein wenig beruhigt hat, erzählt er. Seine zweite Tochter, sein Engelchen, ist mit Mann und Kind verschwunden, spurlos. Seit vierzehn

Monaten haben sie keine Nachricht. Nachts träumt er von ihr, wie sie weißgekleidet und fröhlich lachend um ihn herumtanzt. Sie war sein alles, sein Liebling. Er weiß nicht, ob sie tot ist. Schließlich zündet er sich mit zitternden Händen eine Zigarette an. Dann folgt, immer wieder von langen Pausen unterbrochen, in denen er das aufsteigende Weinen bekämpfen muß, seine Geschichte.

Er gehörte zu den letzten fünftausend Verteidigern von Vukovar. Am 18. November 1991 warf er seine Waffe fort und ergab sich. Die serbischen Eroberer, Tschetniks und die Soldaten der jugoslawischen Armee trennten sofort die Männer von den Frauen und Kindern. Franjka schaffte es mit Geld irgendwie noch, ihm seinen Paß zukommen zu lassen. Dann mußte sie mit den anderen in den Bus und kam nach fünf Tagen ungewisser Irrfahrt in Zagreb an. Hrvoje und die anderen Männer mußten sich ausziehen, mit dem Gesicht zur Wand stellen, die Arme über den Kopf. Jeder wurde – obwohl schon nackt – durchsucht. Dann ging es zum Verhör.

„Wer bist du? Nationalgardist oder Mitglied der regionalen Verteidigung von Vukovar?" Ständig wurden die Fragen wiederholt. Einschüchterung und Bedrohung gaben einen Vorgeschmack auf das, was noch kommen sollte. Die Gefangenen wurden in getrennten Verhören auch übereinander ausgehorcht. Widersprüchliche Angaben führten zu neuen Fragen. Das medizinische Personal, das bis zum Schluß im Krankenhaus ausgeharrt hatte, erfuhr schon jetzt eine Sonderbehandlung: Man versuchte den Pflegern, Schwestern und Ärzten nachzuweisen, daß sie Verwundete serbischer Nationalität ohne medizinische Versorgung gelassen und gequält hatten. Aufgrund von Denunziationen wurden stadtbekannte Ärzte, die während der monatelangen Belagerung von Vukovar im Krankenhaus, das immer wieder unter Beschuß geriet, bis an die Grenze der Erschöpfung gearbeitet hatten, jetzt an Panzer bei aufheulenden Motoren gekettet. Und alle Gefangenen mußten zuschauen.

Schließlich mußten alle in die Busse steigen, immer zu zweit, mit Draht an den Handgelenken aneinander gefesselt. Sie wurden in elf Bussen nach Sid gebracht, 28 km südlich der Donau. Hrvoje stieß man zusammen mit 120 Menschen in einen kahlen Raum von 15 x 20 m, alle nackt, auf nacktem Betonboden. Es gab keine Heizung, kein Wasser, kein Essen, keine Toilette. Serbische Polizisten mit Maschinenpistolen holten die Männer immer wieder zum Verhör, schlugen sie und stießen die Erschöpften in den Raum zurück. Nach zwei Tagen gab es heißes Wasser und Makkaroni. Ganz viele der Gefangenen bekamen Durchfall. Einen Tag später wurden Eimer mit Sand ausgegeben.

Jeder Gefangene wurde erneut befragt: „Wer bist du? Zu welcher Nation gehörst du?" Aufgrund der Aussagen wurden sie nach Volkszugehörigkeit sortiert: Kroaten, Ungarn, Tschechen, Russen, auch Serben. Dann mußten sie wieder in die Busse, aber man versprach ihnen, daß sie bald frei und in

Sicherheit sein würden. Nur – der Bus, in den Hrvoje steigen mußte, fuhr nicht nach Westen, nicht nach Zagreb, sondern nach Nordosten, in die Wälder an der Donau. Hrvoje kannte die Gegend. „Jetzt werfen sie uns in den Fluß", dachte er. Spät in der Nacht hielt der Bus, unmittelbar an einem Straßengraben, so daß die Männer im Dunkeln nur langsam aussteigen konnten. An den Ausgängen standen Polizisten mit Knüppeln und droschen brutal auf jeden ein, der den Bus verließ. Viele stürzten in den Graben und wurden mit Schlägen wieder hochgetrieben. Ein alter Mann, 81 Jahre alt, blieb liegen.

Sie fanden sich im berüchtigten Lager Mitrovica, 42 km südlich von Novi Sad, also auf serbischen Terrain. Die Verhöre, zu denen sie geholt wurden, dienten nur als Vorwand zum Schlagen. Wer gerade nicht verhört wurde, mußte entweder mit den anderen gebückt im Kreis gehen, die Hände auf dem Kopf gefaltet, oder aufrecht mit erhobenen Armen stehen, stundenlang.

Hrvoje weiß nicht mehr, wie lange das ging. Er erinnert sich, daß sie irgendwann wieder im Bus saßen, alle Kroaten. Die Fahrt ging nach Aleksinac, zu den Kohlebergwerken 160 km nördlich von Nis. Dort sollten sie in die Minen gestürzt werden, sagten ihnen die Bewacher. Nach Verlassen der Busse wurden sie mit Draht in einer langer Reihe aneinandergefesselt. Sie waren nackt. Es war irgendwann Ende November und kalt. Wie Schlachtvieh wurden sie zu den Mineneingängen getrieben. Die Polizisten schossen in die Luft, um die Bauern aus der Umgebung herbeizurufen. Von überall aus den Bergen kamen sie angelaufen, wildgewordene Bestien voller Haß, aufgestachelt, bereit zu töten, zu morden. Was denen über die Gefangenen erzählt worden war, weiß Hrvoje nicht. Er war sich in diesem Augenblick sicher, daß alles vorbei sei. Da ertönte plötzlich der Ruf: „Weg! Das Internationale Rote Kreuz kommt!"

Mit Waffengewalt wurden die Bauern von ihren Opfern weggedrängt, die Fesseln mit Zangen hastig gelöst. Man befahl den Gefangenen, sich anzuziehen. Sie nahmen wahllos Schuhe und Kleider aus dem Container, in die sie Stunden vorher ihre Sachen hatten werfen müssen. Jeder zog sich unter dem Gebrüll der Bauern und der Aufsicht der tobenden Bewacher irgendwie an.

Schließlich saßen sie, paarweise an den Handgelenken gefesselt, im Bus. Hrvojes Leidensgefährte war herzkrank und hatte Asthma – ein Schneider. Sie kannten sich aus der Stadt, aus einer anderen Zeit, aus einer anderen Welt ... Dic Fahrt dauerte. Hrvoje kann nicht sagen, ob Stunden oder Tage. Sie mußten gebeugt sitzen, nach unten schauen. Die Aufscher gingen ständig durch den Bus. Sie hatten lange Messer an den Gewehrläufen, mit denen sie über die gebeugten, entblößten Nacken streichen. Der Bus hielt an, sie stiegen aus. Plötzlich waren die Polizisten weg. Soldaten, serbisches Militär, Angehörige der jugoslawischen Armee also, führten sie in eine

Kasernenanlage bei Nis. Es handelte sich um Bauten aus der Zeit der österreichisch-ungarischen Monarchie, ergänzt durch triste Betonklötze. Die Räume waren nicht möbliert und unbeheizt. In den Toiletten gab es keine Türen, weil sich in den letzten Jahren dort Rekruten erhängt haben. – Dunja Gojkovic kennt die Anlage aus den Erzählungen ihres Sohnes, der vor zwölf Jahren seinen Militärdienst abgeleistet hat.

Die Gefangenen mußten sich ausziehen und zwei Stunden mit ausgebreiteten Armen an der Wand stehen. Hrvoje glaubt sicher, daß es zwei Stunden waren, denn an diese Zeit hat der die klarsten Erinnerungen. Es wurde ihnen befohlen, sich auf den Betonboden zu legen. Bauch und Kopf nach unten, die Arme auf den Rücken. Soldaten kamen herein, liefen über die Gefangenen und sprangen mit den Militärstiefeln auf den wehrlosen Körpern herum. Sie hatten Schlagstöcke und setzten Elektroschocks. Immer wenn ein Offizier „hereinschaut", mußten sie auf die Füße und in Hab-Acht-Stellung strammstehen.

Man fragte Hrvoje wieder: „Wer bist du?" Man schleppte ihn raus, zur Sonderbehandlung. Er wurde geschlagen, brach zusammen, mußte stehen. Sie rissen ihm seinen Bart ab, brachen ihm die Rippen. Er blutete am Kopf, sie rissen an den Hoden, er wurde ohnmächtig. Als er wieder zu sich kam, wurde er erneut geschlagen und fiel wieder in Ohnmacht. So ging das viele Male, er glaubt, eine ganze Woche. Er flehte seinen Bewacher und Folterer auf den Knien an: „Mein Sohn, töte mich, quäle mich nicht mehr." Dann ließen sie ihn plötzlich aus irgendeinem Grund in Ruhe. Aber er kann sich an die Schmerzensschreie der anderen erinnern, an die Verletzten, an die Sterbenden und – an die Vergewaltigten ...

Hrvoje wurde nach zwei Monaten ausgetauscht und fand seine Frau mit den fünf Söhnen in Zagreb. Er ist zu 30 % Invalide. Nachts kann er nicht schlafen. Er zeigt mir seine Medikamente: Herz- und Kreislaufmittel, Schmerztabletten und Psychopharmaka. Das Erzählen hat ihn erschöpft. Nach einer Weile frage ich ihn, wie er über die Menschen denkt, die ihn gefoltert haben. Ohne zu zögern antwortet er: „Ich hasse niemanden. Wozu auch? Es waren ja noch ganz junge Burschen, wie meine Söhne. Einige würde ich wiedererkennen. Wenn ich einen hier in Zagreb auf der Straße träfe, so würde ich ihn am Arm nehmen und ins beste Restaurant der Stadt einladen. Ich würde ihm sagen: Du weißt ja nicht, was du getan hast. Du verstehst das nicht. Wenn du wüßtest, was du getan hast, dann würdest du dich selbst nicht verstehen." Er glaubt, daß die Soldaten Drogen bekommen hätten, denn „zwischendurch" seien sie ansprechbar und freundlich gewesen, auch wenn sie sich „vorher" wie wilde Tiere, wie Bestien, verhalten hätten. Auch Franjka, die mit versteinertem Gesicht wie unbeteiligt zugehört hat, wirft ein: „Wozu hassen? Das ändert nichts. Wir haben so glücklich mit vielen Nationalitäten zusammengelebt. – Vielleicht wird doch noch alles wieder gut."

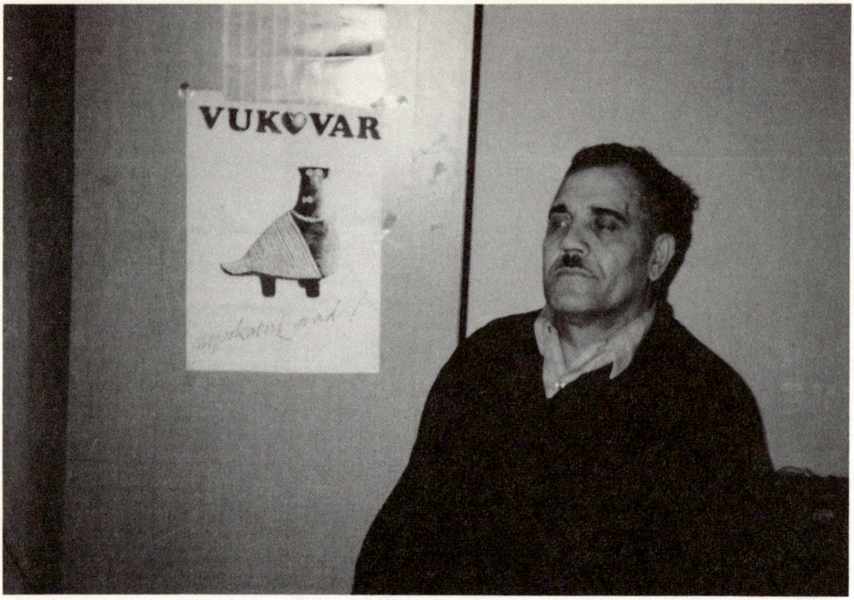


Hrvoje Grgic, neben ihm das Emblem von Vukova

## „Täubchen fliege, weil nicht mehr Krieg sein darf!"

Im Herbst und Winter 1991/92 hatte die serbische Armee ganz Slawonien überrollt. Die Panzer standen 25 km östlich der kroatischen Hauptstadt, der Flughafen von Zagreb wurde angegriffen und mußte geschlossen werden. Wochenlang war das Dröhnen der Geschütze in den Vororten der Stadt zu hören. Viele Male gab es in dieser Zeit Bombenalarm, so daß die Bevölkerung sich in Kellern und Luftschutzbunkern verstecken mußte. Karlovac im Südwesten, nur 60 km von der Hauptstadt entfernt, lag unter heftigem Beschuß. Nur im Osten war es ruhig. Die Zerstörung und Einnahme von Vukovar führte den Menschen drastisch vor Augen, daß es in diesem Krieg keine Hemmungen, keine Zurückhaltung gegenüber der Zivilbevölkerung gab. Militärisch wichtige Ziele im eigentlichen Sinne existierten nicht. Brükken, Trafostationen, Fabriken und Krankenhäuser wurden zerstört, die Bewohner aus ihren Dörfern vertrieben. Die kroatische Nationalgarde und die überall eilends aufgestellte regionale Verteidigung hatten fast nur Handfeuerwaffen und gegen die hochgerüstete jugoslawische Armee absolut keine Chance.

In Zeiten extremer Not, die Gewißheit der physischen Vernichtung vor Augen, besinnen sich die Menschen und klammern sich an etwas, das ihnen die Kraft gibt, um weiterzuleben. So werden, wenn die bisherigen Lebensgrundlagen in die Brüche gehen und dem Dasein keinen Sinn mehr zu geben vermögen, Identität und Ziel oft in Kraft und Hoffnung spendenden Ideen gefunden. Dazu folgendes:

Im Museum von Vukovar befand sich ein zu kultischen Zwecken verwendetes Tongefäß aus der Jungsteinzeit. Es entstammt der sogenannten „Kultur von Vucedol" – so wird die 6 km von Vukovar entfernte neolithische Siedlung bezeichnet – und wurde nach Zagreb gerettet. Ursprünglich vielfach als Emblem für die Region von Vukovar und als Werbeträger für die dort erstellten Produkte zweckentfremdet und in ganz Jugoslawien bekannt, wurde es nach dem Untergang der Stadt zum „Symbol der Hoffnung und des Friedens", zum „Friedenstäubchen" von ganz Kroatien.

Dieses Friedenstäubchen stand im Winter 1991/92 wiederholt im Zentrum der pädagogischen Bemühungen von Dascha Matul, einer engagierten Lehrerin in Retkovec, einem Vorort von Zagreb. Aufgerüttelt durch die Bemerkung einer Schülerin – die neunjährige Vedrana hatte gesagt: „Der sicherste Platz in der Schule ist unter dem Tisch" – beschäftigte sich Dascha Matul mit der Frage: Wie kann man den Kindern in diesem Krieg helfen? Sie richtete jeden Mittwoch in der Schule Projekttage ein, an denen der übliche Stundenplan außer Kraft gesetzt wurde.

Das Klassenzimmer wurde hergerichtet und geschmückt. Tische und Stühle wurden umgestellt, und in der Mitte des Raumes war etwas unter einem roten Tuch verborgen. Über eine kleine Erzählung, ein Lied vielleicht, fand eine Einstimmung auf dieses geheimnisvolle Etwas statt, an der Tafel standen Begriffe, Schlüsselwörter. Die Kinder spannen den Inhalt weiter, spielten die sich entwickelnde Geschichte. Manchmal entstand ein Reigenspiel, ein Tanz ... Dann, im entscheidenden Moment, wurde das Tuch weggenommen, das Geheimnis gelüftet, und der Gegenstand, der längst in der kindlichen Einbildungskraft Leben und Gestalt angenommen hatte, stand unverhüllt und leibhaftig vor Augen.

So geschah es auch an einem Mittwoch mit einer Nachbildung des bekannten „Täubchens aus Vucedol". Die Kinder wurden zum Zeichnen angeregt, danach malten sie, nicht ohne daß vorher besprochen wurde, ob beispielsweise „kalte" oder „warme" Farben geeignet seien. Sie malten zu zweit, zu dritt an einem Bild und wurden dann aufgefordert, das Bild in der Klasse zu zeigen und den anderen zu erklären.

Ich konnte feststellen, daß es den Kindern ganz selbstverständlich war, über das eigene Werk zu sprechen und es mit einem Stolz zu präsentieren, der der Achtung vor der eigenen Schöpfung entspringt. Aus den mündlichen Beschreibungen der Zeichnungen und Bilder entwickelten sich erste Ansätze für einen später niedergelegten Text, durch die Suche nach Worten klärten sich die inneren, dem kreativen Prozeß zugrundeliegenden Bilder und verwandelten sich in konkret faßbare Vorstellungen. Das Gespräch verstummte, und die Kinder schrieben. Das ging blitzschnell, fünf, acht, zehn Minuten maximal, bis in sich abgeschlossene Texte entstanden waren, die in der Gruppe von den Autoren vorgelesen wurden. Das „Friedenstäubchen“ veranlaßte die Schüler zu Gedichten und zu Botschaften an die Kinder überall auf der Welt. So auch dieses:

**Den Freunden überall auf der weiten Welt**

Wir, die Kinder aus Kroatien, leben in der Hölle des Krieges.
Das bedeutet, daß mein Papa auf dem Schlachtfeld
und meine Mutter in Tränen ist
und daß ich im Luftschutzbunker bin.

Das bedeutet, daß der Bruder meiner Freundin umgekommen ist,
daß seine Mutter verzweifelt und voller Haß ist ...
Sie haßt den Krieg, sie haßt die Angreifer, die Mörder des Bruders.

Meine Gedanken hellen sich auf, wenn ich an die Zukunft denke.
Papa wird zurückkehren, und Mama wird glücklich sein.
Mein Täubchen wird sich freimachen und den FRIEDEN verkünden.

Täubchen fliege, weil nicht mehr Krieg sein darf!

*Zeljka Kovacevic, Kl. 4 c, 1992. (Übersetzung M.R.)*

Dascha Matul und Arpad Barath, ein Psychologe von der Universität Zagreb, haben für ganz Kroatien ein Programm „Kinder im Krieg“ entwikkeln können, in dem sie die Lehrkräfte in den Primarschulen für diese „Kreativpädagogik“ schulen. Auf diese Weise wird der Versuch unternommen, 50.000 Kindern Identitätsfindung zu ermöglichen und das Selbstbewußtsein zu stärken.

## „Wir hatten Angst, wir sind geflohen“ Materinskij dom: das Haus der Mütter

Niemand kann ermessen, welche Tragödien sich wirklich abspielen. Im „Materinskij dom“, dem „Haus der Mütter“, im Zagreber Vorort Jarun, sind 21 Mütter mit 38 Kindern behelfsmäßig untergebracht. Das jüngste Kind ist fünf Monate, das älteste ist fünfzehn Jahre alt. Bis auf zwei Familien schlafen alle in einem großen Saal. Ferner gibt es eine Küche und einen kleinen Eßraum. Es riecht nach aufgewärmtem Essen, nach feuchter Kleidung, nach Schweiß. Es riecht nach Armut. Am Eingang ein von Kindern gemalter Gruß: Frohe Weihnachten und ein gutes neues Jahr.

Von Kindern gemalter Weihnachtsgruß im Haus der Mütter

Hier leben Menschen, die dem Schrecken des Krieges entkommen konnten, einige wenige von jetzt insgesamt 160.000 allein in Zagreb. Sie sind aus Slawonien und Bosnien-Herzegowina geflohen, sie wurden rechtzeitig evakuiert oder schlugen sich auf eigene Faust durch, getrieben von nur einer Vorstellung: Fort! Sie haben ihre Heimat verlassen, als sich die Anzeichen mehrten, daß die Tschetniks und die feindlichen Soldaten bald da sein würden. Solche Anzeichen gab es viele: Die serbischen Nachbarn verließen über Nacht ihre Häuser. Boten meldeten das Heranrücken der Feinde, andere Dörfer schickten Warnmeldungen, Flüchtlinge zogen in Gruppen durch Straßen und berichteten von Greueln und von Terror, Leichen trieben den Fluß hinunter, das Grollen der Geschütze kam immer näher, Lastwagen der kroatischen Nationalgarde fuhren in die Siedlung, und Gardisten forderten zur Flucht auf, die Zufahrtsstraßen waren plötzlich blokkiert, und nachts waren auf den Hügeln unheimliche Feuer zu sehen. Manche Menschen rannten auch direkt in den „Tod, der vom Himmel fällt“, rissen ihre Kinder mit sich, von panischer Angst getrieben. Andere verließen ihre zerbombten Häuser, um das nackte Leben zu retten.

Seit gut einem halben Jahr betreut eine Freundin, Liljana Milenkovic, die als Leiterin des Kulturzentrums von Treznjevka in Zagreb tätig ist, die Frauen und ihre Kinder im Mütterhaus in Jarun. Ihr Engagement entwickelte sich nach der Ansprache durch einen befreundeten Psychologen, der sie auf die schwierige Situation dieser Menschen im Ort aufmerksam machte. Sie vermittelt für die Kinder Schulplätze, was nicht so einfach ist, sammelt Kleidung und Spielzeug und hilft den Frauen bei der Suche nach einem Arbeitsplatz. Sie arbeitet mit in der humanitären Hilfe tätigen Organisationen und anderen Gruppen in der Stadt zusammen, die sich für die Betreuung und Versorgung der Flüchtlinge einsetzen. So erhält sie beispielsweise auch von der Leiterin der Anthroposophischen Gesellschaft, Dunja Gojkovic, Geld- und Sachspenden. Die Anthroposophische Gesellschaft hat seit dem 01.01.1993 die Genehmigung, Kleider- und Lebensmittelspenden zu verteilen.* Die offizielle Anerkennung als eine humanitäre Zwecke verfolgende Organisation erleichtert die Zusammenarbeit mit den Behörden und befreit vom Verdacht, illegal, zum Beispiel auf dem blühenden Schwarzmarkt, zu agieren.

Es ist der 22. Januar 1993, als wir das Mütterhaus betreten. Ein häßlicher Gebäudekomplex aus Beton, hoch eingezäunt, kalt und abweisend. Am Eingang stürzen uns drei Siebenjährige entgegen und begrüßen stürmisch meine Begleiterin. Drinnen kommen neugierig einige kleine Kinder um die Ecke, halten aber vorsichtig Abstand. Nach wenigen Worten verlieren sie die Scheu vor dem Fremden, ergreifen die gebotene Hand und führen uns an den Tisch. Die Mütter laden zu einer Tasse Kaffee ein – die traditionelle Gastfreundschaft, hier ebenso selbstverständlich wie anderswo. Das Gespräch kann beginnen.

Katica L. floh mit ihrer Tochter Antonia am 13. Juli 1992 aus ihrem Haus in Zupanja (Slavonski Brod). Während des Bombardements verbrachten sie drei furchtbare Nächte in einer Erdhöhle, die in den Hang gegraben war. Ihr Haus wurde so zerstört, daß es nicht mehr bewohnbar ist. Deshalb kamen sie mit dem Bus nach Zagreb. Sie sagt: „Hier kann man nicht leben, hier gibt es keine Zukunft." Sie möchte in den Westen, obwohl ihr sehnlichster Wunsch ist, zurückzukehren. Ihr Mann ist Soldat.

Slavica K. floh mit ihren drei Kindern Valentina, Marianna und Dario am 22. April 1992 aus Konjic in der Herzegowina. Das kleine Städtchen liegt knapp 80 km westlich von Sarajevo. An dem Tag, als die ersten Granaten einschlugen, verließ sie mit vielen anderen Frauen und Kindern die Stadt. Sie fuhren zwei Tage lang auf dem offenen Lkw quer durch die Berge nach

* Der Autor hat Anfang März ein Spendenkonto eingerichtet. Kontaktadresse: Mathias Riepe, Am Arensberg 23, D–5810 Witten.

Split. Sie benutzten Feldwege und Nebenstrecken. Es war eisig kalt. Überall in den Dinarischen Alpen lag noch Schnee. Von Split kam sie nach Zagreb. Die ersten vier Wochen lebte sie mit neun weiteren Menschen in einem Zimmer. Einmal in der Woche wird sie von ihrem Mann angerufen. Er ist mit allen anderen Männern in Konjic geblieben. Sie macht sich auch Sorgen um ihre Eltern, die in einem Dorf einige Kilometer entfernt leben. Sie hat von ihnen bisher keine Nachricht erhalten. Auch Slavica will zurück in die Heimat. Aber was die Zukunft bringen wird? – „Wer weiß", sagt sie leise und ohne große Hoffnung.

Ankica K. wohnte in Slavonski Brod in der Nähe der Brücke, die über die Save nach Bosanski Brod führte. Kroatisches Militär hat diese Verbindung von Bosnien nach Slawonien gesprengt. Als Ende Juli der Ort unter Raketenbeschuß kam, wurde sie mit ihren Söhnen Tomislav und Robert evakuiert und verließ die Stadt am 30. Juli 1992 mit dem Zug. Zwei Spielkameraden der Jungen kamen beim ersten Angriff auf dem Spielplatz ums Leben. Ihr Mann ist in Zagreb. Sie wollen hier bleiben, haben aber kaum Aussicht auf eine Wohnung.

Ebenfalls aus Slavonski Brod ist Ana S. mit drei Kindern. Ihr Mann ist nicht mitgekommen, sondern baut das zerstörte Haus wieder auf. Die größte Sorge für die Zukunft ist, daß er durch den Krieg seine Arbeit verloren hat. Aber sie will, sobald wie möglich, wieder zurückkehren.

Ebenfalls aus Slavonski Brod kommt Vlasta V. Ihr Haus steht neben einer Trafostation und wurde vollständig zerstört. Die achtjährige Tochter Maria mußte wegen akuter Diabetes einen Monat im Krankenhaus bleiben, sie hat schon zwei Herzoperationen hinter sich. Vlasta hatte noch zwei Kinder, die in den letzten Jahren gestorben sind. Ihre Tochter ist ihr ein und alles. Der Mann geht bisher seiner Arbeit im Elektrizitätswerk weiter nach. Sie sucht eine Möglichkeit zurückzukehren.

Klara S. ist mit ihrer Mutter und den Kindern Jelena und Mario aus Baranja geflohen. Der Ort wird von Kroaten bewohnt, rundum sind serbische Dörfer. Im August 1991 fielen den Bauern Maßnahmen auf, die darauf schließen ließen, daß ihr Ort eingekesselt werden sollte. Die Frauen mit den Kindern flohen. Zwei Tage später nahmen serbische Soldaten das Dorf ein und setzten alle Männer gefangen. Mittlerweile steht fest, daß sie als Geiseln im eigenen Dorf festgehalten werden. Seit siebzehn Monaten kann Klaras Mann nicht mehr heraus. Zweimal konnte er auf Vermittlung der UNPROFOR* schreiben, aber seine Briefe sind kurz und nichtssagend: „Ich lebe, alles geht gut. Viele Grüße." – Er hat Angst wegen der Zensur und kann sich deshalb nicht äußern.

Alle sieben Frauen, die an diesem Vormittag im „Haus der Mütter" geblieben sind, haben ihre Geschichte erzählt. Sie verbergen ihren Kummer

---

* U.N. Protection Force, Schutztruppe für das ehemalige Jugoslawien.

und die Angst vor der Zukunft hinter einer Maske der freundlichen Gelassenheit. Nur Klara S. verschwindet zum Schluß doch in den großen Schlafsaal, da sie die Tränen nicht mehr zurückhalten kann. Sie lebt nicht nur als Flüchtling, als aus der Heimat Vertriebene wie alle anderen hier, sondern dazu mit der bangen Frage, ob sie jemals ihren Mann wiedersehen wird.

Geflüchtete Frauen mit ihren Kindern

## „Ethnische Säuberung" – das Wort des Jahres 1992

Über 160 Familien werden durch das Ehepaar Dunja und Djordja Gojkovic betreut. Dunja ist Zweigleiterin des „Maria Sofija"-Zweiges der Anthroposophischen Gesellschaft in Zagreb. Zuerst wurden auf ihre Bitte hin Flüchtlinge vom Roten Kreuz an sie verwiesen, inzwischen erhält sie mehrmals in der Woche Anrufe von Menschen, die sich direkt mit der Bitte um Hilfe an sie wenden. Diese Menschen erhalten regelmäßig Kleidung und Lebensmittel, nur selten und in besonderen Fällen auch Geld. Es sind Menschen aus Slawonien und aus Bosnien. Egal wer sie waren und was sie besaßen, arm oder reich, jetzt brauchen sie Hilfe zum Überleben.

Viele von ihnen verzehren sich in der Sehnsucht nach ihrer Heimat. Die UNPROFOR hat in einigen Regionen Slawoniens den Leuten erlaubt, zu ihren Dörfern und Häusern bzw. zu dem, was davon übrig geblieben ist, zurückzukehren. Nachdem sie die Orte gesehen hatten, an denen sie ihr Leben zu Friedenszeiten führen konnten, kamen die meisten gebrochen in die Flüchtlingsunterkünfte zurück, so mancher mußte sich in psychiatrische Behandlung begeben.

Das Vorgehen der serbischen Armee, die von paramilitärischen Verbänden und Freischärlern unterstützt wird, folgt einem ganz bestimmten Muster:

1. Die Dörfer und Städte werden durch Artilleriefeuer zerstört und dann, falls es noch Verteidiger gibt, im Nahkampf eingenommen. Wer nicht rechtzeitig geflohen ist, wird in die Lager gebracht oder sofort getötet. Das Verhalten der Sieger ist grausam und brutal, nicht nur gegen die Kämpfer, sondern auch gegen Frauen und Kinder. Die Massenvergewaltigungen in Bosnien und Südkroatien – die kroatische Regierung spricht von 20.000 vergewaltigten Frauen und jungen Mädchen – stellen einen neuen Rekord von Menschenverachtung in der europäischen Geschichte dar. In den verübten Brutalitäten mögen sich niedere Instinkte und Triebe entladen, aber der Terror gegen die wehrlose Bevölkerung wird ganz bewußt eingesetzt und auch nicht geheimgehalten. Er ist Teil jener Strategie, die planmäßig ganze Landstriche entvölkert, damit die Eroberungen nicht mehr rückgängig gemacht werden können. Hierbei wird bewußt auf die jeden Widerstand erstickende Abschreckung, auf die Angst der Menschen vor Gewalttaten gesetzt.
2. Öffentliche Einrichtungen werden ausgeräumt, jede Art von Technologie, vom Innenleben eines Flughafens oder Elektrizitätswerkes bis hin zur kleinen Karosseriewerkstatt, wird demontiert. Auch aus den Privathäusern nimmt man alles bewegliche Mobiliar und alle Einrichtungsgegenstände und schafft es nach Serbien und Montenegro. Ferner werden die Dächer abgedeckt, Türen, Fenster, Böden, Bad- und Toilettenarmaturen ausgebaut, auch Steckdosen und Lichtschalter, alles verschwindet.
3. In den verbliebenen ausgeschlachteten „Rohbauten“ wird Phosphor entzündet, wodurch die Häuser bei bis zu 2.000 Grad Hitze regelrecht ausglühen.
4. In Slawonien rücken die Bulldozer in die menschenleeren Dörfer ein und vollenden das Zerstörungswerk der Raketen und Granaten. Auf diese Weise werden ganze Dörfer mit Kirchen, Höfen, Brunnen und Gärten plattgemacht.
5. In manchen Gegenden wird Erde über die Trümmer geschoben und anschließend aufgeforstet.

In diesem Krieg wird bisher weder ein ernstzunehmender Gegner bekämpft, noch geht es um strategisch bedeutsame militärische Ziele. Zwar halten kroatische und muslimische Verbände bisweilen die eine oder andere bedeutende Verkehrsader und versuchen, bestimmte Täler und Pässe abzuriegeln, damit der Feind nicht in die dahinter gelegene Region gelangen kann. Das alles ändert aber nichts daran, daß es sich um einen reinen Angriffs- und Vertreibungskrieg handelt, um Völkermord mit allen Merkmalen eines mittelalterlichen Raub- und Plünderungszuges. Die Eroberer machen Beute und besetzen das Land. Sie vertreiben systematisch diejenigen, die es seit Jahren besiedeln und bewohnen, und wollen jede Erinnerung daran für immer und ewig ausmerzen. Sie halten das für eine „Säuberung" des Landes, sie glauben, im Recht zu sein, weil sie das Land von diesem Volk, das anders ist als ihr eigenes, befreien. Sie sind davon überzeugt, unterstützt von der orthodoxen Kirche ein Erlösungswerk zu vollbringen. Dafür ist ihnen jedes Mittel recht, auch die Umgestaltung der Landschaft, des Antlitzes der Erde.

Mahnmahl sinnloser Zerstörung

## Warum?

Vom 19. November 1991 bis zum 4. Mai 1992 war Mokosica durch serbische Einheiten besetzt. Als das etwa 10 km nördlich von Dubrovnik gelegene Dorf unter Raketenbeschuß kam, war weit und breit noch kein Soldat zu sehen. Die Geschützstellungen waren oberhalb in den Bergen, 10 bis 20 km weit weg. Erst Tage später kamen die Panzer und blockierten die Zugänge. Obwohl es aus der Bevölkerung zu keinerlei Gegenwehr kam, da alle Bewohner entweder in den Kellern saßen oder geflohen waren, gingen Handgranaten los, Scheiben klirrten, Putz fiel von den Wänden, Autos am Straßenrand gingen in Flammen auf. Ausgebrannt und verrostet stehen sie heute noch an der gleichen Stelle wie damals, als sie zerstört wurden – Schrott als Zeuge sinnloser Zerstörung. Warum?

Die Fassaden weisen überall Einschüsse auf. Die Angreifer müssen wahllos draufgehalten haben, als sie durch die Hochhäuser des Neubaugebietes zogen. Warum?

Auch wenn sie in den Kellern das Knattern der Maschinengewehrsalven hören konnten, ließen sich die Kinder beim Vorlesen nicht stören. Nur einmal, zweimal fragte ein kleiner Junge Zorica, die aus der Bibel vorlas: „Warum machen die das?"

Die Leute von Mokosica hatten Glück, weil ihr Dorf noch steht, das Nachbardorf Komolac ist nicht mehr bewohnbar. Wenn man durch die ausgebrannten Ruinen und Trümmer geht, sind die einzigen Geräusche das Knirschen von Schutt und Glas unter den Schuhen und der Wind, der um die Ecken pfeift. Sonst ist es still. Die frühere dörfliche Idylle in der

Bei Mokosika ...

... im völlig zerstörten Dorf Komolac

sonnigen Landschaft Dalmatiens ist verschwunden, ein Hauch des Todes liegt über dem Ort, an dem sonst um diese Zeit, am Sonntagmorgen, Kinderlachen zu hören war ... Diese Stille liegt wie ein grauer Schleier über der ganzen Gegend.

Überall in den zerstörten Dörfern kann man an den Hauswänden mit roter Farbe das serbische Kreuz aufgesprüht finden. Die vier in jedem Quadranten achsensymmetrisch angeordneten kyrillischen „S“ symbolisieren: Samo sloga Srbina spasava“ und bedeuten: Nur die Einheit rettet die Serben. Darunter stehen oft Namen. Hier bekennen sich die Akteure zu ihrem Zerstörungswerk. Warum?

Zorica P., die als Reiseleiterin für „Atlas“ arbeitet und jetzt ohne geregeltes Einkommen leben muß, weil keine Touristen nach Dubrovnik reisen, ist Serbin. Sie hat die Soldaten gefragt. Sie haben geantwortet, daß sie nicht alles kaputtgemacht hätten, wenn die Menschen in ihren Häusern geblieben wären. „Wenn sie nicht weggelaufen wären, dann hätten wir das Dorf geschont.“ Der junge Offizier, der am Marktplatz von Mokosica während der monatelangen Besetzung die Kommandogewalt innehatte, erklärte ihr auch, daß sie ein Problem mit den „irregulären“ Verbänden hätten. Diese Verbände würden nicht aus Wehrpflichtigen und Berufssoldaten zusammengestellt, sondern aus Freiwilligen. Es gibt darunter auch solche, die nur ein Wochenende oder ein paar Tage kommen, um „dabei zu sein". Krieg als neue Art von Urlaubsgestaltung. Warum?

Zorica erzählt: „Viele junge Soldaten brauchen die ständige Betreuung durch den Armeepsychologen. Sie sind freundlich und höflich, aber bekommen plötzlich Anfälle von Raserei und Verrücktheit, sie drehen einfach durch. Einen Menschen getötet zu haben – das realisiert man erst einige Zeit später. Diese jungen Männer brauchen viel geduldige Zuwendung und Liebe." – Zeigt sich hier bereits auf dem Balkan das „Vietnam-Syndrom", das heute noch so manchen der amerikanischen GIs in geschlossenen psychiatrischen Abteilungen festhält?

Zorica erzählt: „Ich bin oft zu den Soldaten hingegangen und habe mit ihnen geredet, wo sie gerade waren, im Dorf, an der Straßensperre, am Hafen. Ich habe immer der Armee und den Soldaten widersprochen. Ein Soldat hat mich gefragt: ‚Warum fragen Sie immer: Warum?' – Ich habe ihm erklärt: ‚Ein Soldat fragt nicht, er gehorcht den Befehlen. Ich aber bin eine Frau, und ich liebe den Krieg nicht, und ich tue nichts, ohne daß ich es verstehe. Deshalb muß ich fragen: Warum?'"

## Mlini – dreizehn Mühlen

Freunde haben geholfen, den unbeschreiblichen Dreck mitsamt allem Schutt aus dem Haus zu schaffen. Fenster und Türen mußten komplett neu eingesetzt werden. Innen wurden alle Zimmer reinlich geweißt. Die Wohnungen im Erdgeschoß und im zweiten Obergeschoß mußten neu möbliert werden, da alles gestohlen worden war. Man kann hier wieder leben. Nur im sechsten Obergeschoß ist noch das Chaos zu sehen, das serbische und montenegrische Soldaten während der monatelangen Besatzung hinterlassen haben: Einschüsse in Decken und Wänden, verdreckte Böden, eingeschlagene Türen und Schränke. In beiden Bädern sind Waschbecken und Toilettenschüsseln zertrümmert, wurden die Armaturen einfach aus der Wand herausgerissen.

Anton Marega, 73 Jahre alt, steht vor seinem Haus, dem man von außen die Zerstörungen nicht mehr ansieht. Nur ein roter Farbfleck an der Frontfassade läßt darauf schließen, daß hier der Feind gehaust hat. Das mit roter Signalfarbe an die Wand geschmierte serbische Kreuz hat er schon mit weißer Farbe übertüncht.

Ich frage ihn, ob er eine Vorstellung hat, was für Menschen das seien, die so etwas tun. Er erzählt: „In meinem Haus wurde ein Brief gefunden, den ein junger serbischer Soldat an seine Mutter geschrieben hat. Er schreibt: ‚Liebe Mutter, stell Dir vor, daß ich in Kalifornien sei. Das Haus ist groß, und es gibt hier zwei Toiletten.'" Er erläutert: „Bei uns bedeutet Kalifornien soviel wie großer Reichtum und Wohlstand. Sehen Sie, die Leute sind von der Propaganda aufgehetzt. Sie erleben unseren hohen

Lebensstandard an der dalmatinischen Riviera, sie fühlen Neid und können uns nicht verstehen. Mein ganzes Leben, bis auf neunzehn Jahre in Deutschland, habe ich hier verbracht und hart gearbeitet. Wir leben hier ja wie in Mitteleuropa. Warum die Menschen so sind? – Ich weiß es nicht. Wir haben schon immer im ganzen Gebiet um Trebinje eingekauft: Holz, Mehl, Eier, Hühner, Fleisch, alles. Die haben doch von uns gelebt. Wir haben ihre Preise akzeptiert und bezahlt. Und jetzt machen die das. Warum?"

Mlini ist ein Dorf in zwei Teilen: Die Häuser des Oberdorfs rechts und links der Magistrale sind zerschossen und zerstört. Vor dem Krieg waren hier die Post, eine Tankstelle, Telefonzellen und Geschäfte. Es herrschte lebhafter Verkehr, die Leute trafen sich in den Cafes, die Jugendlichen warteten an der Haltestelle auf den Bus nach Dubrovnik. Man mußte an der Dorfeinfahrt abbremsen, um nicht Hunde, Katzen und ballspielende Kinder zu gefährden. Jetzt ist alles öde und tot. Kleine Sträßchen führen von den Hügeln meerwärts hinab ins eigentliche, ins alte Mlini, einem malerischen Küstenörtchen mit gepflasterten Wegen, einem Hafen, gepflegten Häusern und großen Gärten. An den Bäumen hängen reife Zitrusfrüchte, ein kleiner Bergfluß hat im Laufe der Jahrtausende sein uriges Bett mit Grotten und tiefen Becken in den Kalkfelsen gewaschen. Brücken und viele kleine Stege erhöhen noch den Reiz dieser Idylle. Am befestigten Ufer stehen Palmen, die Herr Marega vor zwölf Jahren gepflanzt hat.

Er ist wirklich ein Herr. Sein Vorfahr Turcinovic kam vor etwa 500 Jahren aus dem Hinterland an dieser Stelle ans Meer, arm, nur mit einem Bündel auf dem Rücken. Er hat gearbeitet, ein Haus mit einer Mühle gebaut und den Bauern das Korn gemahlen. Er hat geheiratet und dreizehn Kinder großgezogen. Die errichteten ihrerseits jeder einen Mühlenbetrieb auf dem Land, das der Vater im Laufe seines harten, aber erfolgreichen Lebens erworben hatte. Der Besitz umfaßte schließlich einige hundert Hektar Ackerland und Weiden, dazu Olivenhaine und Weinberge. Er starb als vermögender Mann. Seine Erben bauten dann das Mühlendorf aus, es kamen Lagerhäuser, eine Bäckerei und ein Speisehaus mit Küche hinzu. „Jeder bekam dort zu essen und zu trinken, wenn er gearbeitet hatte", so beschreibt es schmunzelnd ein Nachfahre. Wir besichtigen auf der Terrasse die in Stein gehauene Führung für das Wasser, welches vom Berge kommend das Mühlenrad antrieb. „Mlini", so erzählt er weiter, „das bedeutet Mühlen. Es wurde so bekannt, daß nicht nur aus der ganzen Levante die Schiffe mit Korn den Ort hier bei Dubrovnik ansteuerten, sondern sogar Segler aus Rußland im Hafen festmachten. Ihre Ladung wurde zu Mehl gemahlen und dann nach Europa verkauft. Damals exportierte Rußland noch Getreide."

Ich frage ihn nach Menschen, nach seinen Nachbarn, wie sie zum Krieg stehen, wie sie die Situation ertragen und was sie empfinden. Er antwortet: „Fast jedes Haus hat erlebt, was mein Haus erlebt hat. Alle sind geplündert, viele ganz verbrannt. Trotzdem ist die Stimmung gut. Wir machen Aktionen, indem wir zusammenkommen und die Häuser gemeinsam wieder aufbauen. Aber natürlich können die Leute nicht vergessen, was geschehen ist.“ Ob es denn Rachegelüste, Rufe nach Vergeltung gebe, ist meine Frage. „Wer über Nacht alles verliert, kann das nicht vergessen. Vielleicht war es ein Fehler, daß die Menschen hier vergessen haben, daß 1806 der Feind schon einmal von den Bergen herabgestiegen ist und das alles mit unseren Leuten gemacht hat. Unsere Verbitterung ist doch verständlich. Sie führt aber nicht zum Haß. Ich glaube, für einen Sturm nach Montenegro würde sich niemand melden – nicht aus Angst. Wir wollen nicht hassen. Aber wir müssen unserer jungen Generation beibringen, daß sie nicht vergißt. Verzeihen ja, aber nicht vergessen.“ Nach einer kurzen Pause: „Ich habe in Dubrovnik mit unserem Bürgermeister gesprochen, und ich habe ihm gesagt: ‚Ich werde hergehen und alle Löcher umzäunen, welche die Bomben in der Stadt gemacht haben – zur Mahnung und zur Erinnerung.‘ Dubrovnik soll nicht wieder aufgebaut werden, das ist meine Überzeugung. Es soll so bleiben, wie es ist. Wir haben ja nie geglaubt, daß hier so etwas passieren kann. Und: Europa darf jetzt nicht mehr zuschauen, wenn es in dieser Region weitergeht.

Eigentlich müßte die Grenze verändert werden. – Ich bin aber für die Zukunft ganz optimistisch.“

Während des Krieges war Anton Marega mit Sohn, Schwiegertochter und zwei Enkeln in Istrien untergebracht. Dort besuchte ihn auch einer seiner Gäste aus Holland, der schon seit dreißig Jahren zweimal im Jahr kommt, um in seinem Haus Ferien zu machen. Er brachte ihm Decken mit und bot Hilfe für den Wiederaufbau an. Marega wandte sich mit einem Rundschreiben an alle ehemaligen Gäste. Viele schrieben ihm zurück, sammelten Geld und signalisierten Hilfsbereitschaft. Anton Marega berichtet: „Sie schrieben: ‚Wir kommen im Sommer mit Zelten und richten alles wieder her.‘ Das sind gute Freunde.“ Dann sagt er: „Sehen Sie, ich bin von Beruf Marinekapitän, habe ein wenig die Welt gesehen und blicke etwas weiter. In meiner Eigenschaft als Präsident der Karnevalistischen Gesellschaft von ganz Jugoslawien bin ich sehr viel in unserem Land gereist. Der Vizepräsident ist mein Freund. Während ich in Istrien war, hat er nach dem Abzug der Truppen Mlini besucht. Er war ja oft mein Gast hier. Nachdem er mein Haus gesehen hatte, schrieb er mir einen Brief. Den möchte ich Ihnen gerne vorlesen.“ Er geht den Brief holen. „Lieber Tonci“, liest er, „ich war in Mlini und habe gesehen, was die bei Dir gemacht haben. Ich muß Dir sagen, ich schäme mich, ein Montenegriner zu sein.“ Er fügt hinzu: „Wir telefonieren manchmal, nicht oft. Er darf nicht ganz offen sprechen, weil er sonst noch mehr Schwierigkeiten hat. Wegen seiner Kritik am Militär gilt er als Freund der Kroaten und war schon zweimal in Arrest. Er ist Hochschullehrer. – Also überall gibt es gute Menschen.“

Die Äußerungen von Anton Marega sind Auszüge aus der Niederschrift eines Interviews, das ich mit ihm in seinem Haus am 23. Januar 1993 geführt habe.

## „Jetzt tanzen wir“

Nur zwei Kilometer vom Flughafen Dubrovnik entfernt lag das Dorf Cilipi – mit seinen Kalksandsteinbauten und Gärten, mit seinem Dorfplatz und seiner hoch aufragenden Kirche, typisch für Süddalmatien. Es ist zerstört, die Häuser sind nur noch Ruinen ohne Dachstühle, die Fensterhöhlungen blicken uns traurig an. Kein Mensch ist zu sehen. Irgendwo hinter der Kirche rumpelt ein Betonmischer, Stimmen sind zu hören. Wir gehen hin. Eine Gruppe Männer setzt eine kleine Kapelle an der Kirche instand, mauert und deckt das Dach neu ein. Einer läßt seine Schippe stehen und kommt zu uns. Er ist stämmig, etwas untersetzt. Ein offenes Gesicht, blaue blitzende Augen, ein energisches Kinn, der Mund fest zusammengepreßt.

Rathaus von Cilipi

Mit Luko Novak kommen täglich auch andere Männer des Dorfes aus ihren Hotelzimmern in der Stadt, die ihnen die kroatische Regierung für sie und ihre Familien zur Verfügung gestellt hat, in ihr Dorf zurück. Sie bessern die Schäden an der Kirche aus. Das ist der erste Schritt zum Wiederaufbau des Dorfes. Luko Novak führt mich durchs Dorf. 800 Menschen lebten in Cilipi, viele von ihnen flohen rechtzeitig, als am 5. Oktober die „serbischen Banditen" – wie er sagt – kamen. Cilipi war wegen seiner Folklore-Festivals, die an den Sonntagen im Sommer stattfanden, in ganz Jugoslawien gut bekannt. Luko selbst war seit 25 Jahren Mitglied der Folkloregruppe. „Als die Tschetniks kamen, sagten sie: ‚Jetzt tanzen wir.'" Sie legten die Waffen in die Mitte und tanzten. Dann gingen sie in die Häuser, provozierten die Bewohner, malträtierten sie und jagten sie weg. Zwei brachten sie sofort um.

Die anderen hatten ständig Angst und trauten sich nur nachts aus ihrem Versteck heraus. Die Häuser wurden geplündert und mit Phosphor in Brand geschossen. Woher sie denn gewußt hätten, daß der Feind ins Dorf einrücken würde? „Am 2. Oktober kamen Flugzeuge und haben alles bombardiert. Da bin ich, nachdem mein Haus getroffen wurde, mit meiner Familie nach Dubrovnik gegangen. Ein Jahr und zwei Monate leben wir jetzt schon im Hotel Epidaurus." Lukos Haus ist im Obergeschoß völlig zerstört, im Untergeschoß sind die Wände in allen Zimmern schwarz vom Feuer. Das gesamte Mobiliar wurde gestohlen.

„Diese serbischen Banditen haben fast alles mitgenommen und kaputtgemacht", sagt er voller Bitterkeit, und seine Stimme wird dabei ganz leise. „Es wäre eine Beleidigung für das Vieh, wollte man es mit ihnen vergleichen, so haben sie hier gehaust. Sie zerschlugen die Betten und legten sich dann daneben auf den Boden. Sie kochten, aßen und schliefen in einem Raum und benutzten die Ecken als Toiletten. Der Dreck und Gestank, den sie überall hinterließen, ist unbeschreiblich. Ich bin froh, daß ich nicht dabei war, als sie kamen. Sonst wäre ich wahrscheinlich nicht mehr am Leben." Er deutet auf die Schuttberge auf dem Platz: „150 Schubkarren Schutt fahren wir aus jedem Zimmer. Wir werden unser Dorf wieder aufbauen. Es wird lange dauern, aber ich bin optimistisch, sehr optimistisch." Luko Novak zeigt mir seinen Garten. Die Erde ist umgegraben und glatt geharkt, alles ist für die Frühjahrssaat vorbereitet. „Wir werden hier wieder leben, alles wird wachsen und blühen, und unsere Gäste werden auch wiederkommen. Wir sind jetzt allein, seit 900 Jahren haben wir nun zum ersten Mal unseren eigenen Staat. Das gibt uns Kraft."

In der Kirche. Sie wurde am Dach und in der Seitenkapelle beschädigt und geplündert. „Leuchter, Statuen, Reliquien – alles Unikate. Sie haben alles mitgenommen. Und hier", er führt mich auf die andere Seite, „ist die Heilige Familie." Da stehen die bemalten Holzfiguren: Josef und der Jesusknabe sind geköpft, der Madonna wurden die Augen ausgekratzt. Frische

Blumen davor. Ein erschreckender, makabrer Anblick. „Das können nur ganz böse Menschen gewesen sein. Die schlimmsten von allen." Luko wendet sich ab, um die Tränen zu verbergen.

Das Gespräch mit Luko Novak wurde am 24. Januar 1993 in Cilipi geführt.

In der Kirche von Cilipi

Dieser Krieg macht offensichtlich vor nichts halt. Mir ist nicht bekannt, daß die katholische Kirche in Kroatien einerseits und die serbisch-orthodoxe Kirche andererseits zur Mäßigung, zur Zurückhaltung, zu Toleranz und zum Frieden aufgerufen hätten. Im Gegenteil: Die Kirchen stellen sich offen auf die Seite des Militärs, Feldprediger motivieren die Kämpfer, und Geistliche schließen in Gottesdiensten und Predigten die Reihen in der Heimat. Die Kirche befindet sich im Dienst des Nationalismus auf beiden Seiten. Ein besonders schamloses Beispiel war kürzlich im serbischen Fernsehen zu sehen, das man auch in Kroatien, Österreich und Ungarn empfangen kann: Ein orthodoxer Mönch zeigt Folterwerkzeuge, die angeblich bei Befreiungskämpfen den Ustascha-Leuten abgenommen worden waren. Er erklärt die Anwendung und stellt sie neben die aus dem Mittelalter bekannten Marterungen. Die Kirche, diesmal im ökonomisch hart bedrängten Serbien, gibt sich also publikumswirksam für gegen den Feind gerichtete Propaganda her und schürt damit den Haß. Aber auch der Katholizismus in Kroatien liefert mit seiner offenen Unterstützung der Politik von Präsident Tudjman sicher die falsche Orientierung. – Ein Ende der Spirale der Gewalt ist daher noch nicht abzusehen.

## Engel in der Stadt – oder: Kunst und Krieg

„Wir begannen mit unserem Quartett Anfang des Jahres 1992 in Dubrovnik, als die Stadt durch die jugoslawische Armee eingekesselt war. Vor weniger als einem Monat gab es schwere Artillerieangriffe, die in unserer Stadt große Schäden verursachten. Unsere Gruppe wurde als eine Art Überlebenskern gebildet. Für uns bedeutete das spirituelle Stabilität, eine Hilfe, um nicht vom Tod erwischt und von Furcht erfaßt zu werden. Es war wirklich so: Wenn du abends ins Bett gingst, wußtest du nicht, ob du am Morgen wieder aufwachen würdest. Die aufs Geratewohl abgeschossenen Granaten konnten dich überall in der Stadt treffen.

Unsere Konzertvorstellung am 24. Mai 1992 begann mit Bombenalarm. Knapp zwanzig Menschen blieben, und wir spielten vor diesem mutigen

In Dubrovnik

Auditorium. Glücklicherweise passierte diesmal nichts, und wir beendeten das Konzert mit der Entwarnung, die perfekt mit unserer Schlußmelodie abgestimmt werden konnte. Später erlitt Dubrovnik noch einige Male schwere Zerstörungen.

Nun wollen wir, da die unmittelbare Bedrohung vorüber ist, unseren Aktionsradius erweitern und auch außerhalb Kroatiens die Musik vorstellen, die uns geholfen hat, zu überleben."

So das „quartet tikvoony" zu seiner Entstehung. Die Gruppe arbeitet mit eigens dafür entwickelten Klanginstrumenten, deren Bau fernöstlichen Musiktraditionen in Sumatra und Java nachempfunden ist. Die Gruppe schafft innerhalb ihrer Kompositionen „Klangbrücken" zwischen verschiedenen musikalischen Ausdrucksformen und arbeitet mit akustischen Effekten und mit Rhythmen, um „den Hörer auf ein neues Kapitel vorzubereiten oder um seine Aufmerksamkeit zu erfrischen". Die „Suche nach akustischen Quellen" führte zu Arrangements, bei denen Klänge dieser „ethnischen Instrumente" im Hintergrund durch traditionelle Klangkörper wie Streicher, Saiteninstrumente, Bläser etc. aufgefüllt und begleitet werden.

Der Name „tikvoony" ist vom kroatischen Wort „tikva" abzuleiten, was „Kürbis" bedeutet. Das „tikvoony" ist nämlich zugleich ein Saiteninstrument, dessen Resonanzkörper aus einem getrockneten Kürbis länglicher Form besteht, wie er in der Region vorkommt.

Das „quartet tikvoony" ist zwar einzigartig, aber kein herausragender Einzelfall, wenn man den Beginn seines Bestehens und seine künstlerischen Absichten betrachtet. Während jenes Bombardements im November/Dezember 1991 und auch bei späteren Angriffen war die Bevölkerung völlig wehrlos. Die Geschütze waren südöstlich der Stadt auf den Bergen in Stellung gebracht worden und konnten ungehindert ihre den Tod bringende Ladung auf Dubrovnik schleudern, auf jene Stadt, die wegen ihrer einmaligen Schönheit und Häufung von Baudenkmälern aus Romanik, Renaissance und Barock vom World Heritage Center der UNESCO in die Liste der für die Menschheit wichtigsten Denkmäler aufgenommen wurde, die unter allen Umständen der Nachwelt als Zeugnis des menschlichen Geistes erhalten bleiben müssen. Der serbischen Kriegsmaschinerie „standen" sage und schreibe dreihundert Maschinengewehre zur Verteidigung der Stadt gegenüber und einige Schnellboote, die, solange die See von den Schiffen der feindlichen Kriegsmarine beherrscht wurde, zunächst nur im Schutz der Dunkelheit zwischen den Inseln und der belagerten Stadt verkehrten. War das Desorganisation, völlige Fehleinschätzung der militärischen Absichten der serbischen Führung, die zu einem solchen Desaster führten? Oder handelte es sich um einen bewußt herbeigeführten Schritt, um ein brutal kaltschnäuziges Kalkül der kroatischen Führung, welche diese jeder Beschreibung spottende Situation zugelassen hatte, um auf diesem Wege die Weltöffentlichkeit zum Eingreifen zu bewegen? Unmittelbar nach dem Bombardement auf Dubrovnik und der Verwüstung Süddalmatiens wurde Kroatien als souveräner Staat anerkannt. Ein diplomatischer Erfolg der Regierung auf Kosten der Regierten?

„Musik und Krieg" ist nur ein Beispiel für das, was die Menschen in der Stadt, die neunzig Tage ohne Wasser und Elektrizität war, den Angriffen entgegenzusetzen hatten. Nachdem die Brände gelöscht und die altehrwürdigen Wände erkaltet waren, begannen die einen den Schutt wegzuräumen und die Fassaden zu verbrettern, um sie gegen weitere Angriffe zu schützen. Dann kamen andere mit Farben, Pinseln und Ideen, um die Stadt mit

Eingang vom Franziskaner-Kloster in Dubrovnik

Bildern zu füllen, um ihr ein neues Gesicht zu geben, das der Stunde der Not angemessen war, und um gleichzeitig eine Botschaft an den Feind, an die Bevölkerung, an Europa, an die ganze Menschheit zu geben: „Schaut her, Dubrovnik ist zerstört, aber es lebt, die Menschen in der Stadt haben nicht aufgegeben. Man kann Häuser und kunstgeschichtlich wertvolle Baudenkmäler in Brand schießen, aber unseren freiheitsliebenden Geist kann man nicht bezwingen. Der Feind will uns vertreiben, aber wir bleiben. Er kann nicht siegen." – Bilder gegen den Tod und gegen die Verzweiflung, Farben gegen die Artillerie, so sah die Realität aus, so wurde es in diesem Krieg gelebt.

Noch eine Geschichte dazu. Der Mann steht im nackten Türrahmen, die Wand gibt es nicht mehr. Im Treppenhaus hängen leere Rahmen, die dazugehörigen Bilder und Familienporträts wurden rechtzeitig in ein Haus auf einer Insel in Sicherheit gebracht, eine halbe Bootsstunde von hier. Die Decke des Zimmers fehlt ebenfalls, so daß man bis zum Dachstuhl hochschauen kann. In scharfem Kontrast zu den Spuren der Zerstörung steht das geschmackvolle Interieur: altes Mobiliar, gediegene Kerzenleuchter an den Wänden, eine Schale mit Feigen auf dem Tischchen, Blumen. In einer Ecke eine Staffelei, ein Durcheinander von Töpfen, Tuben, Gläsern und Pinseln – das alles schafft jene eigenartige faszinierende Atmosphäre, die in der Mischung aus altem Wohlstand, Boheme und moderner Kreativität so selten Bestand hat. Hier ist sie anschaulich und greifbar. Ein erster Gedanke blitzt auf. In diesem Haus wird der Krieg ignoriert. Die Konzentration auf das Edle und Schöne ist offensichtlich, es sind selbstverständliche Werte. Der Mann ist Maler, fünfunddreißig Jahre alt und Sproß einer „echten" Familie aus Dubrovnik. Ein „echter Bürger" aus Dubrovnik ist man, wenn die Familie mindestens 300 Jahre nachweislich in der Stadt ansässig ist, so heißt es. Der Vater ist Anwalt, seine Vorfahren stammen von der Insel Lastovo. Sie waren Fischer, Kapitäne, Kaufleute, Anwälte. Die Familie unterhält ein Netz von geschäftlichen Beziehungen, das über die ganze Welt gespannt ist. Verwandte und Partner sitzen ebenso in europäischen Ländern wie in Übersee, in den USA und in Argentinien. Die Mutter hat gerade, d.h. vor zwei Tagen, ihre Zahnarztpraxis aus Altersgründen geschlossen. Damit endet eine Familientradition, die seit 110 Jahren, also über vier Generationen, gepflegt wurde.

Sie zeigt mir eine Urkunde von 1901, ein Diplom, das der montenegrinische König Nikolaj I. dem Urgroßvater verliehen hatte, dem ersten Zahnarzt auf dem Balkan. Prominentester Patient war der türkische Pascha, der samt Hofgefolge nach Dubrovnik gereist kam, um sich vom Zahnschmerz befreien zu lassen. Es wäre undenkbar gewesen, den Zahnarzt, einen Katholiken, kommen zu lassen und in der türkischen Residenz zu empfangen. Also mußte sich der Pascha persönlich zu seinem Zahnarzt bemühen. Der sanierte offensichtlich mit Erfolg das fürstliche Gebiß, denn der Herrscher zeigte sich dankbar und großzügig. Viele kostbare Geschenke, darunter auch zwei edle Pferde, waren der Lohn für zahnärztliche Kunst. Das Ansehen der in Dubrovnik ansässigen Zahnarztfamilie verbreitete sich über die gesamte Region. Hatte der Begründer der Ordination noch in Padua studiert, so erwarben die Nachfolger ihre Kenntnisse und Diplome in München und Berlin.

Davor Lucianovic hat keine Zeit, um mit der Staffelei durch die Umgebung zu ziehen. Er malt immer direkt in der Natur. Schon als Junge hat er gemalt und als Gymnasiast die ersten Preise bekommen. Vor dem Krieg lebte er von dem Verkauf seiner Bilder. „In der Liebe zur Natur liegen meine Motive", sagt er und gibt damit die Quelle seiner künstlerischen Inspiration an. Jetzt ist er seit einem halben Jahr Soldat. Der Militärdienst ist ihm selbstverständliche Verpflichtung. Das Bombardement auf die Stadt und die monatelange Isolation Dubrovniks gehören zu den wirklich einschneidenden Erlebnissen in seinem Leben. „Die erste Granate schlug im November ein, die zweite traf im Dezember 1991 mein Haus. Das war schrecklich. Man kann nicht raus. Überall ist ein Höllenlärm. Du kannst die Granate kommen hören, zwei bis drei Sekunden, bevor sie krachend in unmittelbarer Umgebung einschlägt. Du sitzt da und hast Angst. Man denkt nur: ‚Wann kommt die nächste Granate? Wo wird sie einschlagen?' Ein sehr unangenehmes Gefühl. Ich frage mich die ganze Zeit, was wird mit den Leuten, was passiert in der Stadt? ... Das geht so eine Stunde, zwei, dann eine Pause, dann beginnt es wieder von neuem. Ich bin aus dem Haus gegangen, ans Meer. Ich habe gebadet und in der Sonne gelegen. Als die Bomben wieder kamen, habe ich mich in einer Grotte versteckt. Von da an war ich immer am Meer, Freunde kamen auch dahin, wir haben uns dort getroffen. – Man muß stark sein, man muß mit der Angst kämpfen, dann ist es beim nächsten Mal leichter. Das ist wie ein Training."

In den Pausen zwischen den Angriffen ging er sofort daran, das Dach seines Hauses provisorisch zu reparieren. Während seine Eltern im Haus den Schutt wegräumten und aus der Einrichtung so viel wie möglich zu retten versuchten, saß Davor bis zwei Uhr morgens auf dem Dach und dichtete es mit Nylonplanen ab, damit kein Regen eindringen konnte. Der Schaden an seinem Haus war ihm nicht so wichtig, da empfand er keine Frustration. Echte, tiefe Trauer befiel ihn, als er das erste Mal in die Stadt ging, beim Anblick der zerstörten Renaissance-Häuser und des mehrfach getroffenen Franziskanerklosters. Er hat immer wieder mit der Frage gelebt, „ob wir die Kraft haben werden, das zu reparieren und wieder aufzubauen". Die Monate während des Krieges seien schauerlich gewesen, sagt er. „Aber es war auch schön in der Stadt, ohne Licht, nur Sterne und Mond. Ich habe viele schöne Spaziergänge gemacht."

Er betont diese Sätze. Sie zeigen, was für eine innige Verbindung er zu dieser Stadt hat, die er auch in solcher Lage ganz mit den Augen und

Empfindungen des Malers sieht. „Ich habe Angst, daß Dubrovnik nach dem Krieg wieder eine touristische Metropole sein wird. Das ist nicht gut. Besser wäre es, wenn wir unser eigenes Leben führten.“ Dazu gehört, sich auf die alten traditionellen Erwerbszweige zu besinnen, wie sie in der Region ausgeübt wurden, und das Leben nicht mehr wie bisher überwiegend auf den Tourismus zu gründen. Früher blühten hier in Süddalmatien die Schiffahrt und der Handel, es gab regelrechte Zentren für Kunsthandwerke, für Goldschmieden, Steinmetzen und Holzbearbeitung. Das Problem: „Der Kommunismus ist wie eine Krankheit, die die Kontinuität verbraucht hat. Erfahrung und Tradition sind unterbrochen worden. Um an die Vergangenheit anknüpfen zu können, müssen wir in naher Zukunft einen Sprung machen. Gut – das ist ein Wunsch. Aber ich glaube an diese Zukunft.“ Was denn daraus werde, was überhaupt werde, wenn es so bald keinen Frieden gebe, frage ich ihn. „Vielleicht gibt es weitere Kämpfe. Das wird dann ganz schlimm. Aber ich werde bleiben, ich gehe nicht fort, weil ich meine Stadt liebe. Ich muß hier sein, ich muß den Leuten helfen, und ich muß auch kämpfen.“

Über dem Dachbalken liegen aus Pappe und Papier gebastelte Flügel, ein Paar, weiß und hellblau bemalt. „Das sind Engelsflügel von einer Maskerade auf dem Sommerfestival vor zwei Jahren.“ Davor kichert in sich hinein. „Marija, eine Freundin, sie ist auch Malerin, und ich hatten uns als Engel verkleidet und gingen nach der Polizeistunde vor Weihnachten zu einem Spaziergang durch die Stadt. Beim Franziskanerkloster standen die Türen offen. Wir sind hineingegangen, geradewegs bis in den Speisesaal. Dort saßen die Mönche und Priester. Sie waren erstaunt und haben gefragt, wie wir hineingekommen seien. Wir haben gesagt: ‚Wir sind Engel, und für Engel ist alles möglich. Das wißt ihr doch, oder?‘ Die Priester waren ganz begeistert und haben gesagt, daß sie – und vor allem ihr Abt – jetzt wieder glauben könnten, wo sie doch wegen der vielen Bomben ganz ohne Hoffnung gewesen seien. Dann sind wir weiter durch die Stadt spaziert.

Es gab da komische Momente: Plötzlich kommt das Militär, und ein Soldat ruft: ‚Halt, ich schieße.‘ – Wir sind einfach weitergegangen. Da hat er durchgeladen und gerufen: ‚Jetzt ist Schluß.‘ – Es war ihm ernst, die Anspannung war deutlich zu spüren, so etwa wie Elektrizität. Wir hatten Lichter und Palmenzweige, und wir haben gesagt: ‚Wir sind Engel, und wir müssen gehen.‘ Wir hatten nicht direkt Angst, aber trotzdem fühlte ich mich in diesem Moment dem Tode sehr nahe. Es war gefährlich. Er wollte uns verhaften, aber dann sind andere gekommen und haben uns in ihr Quartier eingeladen. Sie haben Tee gekocht, und wir haben uns alles erzählt, das ganze Leben. Das war gut. Wir haben dann viel Spaß gehabt. – Die Engelsflügel sind eine schöne Erinnerung.“

Das Gespräch mit Davor Lucianovic wurde am 25. Januar 1993 in seinem Haus in Dubrovnik geführt.

# Nicht gleich – aber gleichwertig!

## ZU DEN GRUNDLAGEN RASSISTISCHER IDEOLOGIE

**Thomas Höfer**

Der folgende Beitrag geht auf einige grundlegende Zusammenhänge der Rassismusproblematik ein. Dabei können die einzelnen Fakten und Zusammenhänge nur angerissen werden, auf eine tiefergehende Darstellung, insbesondere historischer Prozesse, muß verzichtet werden. Zur vertiefenden Lektüre sei das Buch von Imanuel Geiss „Geschichte des Rassismus" (Suhrkamp Verlag, Frankfurt a.M. 1988) empfohlen.

Für unsere zweite Publikation zum Thema ist ein Interview mit Imanuel Geiss vorgesehen.

### Der Fluch Noahs

„Die Söhne Noachs, die aus der Arche gekommen waren, sind Sem, Ham und Jafet. Ham ist der Vater Kanaans. Diese drei sind die Söhne Noachs; von ihnen stammen alle Völker der Erde ab. Noach wurde der erste Ackerbauer und pflanzte einen Weinberg. Er trank von dem Wein, wurde davon betrunken und lag entblöst in seinem Zelt. Ham, der Vater Kanaans, sah die Blöße seines Vaters und erzählte davon draußen seinen Brüdern. Da nahmen Sem und Jafet einen Überwurf; den legten sich beide auf die Schultern, gingen rückwärts und bedeckten die Blöße ihres Vaters. Sie hatten ihr Gesicht abgewandt und konnten die Blöße des Vaters nicht sehen. Als Noach aus seinem Rausch erwachte und erfuhr, was ihm sein zweiter Sohn angetan hatte, sagte er: Verflucht sei Kanaan. Der niedrigste Knecht sei er seinen Brüdern. Und weiter sagte er: Gepriesen sei der Herr, der Gott Sems, Kanaan aber sei sein Knecht. Raum schaffe Gott für Jafet. In Sems Zelten wohne er, Kanaan aber sei sein Knecht." (1. Moses 9,18–27)

Dieser Text aus dem Alten Testament diente als früheste Rechtfertigung zur Unterteilung der Menschheit in verschiedenrangige Gruppen. Die drei Söhne Noahs respräsentierten hierbei die drei schon im alten Orient bekannten Menschengruppen: Jafet = „Weiße", Sem = Semiten, Ham = „Schwarze". Dem Noah-Fluch zufolge sollte Ham seinen Brüdern als Knecht dienen, womit diese Bibelstelle zur Begründung der vermeintlichen Minderwertigkeit der dunkelhäutigen Menschheit prädestiniert war, aus der sich dann eine Rechtfertigung der Sklaverei mühelos ableiten ließ. Sowohl im arabisch-muslimischen Mittelalter als auch in der euroamerikanischen Neuzeit bezog man sich dann auch auf den Noah-Fluch. An der an den Noah-Fluch anknüpfenden Argumentation werden bereits die Grundgedanken des Rassismus deutlich:

Rassismus kann als der Versuch verstanden werden, die Unterschiede zwischen Menschen und insbesondere Menschengruppen – die zu leugnen Dummheit wäre – ideologisch umzudeuten und mit dem Ziel zu mißbrauchen, den Überlegenheitsanspruch, den eine Menschengruppe gegenüber einer anderen, als fremd empfundenen Menschengruppe vertritt, scheinbar rational zu begründen oder gar wissenschaftlich zu rechtfertigen. Rassistische Ideologien dienten als Rechtfertigung für die Unterdrückung von Minderheiten, die Verhinderung der „Rassen"mischung durch Verbot von „Misch"ehen, die zwangsweise Sterilisierung von Frauen und Männern bestimmter, als minderwertig eingeschätzter Bevölkerungsgruppen, als Vorwand für die Vertreibungen von Menschen sowie schließlich für Massen- und Völkermord. Damit ist Rassismus eines der Kernübel der Menschheit, dessen extremste Realisierungen durch die Begriffe Auschwitz – für Völkermord – und Apartheid – für Rassendiskriminierung – benannt werden (vgl. Geiss, S.9).

## Die Unterteilung der Menschen in „Rassen"

Jede Form des Rassismus stützt sich auf die Annahme, daß sich die Menschheit in mehr oder weniger konstante Rassen einteilen ließe, wobei die einzelnen Rassen mit bestimmten körperlichen, aber auch seelisch-geistigen Eigenschaften belegt werden. Nun ist es unleugbar, daß die Menschen dieser Welt sich deutlich voneinander unterscheiden, etwa hinsichtlich Hautfarbe, Körpergestalt usw. Der systematische Versuch, die Menschheit aufgrund dieser Unterschiede in Gruppen einzuteilen, gewann aber erst in der Neuzeit an Bedeutung.

„Erst gegen Ende des 17. Jahrhunderts bildet sich ein wohl durch das Anwachsen des ethnologischen Materials und durch die Relativierung des biblischen Weltbildes motiviertes Interesse an der naturwissenschaftlich-neutralen Beschreibung und Klassifizierung des Menschen in seiner Vielheit, dem im 18. Jahrhundert verstärkt nachgegangen wird. Dies geschieht dann (z.B. bei Linné, Buffon, Kant, Forster, Blumenbach) unter Verwendung des Begriffs ‚Rasse', der aber noch bis weit ins 18. Jahrhundert hinein die allgemeinere Bedeutung von ‚edles Geschlecht', ‚Stamm' oder ‚Familie' beibehalten kann." (Ritter/Gründer, S.25)

Die Wortgeschichte zeigt, daß der Rassebegriff aus Zusammenhängen der Familien- und Blutsverwandtschaft entlehnt wurde, d.h. nicht auf der Grundlage biologischer Systematik stand.

„‚Rasse' geht auf entsprechende Formen in romanischen Sprachen seit dem 13. Jahrhundert zurück. [...] Vom Französischen ‚race' kam im 16. Jahrhundert mit gleicher Schreibweise das englische Wort ‚race', später im Deutschen dasselbe Wort (so noch bei Kant 1775), das erst im 19. Jahrhundert als ‚Rasse' eingedeutscht wurde. [...] Der realhistorische Zusammenhang legt die Ableitung aus Arabisch ‚Ras' nahe – Kopf, Haupt, (Ober-)Haupt eines Clans oder Stammes, übertragen auch Abstammung." (Geiss, S.16)

Da eine eindeutige Definition des Rassebegriffs ebenso wie brauchbare Kriterien zur Einteilung der menschlichen Formgestalten in bestimmte Gruppen fehlten, kam es je nach Autor zu ganz unterschiedlichen Zusammenstellungen und einer unterschiedlichen Anzahl von Rassen, die überhaupt unterschieden wurden.

„Schon Darwin machte auf die ‚größtmöglichste Meinungsverschiedenheit' aufmerksam, ob der Mensch ‚als eine einzige Art oder Rasse klassifiziert werden soll, oder als zwei (Virey), drei (Jaquinot), vier (Kant), fünf (Blumenbach), sechs (Buffon), sieben (Hunter), acht (Agassiz), elf (Pickering), fünfzehn (Bory St. Vincent), sechzehn (Desmoulins), zweiundzwanzig (Morton), sechzig (Crawford) oder nach Burke dreiundsechzig Arten oder Rassen'." (Geiss, S.38 f.)

## Alle Menschen gehören zur gleichen biologischen Art

Eine Unklarheit läßt sich auf jeden Fall heute ausräumen: Die gesamte Menschheit gehört nach wissenschaftlicher Systematik einer einzigen Art, homo sapiens sapiens, an, wobei in der Systematik unter Art eine Gruppe von Individuen verstanden wird, die in ihren wesentlichen Merkmalen übereinstimmen und die untereinander fruchtbare Nachkommen hervorbringen können. Die nächst kleinere systematische Einheit, die Unterart, sollte auf den Menschen aus den gleichen Gründen nicht angewendet werden, die gegen die Verwendung des Rassebegriffs sprechen:

„Nach Auschwitz sollte sich, aus Respekt vor den Opfern des bisher extremsten Rassismus, die ebenso ambivalente wie problematische Anwendung von ‚Rasse' auf Menschen und Tiere künftig verbieten." (Geiss, S.17)

So selbstverständlich die Aussage, daß alle Menschen einer Art angehören, klingen mag, so grundlegend ist sie für eine Gegenposition zum Rassismus, weil der Rassismus genau diese grundsätzliche Einheit aller Menschen bestreitet.

„Der Rassismus leugnet grundsätzliche Gemeinsamkeiten der Menschheit, klassifiziert Menschen als außer- oder unterhalb der Menschheit stehend, verabsolutiert, dogmatisiert und mißbraucht reale Unterschiede in der Menschheit. Alles spitzt sich auf die alte Frage zu: Was ist ein Mensch?" (Geiss, S.35)

## Menschengruppen

Da es aber erhebliche Unterschiede zwischen verschiedenen Menschengruppen gibt, wird es auch immer Versuche der Einteilung und der Gruppenbildung im Sinne wissenschaftlicher Systematik geben. Als halbwegs brauchbar hat sich der Begriff der Gruppe erwiesen. Als Einteilungsmerkmal dienen ausschließlich körperliche Merkmale wie Pigmentierung (Haut-, Haar- und Augenfärbung) sowie Körper-, Kopf- und Gesichtsformen. In weiterem Sinne können auch physiologische Kriterien wie Hormonspiegel oder Wärmeregulation herangezogen werden, die in einem ursächlichen Zusammenhang mit den äußeren Merkmalen stehen.

In diesem Sinne läßt sich die Menschheit zunächst in drei Großgruppen einteilen, wobei man sich an der Hautfrabe orientiert: die europide, die negride und die mongolide Großgruppe. Weitere Unterteilungen sind möglich, werden hier aber vernachlässigt.

Entscheidend ist, daß alle Merkmale, die zur Gruppenbildung herangezogen werden können, erblich sind, also von den Eltern an die Nachkommen weitergegeben werden. Die verschiedenen Merkmale, z.B. die Hautfarbe, werden im Sinne der Evolutionstheorie als Anpassungen an verschiedene Lebensräume verstanden.

Was geistig-seelische Eigenschaften, bestimmte Mentalitäten oder Grundwerte betrifft, so muß es als höchst fragwürdig bezeichnet werden, ob diese als Gruppenmerkmal herangezogen werden können, da sie in diesem Falle vererbbar, also letztlich genetisch verankert sein müßten. Ob das so ist, ist mit naturwissenschaftlichen Methoden aber grundsätzlich nicht zu klären. Da sich aber gerade Mentalität und geistig-seelische Eigenschaften in der Regel zwanglos aus der Tradition und den soziokulturellen Umständen, in denen eine Menschengruppe lebt, verstehen lassen, kann auf einen Rückschluß auf genetische Manifestation, die nur aus ideolischen Gründen motiviert ist – nämlich aus der Absicht, alle Phänomene auf materielle Ursachen zurückzuführen –, verzichtet werden.

„Umwelt im weitesten Sinn (Kultur, Traditionen, sozioökonomische Entwicklung) erweist sich als wichtiger denn ‚Rasse'." (Geiss, S.22)

„Es gibt keine Korrespondenz von physischen und geistigen Merkmalen der ‚Rassen'; der gegenwärtige Status einer ‚Rasse' erlaubt keine Rückschlüsse auf ihre ‚eingeborenen' [...] oder vererbten Fähigkeiten; Unterschiede zwischen ‚Rassen' sind historisch erklärbar; es existieren keine von Natur aus ‚überlegenen' [...] oder ‚minderwertigen' [...] ‚Rassen'; geistig-moralische Unterschiede lassen sich besser durch Umstände des Zivilisationsniveaus als durch ‚Rassen' erklären." (Geiss, S.211)

Radikaler argumentiert Jutta Ditfurth, die die Einteilung der Menschheit in Rassen rundweg ablehnt:

„Menschen unterscheiden sich nach sozialer Klassenzugehörigkeit, vielfältiger ethnischer Herkunft, durch ihre Geschichte, durch Erfahrungen, durch klimatische Lebensverhältnisse. Das sind genug Unterschiede. Die Behauptung verschiedener menschlicher Rassen war nie etwas anderes als ein ideologisch begründeter Mythos." (Ditfurth, S.184)

Selbst die Einteilung der Menschen in größere und kleinere Gruppen nach rein äußerlichen Merkmalen ist angesichts der komplexen ethnischen Struktur der heutigen Weltgesellschaft von höchst zweifelhaftem Wert. Abgesehen davon, daß es zwischen extremen Formen menschlicher Physiognomie unendlich viele Zwischenformen gibt – schon die Frage, wann von weißer, brauner oder schwarzer Haut zu sprechen ist, läßt sich kaum klären –, sind die Regeln, nach denen menschliches Miteinander funktioniert, kaum noch an die Vererbung gebunden. Weltwirtschaft, internationale Konflikte, globale Umweltzerstörung lassen das Interesse an einer Klassifizierung der Menschheit absurd erscheinen.

„Auf unserem hochexplosiv gewordenen Erdball ist eine Existenz unter menschlichen Bedingungen nur noch durch die Koexistenz möglich, die den Anderen – den Nachbarn wie den Fremden – als notwendigen Bestandteil der Gesamtmenschheit zum Überleben begreift und entsprechend behandelt. Der Fremde und der Nachbar dürfen nicht mehr Feind sein, sondern sie müssen Partner zum gemeinsam zu organisierenden Überleben werden. Das gilt für das Ost-West- ebenso wie für das Nord-Süd-Verhältnis. Aber es gilt auch für die Rassismusproblematik." (Geiss, S.324)

## Psychische Voraussetzungen des Rassismus

Es gilt festzuhalten, daß sich eine Systematik der modernen Menschheit sinnvoll nicht begründen läßt. Aber das war auch nie Funktion und Ziel rassistischer Ideologie.

„Rassismus entstand als Erklärungs- und Rechtfertigungsideologie der welthistorischen materiellen, militärischen und technischen Überlegenheit der Europäer seit ihrer Expansion in Übersee." (Geiss, S.15)

Die europäische Expansion, Imperialismus, Kolonialismus und die kapitalistische Weltordnung brachten es mit sich, daß bestimmte Völker sich auf Kosten anderer Völker entwickelten. Die Geschichte der europäischen Expansion ist im wesentlichen durch Unterdrückung, Völkermord und kulturelle sowie religiöse Oktroyierung gekennzeichnet. Die Eroberung Amerikas z.B. brachte den dort einheimischen Völkern den Tod, ihre Traditionen und Religionen wurden durch den mörderischen Missionswillen christlicher Missionare, meist mit Wissen und Einverständnis der jeweiligen Kirchen, erstickt. Sklaverei, NS-Terror, Unterdrückung schwarzer Bevölkerung durch das System der Apartheid und der heute sich austobende serbische Größenwahn sind weitere extreme Beispiele.

All diesen Fällen gemeinsam ist der verbrecherische, sich gegen humane und religiöse Grundüberzeugungen richtende Zerstörungswille, den die jeweiligen Täter in irgendeiner Form vor sich selbst rechtfertigen mußten und müssen, um nicht an dem Eingeständnis der eigenen Schuld zu zerbrechen. Dieser psychologische Effekt der Selbstrechtfertigung ließ sich mit rassistischen Ideologien erzielen, die die Höherwertigkeit der eigenen Gruppe gegenüber einer fremden oder als fremd empfundenen Gruppe postulierte und somit an der Entwicklung der eigenen Gruppe auf Kosten anderer nichts Anstößiges oder moralisch Bedenkliches finden ließ.

Rassistische Ideologie konnte auf Grundmuster der menschlichen Psyche zurückgreifen, die sich in allen Phasen historisch belegter Geschichte nachweisen lassen, ohne daß sie aber zu einer homogenen Ideologie zusammengefaßt wurden: Fremdenfeindlichkeit, Fremdenhaß, Endogamie und Ethnozentrik (siehe unten).

Der Gruppe, zu der ein Mensch gehört, fühlt er sich verbunden, ihre Mitglieder sind ihm vertraut, er empfindet ihnen gegenüber eine mehr oder weniger intensive Sympathie. Gruppen hingegen, die ihm nicht vertraut sind, bringt er instinktiv Mißtrauen, Furcht und Ablehnung entgegen. In der Regel werden die Vorurteile, auf denen die Furcht vor dem Fremden, die Xenophobie, beruht, nicht hinterfragt und im Dialog mit den Angehörigen der eigenen Gruppe verstärkt.

„Fremdsein provoziert oft schon Ablehnung. Unterschiede in physischem Aussehen, in Kleidung und Tracht, Sitten und Gewohnheiten, z.B. beim Essen, in Sprache und Religion, vor allem in der Entwicklungs- und Kulturstufe: Alles ist Stoff für Fremdenfeindlichkeit in allen Gesellschaften zu allen Zeiten." (Geiss, S.31)

„Rassimus ist eine auf ganze ‚Rassen' bezogene Fremdenfeindlichkeit, eine moderne Variante der Xenophobie: Die Xenophobie ist als das ältere zugleich auch das allgemeinere Phänomen: Umkehrung des Gebots der Liebe und Solidarität für die eigenen sozialen Bezugsgrößen zugeordneten Menschen – Familie, Horde, Clan, Stamm, Volk, ‚Rasse'. In diesem Sinne ist Xenophobie so alt wie die Menschheit selbst." (Geiss, S.28)

Unter Endogamie versteht man die Verweigerung der legalen Ehe mit außerhalb der eigenen Gruppe stehenden Menschen. Die Endogamie dient der Abgrenzung der eigenen gegenüber fremden Gruppen und der „Reinhaltung" der eigenen Gruppe. Dieses Phänomen ist weit verbreitet und geht durch alle sozialen Stufen und Schichten hindurch. Um den Umfang der Endogamie zu erfassen, braucht man sich bloß zu vergegenwärtigen, wie schwer es ist, Verständnis für sogenannte „Misch"ehen zu erreichen oder welchen Status „Mischlinge" selbst noch in unserer Gesellschaft haben.

Ethnozentrismus schließlich ist eine auf die jeweilige Gruppe, mit der man sich identifiziert, ausgedehnte Egozentrik, das eigene Volk steht im Bewußtsein der ihm angehörenden Individuen im Mittelpunkt des Weltgeschehens, die anderen Völker sind demgegenüber sekundär. Diese Haltung entspringt der natürlichen Sichtweise des Menschen, die immer von sich selbst ausgeht und das eigene Bewußtsein stets als Mittelpunkt der eigenen Weltsicht erlebt.

## Rassistische Ideologie

Xenophobie, Endogamie und Ethnozentrik sind Bestandteile aller rassistischen Ideologien und existieren wahrscheinlich seit dem Bestehen menschlicher Gesellschaften. Aber Rassismus selbst, als geschlossenes weltanschauliches Konzept, ist ein Produkt der Neuzeit und formierte sich vor dem Hintergrund einer Reihe historischer Rahmenbedingungen wie der industriellen Revolution, der Teilung Polens, der Konstituierung der USA, der Abschaffung der Sklaverei (Abolitionismus) und der Sklavenemanzipation, der Französischen Revolution, der Judenemanzipation, des Nationalismus und des Imperialismus (vgl.: Geiss, S.151).

Die theoretische Voraussetzung für die Formulierung rassistischer Konzepte war die Erkenntnis, daß die Menschheit aus mehreren, unterschiedlich aussehenden Gruppen bestand. Verschiedene Autoren haben dann versucht, Systeme zur Einteilung der Menschheit in Gruppen zu entwerfen, wobei dieser Versuch allein noch kein Rassismus ist. Zum Rassismus wird die Klassifizierung der Menschheit erst dann, wenn die einzelnen Gruppen als höher- oder minderwertig eingestuft werden. Historisch lassen sich in der Entstehungsphase rassistischer Ideologie zwei Stränge ausmachen, ein europäischer und ein euroamerikanischer, wobei sich der europäische Rassismus in der Hauptsache gegen Juden, der euroamerikanische hauptsächlich gegen Schwarze richtete. Mehr oder weniger geschlossene Rassenkonzepte wurden z.B. durch Immanuel Kant (1724–1804}, Christian Meiners (1747–1810), Auguste Compte (1798–1857), Carl Gustav Carus (1798–1869), Arthur Comte de Gobineau (1816–1882), Anders Retzius (1796 –1860) und Gustav Le Bon (1841–1931) formuliert (vgl.: Geiss, S.143 f.), wobei „ihre Systeme zur Klassifizierung und Hierarchisierung der Menschheit durchaus auch mit unterschiedlichen Stellungnahmen zur Sklaverei und Frage der Menschlichkeit von ‚Rassen' außerhalb Europas und unterhalb der inzwischen in der Welt tatsächlich vorherrschenden ‚Weißen'" (Geiss, S.142) versehen waren. Einen Höhepunkt erreichte die rassistische Ideologie mit Adolf Hitlers „Mein Kampf".

## Rassismus in der Gegenwart

Daß der Rassismus keineswegs überwunden ist, lehrt ein Blick in die jüngste Geschichte. Die aufbrechenden Nationalitätenkonflikte in der auseinandergebrochenen Sowjetunion, der von den Serben im ehemaligen Jugoslawien verübte Völkermord, die Unterdrückung der Kurden in der Türkei gründen auf mehr oder weniger deutlich formulierten Gegensätzen zwischen Menschengruppen. Wird auch nicht immer offen Zuflucht zu rassistischen Konzepten genommen – wie etwa im Falle der Serben –, so zeigt sich meistens, daß ein Volk, eine Nation nur mit Mühe zur Selbstbestimmung finden kann, ohne ein anderes Volk zu unterdrücken.

Gast- und Wanderarbeiter, Asylanten und Flüchtlinge nehmen in allen westlichen Gesellschaften die unterste Stufe der sozialen Hierarchie ein und haben große Schwierigkeiten mit Integration und Anerkennung. Inzwischen sind diese Gruppen wieder offen die Zielscheibe rechtsextremer Gewalt und damit real Opfer rassistischer Verblendung.

Die Gentechnik, die erst am Anfang ihrer Möglichkeiten steht, birgt die Gefahr eines praktizierten Rassismus in sich, der völlig ohne die Einteilung der Menschen in physiognomisch unterscheidbare Gruppen auskommt, sondern direkt auf das Erbgut der Menschen abstellt und diese nach der Eignung ihrer Gene sortiert: Die Gentechnik wird über kurz oder lang das gesamte menschliche Erbgut entschlüsselt haben und damit Aussagen über die Anfälligkeit bestimmter Menschen für bestimmte Umwelteinflüsse aufgrund genetischer Analysen machen können. Angesichts des drohenden Niedergangs der natürlichen Lebensgrundlagen der Menschheit – verursacht durch Ozonloch, Treibhauseffekt, Vergiftung von Boden, Wasser und Luft etc. – kann es irgendwann erfolgversprechender sein, gegen Umwelteinflüsse resistente Menschen zu züchten, als die Ursachen der Umweltzerstörung zu bekämpfen. Was aber geschieht mit dem Rest der Menschheit, wenn genießbare Nahrung, sauberes Wasser und bewohnbare Erde knapp werden?

## Die Überwindung des Rassismus

Die Überwindung des Rassismus muß bisher noch als ein Fernziel gelten, das überhaupt erst als ein anzustrebendes Ziel erkannt werden muß. Es reicht nicht aus, rassistische Konzepte theoretisch zu widerlegen und aufzuzeigen, daß sie auf Vorurteilen und Verabsolutierungen tatsächlich vorhandener Unterschiede aufbauen.

„Rassismus ist überwiegend ein Ergebnis sozioökonomischer Konflikte in und zwischen Gesellschaften. Der ideologische Schleier besteht aus Vorurteilen, die aus der Tradition seit grauer Vorzeit mitgeschleppt wurden. Sie sind buchstäblich Vor-Urteile, Klischees, die dem menschlichen Geist aufgedrückt werden, bevor er sich selbst durch Erfahrungen informieren kann. Die weitverbreitete offene oder latente Virulenz rassistischen Denkens, das in den vielen Konflikten ‚rassischen' Charakters auch noch nach 1945 zutage tritt, legt nahe, die Versuche zur Überwindung des Rassismus tiefer anzusetzen als bloß an ideologischen Strukturen, denn die sind eher Symptome als die Substanz des Rassismus.

Gewiß: Die rationale Aufklärung über Lügen, Verleumdungen und Verdrehungen, die einen Gutteil der rassistischen Ideologie ausmachen, bleibt notwendig. Wichtiger aber wird die Einsicht in die sozioökonomische Fundierung von Rassismus: Er spitzt handfeste materielle Interessen ganzer Gruppen (Stand, Volk oder ‚Rasse') zu – auf Kosten anderer. Das Ergebnis ist ein aggressiver Kollektivegoismus, im Extrem gesteigert bis zu Massakern und Genoziden. [...] Der Rassismus leugnet die Einheit der Menschheit in der Fülle ihrer unendlichen Varianten. Eine den Rassismus überwindene Haltung und Politik muß dagegen die Vielfalt der Menschheit in ihrer grundsätzlichen Einheit anerkennen. Das erfordert Toleranz und Relativierung der eigenen absolut gesetzten Werte und Maßstäbe." (Geiss, S.323 f.)

Die Menschheit wird nicht umhinkommen, die Regeln ihres Miteinanders neu zu definieren. Hierzu gehört nicht nur Toleranz gegenüber anderen, sondern auch die Bereitschaft, die eigene Entwicklung nicht auf Kosten anderer zu gestalten und Aggressoren entschieden zu bekämpfen, sowie die Bereitschaft zum Kompromiß und zum partiellen Verzicht. Hierzu gehört auch eine Neuorientierung der Weltwirtschaft, eine Neuordnung der Wohlstandsverteilung und die Notwendigkeit, die Erhaltung der natürlichen Lebensgrundlagen der Menschheit zum obersten Maßstab menschlichen Handels zu machen. Anders wird es keine Chancengerechtigkeit geben, die die Voraussetzung für das Wohlergehen aller ist.

**Literatur:**

Ditfurth, Jutta: Feuer in die Herzen. Hamburg 1992

Einheitsübersetzung der Heiligen Schrift. Gesamtausgabe. Stuttgart 1990

Geiss, Imanuel: Geschichte des Rassismus. Frankfurt a.M. 1988

Ritter, Joachim/Gründer, Karlfried (Hg.): Historisches Wörterbuch der Philosophie. Band 8. Darmstadt 1992

# Nationalokkultismus

## (TEIL I)

**Arfst Wagner**

Der nachfolgende Artikel steht in einem inneren Zusammenhang mit meiner Arbeit „Anthroposophen und Nationalsozialismus“, die in zwei Teilen in den FLENSBURGER HEFTEN erschienen ist.[1)] Ich möchte deutlich machen, wie eng mancher begriffliche Zusammenhang zwischen der Anthroposophie und nationalsozialistischem Gedankengut zu sein scheint, und werde – soweit möglich – beweisen, daß dieser Zusammenhang nur ein scheinbarer ist. Andererseits wird deutlich werden, wie schwer es für denjenigen sein kann, der sich der anfänglich Anthroposophie nähert, diese grundsätzlichen Unterscheidungen zu bemerken, wenn er sich mit diesem Problem auseinandersetzt.

Der Inhalt der Aufsätze über „Anthroposophie und Nationalsozialismus“ wies auf verschiedene Berührungen personeller Art zwischen der anthroposophischen und der nationalsozialistischen Bewegung hin, aber auch auf die Schwierigkeiten, die manche Anthroposophen haben, sich der Problematik mißverständlicher Begriffe bewußt zu werden und in eigenen Ausführungen darauf zu achten, Verwechslungen nicht noch unnötig Vorschub zu leisten. Auf ein permanentes Betonen begrifflicher Parallelen habe ich allerdings verzichtet.

Die hiermit vorgelegte Arbeit soll eine Orientierungshilfe für diejenigen sein, die sich dieser Problematik bewußt werden wollen. Da ich mir darüber im klaren bin, welche inneren Widerstände sich demjenigen entgegenstellen können, der solche Bewußtseinsarbeit zu leisten beabsichtigt, habe ich vorwiegend wiederum die Quellen selber sprechen lassen. Die Feindbilder sind vielfältig. Das wurde aus den Reaktionen auf die beiden vorangehenden Arbeiten deutlich. Die Leserinnen und Leser mögen jedoch nicht den Fehler machen, den *Inhalt* der Aussagen zu verharmlosen und den Hinweis auf diese für verwerflicher zu halten als die zitierten Aussagen selbst.

Es bewahrheitet sich immer wieder der Ausspruch, daß wir von keiner Zeit unserer Geschichte so viele Informationen und Quellen vorliegen haben und von der wir zugleich so wenig wissen, wie von der Zeit des Nationalsozialismus. Im Rückblick auf den sogenannten Historikerstreit schreibt Rainer Zitelmann darüber:

„... da nun einmal von Hitlers Motiven und seiner Weltanschauung die Rede ist, hätte man die Äußerungen von Hitler daraufhin untersuchen müssen, ob sie Noltes Thesen stützen können oder nicht. Dies geschah jedoch in der Historikerdebatte nicht, oder wenn, dann nur am Rande. Dies mag seinen Grund nicht zuletzt darin haben, daß viele derjenigen, die sich an der Debatte beteiligten, die Quellen, die hier heranzuziehen wären, zum großen Teil gar nicht kennen."[2)]

Dies gilt nun vielleicht in noch größerem Maße für das Thema, das ich mir mit dieser Arbeit gestellt habe, nämlich den weltanschaulich-religiösen Hintergrund von Nationalsozialisten und Faschisten zu charakterisieren. Um das oben genannte Problem zu vermeiden, soll dieser aus den Quellen selber heraus dargestellt werden. Viele Inhalte dieser Quellen können dabei nur dargestellt, nicht oder nur unvollkommen richtiggestellt werden. So ist z.B. gelegentlich vom „Heiligen Gral" die Rede. Ausführlich auf das Thema „Wolfram von Eschenbach und die Wirklichkeit des Grals" einzugehen – so der Titel eines nicht ganz unproblematischen Buches von Werner Greub[3)] – oder gar die Geschichte vom Heiligen Gral im 20. Jahrhundert darzustellen vermag die vorliegende Arbeit nicht. Obgleich die von der SS geförderte „Suche nach dem Heiligen Gral" sicher auch zur Kehrseite dieser Geschichte gehört.

Auch auf eine Bewertung, geistesgeschichtlich oder historisch, möchte diese Arbeit weitgehend verzichten. Auf dem Felde der angesprochenen Fragen herrscht die Legendenbildung. Selbst wenn es so kommen wird, daß mir eine Förderung dieser Legendenbildung vorgeworfen wird, so möchte ich sie doch gerade vermeiden. C.G. Harrison sagte in seinen Vorträgen über „Das transcendentale Weltenall" im Jahre 1893 bereits: „Wenn wenig Wissen eine Gefahr ist, liegt das Gegenmittel sicherlich nicht in Unwissenheit, sondern in mehr Wissen."[4)]

Wie sich aus dieser Arbeit ergeben wird, bin ich nicht der Ansicht, daß die Weltanschauung des Nationalsozialismus heute tot ist, denn sonst hätte ich mir diese Arbeit erspart. Die Anschauungen heutiger sogenannter Faschisten oder Neonazis, zu denen z.B. die Partei der Republikaner gerechnet wird, werden dabei nicht berücksichtigt. Ich möchte die Ansicht vertreten, daß die Bezeichnung der Republikaner als „Nazis" eine Verharmlosung des wirklichen Nationalsozialismus ist.

Ich erinnere dabei an die Worte Eberhard Jäckels, daß die Geschehnisse im Dritten Reich in Bezirke hinüberreichten, „in denen es der erklärenden Vernunft die Sprache verschlägt. [...] Auch der nüchterne Historiker, der sich mit der Bemühung um Verständnis in die Vergangenheit versenkt, weiß, daß es mehr Dinge zwischen Himmel und Erde gibt, als seine Schulweisheit erklären kann. [...] Schurken und Verbrecher sind leicht genannt, sind zumal nachträglich faßbar und anschaulich."[5)]

Jäckel schreibt im letzten Satz des eben zitierten Buches „Hitlers Weltanschauung": „Eines jedoch gehört noch dazu, und das ist, daß auch der tote Hitler immer mit den Deutschen sein wird, mit den überlebenden, mit den nachlebenden und sogar mit den noch ungeborenen ... als ewiges Denkmal des Menschenmöglichen."[6)]

## Die spirituelle Sehnsucht der Seelen zu Beginn des 20. Jahrhunderts

Um die nachfolgenden Darstellungen geistiger Verirrungen nachvollziehen zu können, wollen wir eine Aussage Rudolf Steiners heranziehen, die die Seelenlage von Menschenwesen, die sich zu Beginn des 20. Jahrhunderts zur Inkarnation anschickten, beschreibt. Seine Ausführungen richten den Blick auf den Zusammenhang zwischen denjenigen Seelen, die um die Jahrhundertwende die Todespforte durchschritten, und anderen, die diesen in die geistige Welt aufsteigenden sogenannten Toten begegneten und an ihnen die Folgen des Materialismus des 19. Jahrhunderts wahrnahmen. In einem Vortrag in Dornach am 23.03.1919 beschreibt Steiner diese Begegnung und deren Wirkungen wie folgt:

„Das ist nicht gleichgültig, was der Mensch, indem er durch die Todespforte schreitet, in die geistige Welt mit hineinnimmt. Denn dasjenige, was der Mensch durch die Todespforte in die geistige Welt mit hineinnimmt, das wird wichtiges Erlebnis für diejenigen, die kurze Zeit darauf durch die Geburt in das physische Leben heruntersteigen. Es findet eine Art wichtiger, wesentlicher Begegnung statt zwischen denjenigen, die eine Zeitlang vor jener Zeit gestorben sind, und denjenigen, die hinterher geboren werden. Wichtige Erlebnisse haben die Geborenwerdenden mit den kurz vorher Gestorbenen. Gewissermaßen wie die Erde war, bevor diese, die jetzt hinaufkommen, durch die Todespforte gegangen sind, das erfahren nicht, aber erleben diejenigen, die demnächst heruntersteigen wollen. Sie werden auch in einer gewissen Weise vorbereitet für ihr Heruntersteigen durch dasjenige, was die kurz vor diesem Heruntersteigen durch die Todespforte Gehenden in die geistige Welt hinaufbringen.

Wir sind durch ein sehr materialistisches Zeitalter gegangen. Ein großer Teil der Menschheit hat bis 1913 in einer gewissen gedankenlosen Hinnahme der materiellen Interessen diese Welt durch den Tod verlassen. Hineingenommen in die geistige Welt haben die weitaus meisten Menschen bis 1913, 1914 wenig. Da waren Seelen in der geistigen Welt, welche diese Ankömmlinge gesehen haben. Die Seelen, die später, 1914, 1915, 1916, 1917 heruntersteigen sollten, die haben diese Ankömmlinge mit den Seelenresten des materialistischen Zeitalters hinaufkommen sehen. Das hat sich umgewandelt in diesen Seelen in eine furchtbare Sehnsucht.

Sehen Sie, das ist das Eigentümliche der Kinder, die seit dem Jahre 1912 oder 1913 geboren worden sind, daß sie die Reste in ihrem kindlichen Seelenleben, in ihrem Lächeln, in ihren Tränen, daß sie die Reste in ihrem kindlichen Seelenleben tragen von einer Sehnsucht, die sie durchgemacht haben, bevor sie durch die Geburt in das irdische Dasein heruntergestiegen sind. Und diese Sehnsucht ist in sie verpflanzt worden durch die Menschen, die hinaufgekommen sind. Die haben wenig Geistiges hinaufgebracht.

Dieser furchtbare Mangel an Geistigem, den die Menschen hinaufgebracht haben in dieser Zeit in die geistigen Welten, der hat in einer großen Zahl von Kindern, die seit 1914 schon geboren worden sind oder die in den nächsten Jahren geboren werden, die Sehnsucht hervorgerufen, die Verhältnisse auf der Erde nicht wieder zu finden, die diejenigen verlassen haben, die also hinaufgestiegen sind.

Auf dem Grunde des Lebens der Gegenwart sah man eine merkwürdige Kraft, die ausging von denen, die geboren werden wollten."[7)]

Nehmen wir diese Beschreibung der Seelenlage von Menschen, die zu Beginn des Jahrhunderts geboren wurden, als eine Art Verständnismatrix für die im folgenden beschriebenen Vorgänge.

## Der Schwarze und der Rote
## Ein Exkurs zum Thema „Feindbild"

Die von Rudolf Steiner charakterisierten Sehnsüchte fanden hier auf der Erde wiederum gewisse Klischees vor, die leider auch heute noch in nicht sehr abgewandelter Form ihre Gültigkeit unter Beweis stellen. Ein solches, an sich längst überholtes Klischee ist das des Rechten und des Linken. In entsprechender Veränderung tritt es als der Gegensatz zwischen dem Schwarzen und dem Roten auf. Der vor einigen Jahren verstorbene katholische österreichische Historiker Friedrich Heer beschrieb diesen Gegensatz im Hinblick auf den Beginn des 20. Jahrhunderts in seinem Buch „Der Kampf um die österreichische Identität" mit folgenden Worten:

„‚Farbe bekennen': Die Farbe spielt als Heilsfarbe, als Unheilsfarbe, als Kriegsfarbe, als Kultfarbe, als Farbe der Fahne, des Wappens, eines Clans, einer Partei (so bereits in Byzanz) eine unersetzliche Rolle. Sie hat die Funktion, ihren Träger auszuweisen als Heilsträger. Machtfarben im Kult antiker Mysterien, Machtfarben im spätrömischen Reich, Machtfarben im Gottesdienst, in der Liturgie der Kirche. Rot, weiß, gold (gelb), grün, blau sind die Heilsfarben Alteuropas. Das tausendjährige europäische ‚Mittelalter', das in vielen Bezügen vom 9. bis ins 18./19. Jahrhundert reicht (in den ‚archaischen Gesellschaften' des Landvolkes), ist von schier zahllosen Kämpfen, die in Farbe ausgetragen werden, erfüllt. Konzilien der Kirche suchen festzulegen, welche Farben – in der Kleidung – die Kleriker, Adelige, Bürger und das ‚Volk' tragen dürfen. Farben im Parteikampf bezeugen zunächst in Italien zwischen ‚Welfen' und ‚Ghibellinen' die Machtübernahme dieser und jener Partei in einem Stadtstaat, in einer Stadt.

Die Geschichtslegende von der Entstehung des Wappens Rot-Weiß-Rot, des österreichischen Bindenschildes, im Dunstkreis der erbitterten Rivalitäten, der Nationen, die im Kreuzzug aufeinander stoßen, hier in der Konfrontation des Königs Richard Löwenherz mit einem Babenberger, hat im

Blick auf unser 20. Jahrhundert diesen Sinn: Dieses Rot-Weiß-Rot ist früh-umstritten, wird gemieden! Die Erste Republik Österreich zeigt selten ihre Farben Rot-Weiß-Rot, meist nur anläßlich von Staatsfeiertagen an amtlichen Gebäuden. Rot-Weiß-Rot existiert weithin faktisch nicht für das politische Bewußtsein dieser Bürger der Ersten Republik Österreich. Diese verstehen sich als ‚Rote' und als ‚Schwarze' und als ‚Blaue'. Schönerer hatte das Blau der Kornblume, der Lieblingsblume Kaiser Wilhelms, als Heilsfarbe für seine Deutschösterreicher gewählt. Es sind Feindfarben, die ungeheure seelische Energien mobilisieren: Der ‚rote Hund' und ‚der Schwarze' signalisieren die Entbindung von seelischen Haßmassen: Menschen werden zu Haßmeuten, zu Hetzmeuten – diese Worte hat Elias Canetti in ‚Masse und Macht' geprägt. Er hat im Wien der zwanziger und frühen dreißiger Jahre den Kampf der ‚Schwarzen' und der ‚Roten' am eigenen Leib erlebt. Während der Februarkämpfe des Jahres 1934 fand er Zuflucht in der Villa Franz Werfels und seiner Gemahlin Alma Mahler. Alles, was dem gehaßten und gefürchteten innenpolitischen Feind zugedacht wird, ballt sich zusammen in dem Feindbild des Schwarzen und Roten, in dem religiös-politischen Glaubenskampf, der den Untergrund der Ersten Republik bildet und sich im latenten, dann manifesten Bürgerkrieg in aller Öffentlichkeit präsentiert.

Rot: Das ist die Heilsfarbe der Gottheit, die Farbe der Heilsmacht, des Siegers. Der Christuskönig trägt als der Auferstandene die rote Fahne, die Fahne seines Sieges als sol invictus, als unbesiegbarer Sonnengott. Das Russische und Chinesische haben für ‚rot' und ‚schön' ein Wort. Die krasnaja armija, die Rote Armee, erschien 1917 für Millionen Bauern als Träger der Frohen Botschaft, der Auferstehung, der Erlösung, des ‚roten Ostern', wie frühbolschewistische Dichter in direkter Anspielung auf die altrussische Liturgie die Oktoberrevolution besingen. Rot ist die Farbe der Hohen Gerichtsbarkeit, der Herrschaft über Leben und Tod. Verbunden mit dem Weiß, als Farbe des Friedens, bildet es die Reichsfarben, erhalten im Rot-Weiß vieler Städte, die zunächst damit ihre Zugehörigkeit zum alten Reich manifestierten, als Reichsstädte.

Das Rot des Kardinals, das Rot an der Hose von Generalstabsoffizieren, stammen noch von diesem uralten Rot ab. Als eine Auflösung des mörderischen Kampfes zwischen Roten und Schwarzen in Österreich präsentiert sich diese ‚kleine Geschichte': Der alte kaiserliche General und Generalstabschef Dr. Theodor Körner, dem die ihm auf den Leib geschriebene Rolle als getreuer Eckehart der Sozialdemokratischen Bewegung genommen worden war, stand mit dem Kardinal Innitzer, dem sein Einsatz für den ‚Christlichen Ständestaat' und für die Erklärung des österreichischen Episkopats anläßlich der ‚Volksabstimmung' des 10. April 1938 bis zu seinem Tod verübelt wurde, auf dem Du-Fuß. Bei einem Staatsakt der Zweiten Republik Österreich tritt Körner, der sich im Frack des Bundespräsidenten sehr unwohl fühlte, auf den Kleinbauernsohn von der böhmisch-sächsischen

Grenze, Innitzer, zu, der sich im Kardinalspurpur nicht weniger unwohl fühlte, und sagt ihm: ‚Siehst du, heute kommst du als Roter und ich als Schwarzer!'

Die rote Farbe ist die Farbe des Heils, des siegreichen Gottes, des Häuptlings des Kriegers, des Medizinmannes. Die rote Farbe ist auch die Farbe des Unheils, des Bösen, des Teufels, des roten Hundes. Rot ist tiefenpsychologisch die Farbe der Linken und des Linken: Der Teufel steht links neben dem Gottkönig. Rot wird lange vor dem Sozialismus als Farbe des Heils, der Revolution, der Erlösung der leidenden, versklavten Bruder-Menschen, der Genossen, erwählt. Rot hätte sich nicht so tief einwurzeln können in der Psyche, als Heils- und als Unheilsfarbe, wenn es nicht schon seit Jahrtausenden in den Tiefenschichten der Seele präsent gewesen wäre.

Der 1. Mai ist lange vor seiner Erhebung, zunächst in England, zum Feiertag der Arbeiterbewegung ein uralter Feiertag des Volkes. Mittelalterliche Weistümer als schriftliche Fassung volkhaften Rechtes halten fest: Der König soll, wo immer er sich am 1. Mai befindet, mit den Kegeln spielen. Die Kegel sind die Kinder des Volkes, zunächst die unehelichen Kinder, wie noch das Rechtswort ‚mit Kind und Kegel' festhält. Die über fünfzig Theologen, die das Mädchen aus dem Volke, Jeanne, die ‚Jungfrau von Orleans', als Ketzerin entlarven wollen, fragen sie: ‚Jeanne, hast du am 1. Mai unter dem Maibaum, dem Feenbaum, getanzt?'

Der ‚Schwarze' betritt unseren österreichischen Geschichtsraum als Jesuit, als Vorkämpfer der Gegenreformation. Er ist der schwarze Mann, der mit teuflischer List und brutaler Gewalt das evangelische Volk in die Arme der dunklen Mutter Rom zurückzwingen will. Julien Bigras hat in seinem Buch ‚Gute Mutter – Böse Mutter. Das Bild des Kindes von der Mutter', die spannungsgeladene Ambivalenz der ‚Mutter' im Erleben des Menschenkindes aufgezeigt. Wir erinnern uns an die Polemik österreichischer Schriftsteller gegen den Jesuiten als finsteres, teuflisches Ungeheuer vom 18. zum frühen 20. Jahrhundert. Der Schwarz-Gelbe ist in der Sicht seiner religiöspolitischen Feinde eine Verbindung von zwei Schutzmächten: des Hauses Österreich und Roms. Im Gelb, das nicht als Gold anerkannt wird, wird das Gelb des Neides, das Schwefelgelb des teuflischen Papstes in der gelbweißen Kirchenfahne, der Papstfahne ersehen.

In der Ersten Republik Österreich fürchten die Schwarzen die Roten, die sich in Wien eine feste Burg ihres atheistischen Gottes gebaut haben, wörtlich, buchstäblich, als eine Verkörperung des Teufels, wobei ‚Bolschewismus', ‚Marxismus', ‚Sozialismus', Judentum und Freimaurerei, ‚Atheismus', Kirchenfeindschaft, Priesterfeindschaft, Lueger-Feindschaft etc. als Inkarnationen des roten Teufels erlebt werden.

Kluge und weitsichtige Sozialdemokraten ersahen, wie da aus den Tiefen archaischer und atavistischer Seelenlagen im Landvolk, in den kleinen Leuten der Christlichsozialen in Wien, uralte Ängste und damit Aggressionen aktiviert und mobilisiert wurden. Trotz einiger persönlicher Beziehungen zu Pionieren der Tiefenpsychologie gelang es weder in Österreich noch in Deutschland den führenden Männern der Sozialdemokratie, des Sozialismus, sich eine politische Tiefenpsychologie zu erarbeiten, die fähig gewesen wäre, den emotionalen Aufbruch aus diesen Tiefenschichten rational aufzubereiten und zunächst zu verstehen. Ernst Bloch hat dies früh, ab 1922, als einen Krebsschaden des Parteimarxismus ersehen.

Sigmund Freud hatte die Wiener Wohnung Victor Adlers übernommen. Otto Bauer kannte Freud persönlich und war mit seinen Lehren wohlvertraut. Freud warnt den jungen Otto Bauer: ‚Versuchen Sie nicht, die Menschen glücklich zu machen, die Menschen wollen nicht glücklich sein.' Otto Bauer will die Menschen glücklich machen durch den Glauben an den Sozialismus, der ihnen Erlösung verheißt, Erlösung bringt. Zu diesem Heilsglauben gehört der Glaube an das Unheil, das die Gegner, die ‚Todfeinde des Sozialismus' schaffen: ‚die Schwarzen'."[8]

Die Hakenkreuzfahne des Nationalsozialismus enthielt die Farben Rot, Schwarz, Weiß. Es war eine rote Fahne, in der Mitte ein weißer Kreis und darauf ein schwarzes Hakenkreuz. Das Feindbild des Roten, des Kommunisten, die Furcht vor dem „russischen Bären" mit dem roten Hammer und Sichel-Zeichen auf der Mütze war eine der Haupttriebfedern der deutschen Soldaten, nach Rußland einzumarschieren.

Die Feindbilder des Schwarzen und des Roten nutzte der Nationalsozialismus, um sich als „dritter Weg", als wahrer Heilsweg anzubieten. Die nach Spiritualität sehnsüchtigen Seelen trafen auf eine Welt, die in emotionsbeladenen Gegensätzen ihren Ausdruck fand. „Realos" und „Fundis" sind *beide* jahrtausendealt. Niemand wird behaupten, daß zum Ende des 20. Jahrhunderts die Gegensätze, wie sie z.B. Friedrich Heer beschreibt, überwunden sind. Auch nach dem Zusammenbruch des Kommunismus im Osten wird das Denken in der Polarität gut – böse nicht aufhören. Es sucht sich im Gegenteil heute wieder neue Feindbilder. Die Auseinandersetzung mit dem Entsetzlichen in der eigenen Seele wird weiter vermieden.

## Der magische Speer

Es war bedauerlicherweise ein Anthroposoph, der als erster der Legende vom magischen „Speer des Schicksals" zur Publizität verhalf.[9] Sein Name ist Trevor Ravenscroft. Der den Reichskleinodien zugehörige Speer soll nach Ravenscroft mit dem Speer identisch sein, mit dem der Römer Longinus dem am Kreuze hängenden Christus die Wunde in die Seite stach. Über die Erfindungen des Trevor Ravenscroft, auf die erstaunlicherweise auch viele Anthroposophen hereinfielen, ist inzwischen sachgemäß geurteilt worden.[10] Die Legende lebt jedoch fort und treibt weitere Blüten.

In dem Roman „Die schwarze Sonne von Tashi Lhunpo“ eines gewissen Russell McCloud[11)] wird die angebliche Einweihung Adolf Hitlers wie folgt beschrieben.

„Wien, 14. März 1938:

Jetzt, da die Ereignisse von damals an seinem geistigen Auge vorbeizogen, stand er wieder dort, wo er 1910 das erste Mal gestanden war. Bis 1913 war er Dutzende Male hier gewesen, doch nie hatte er das Privileg genossen, allein zu sein, allein mit dem Speer des Schicksals, allein mit der Geschichte.

Heute hatten ihm seine Begleiter seinen Wunsch erfüllt. Schon mehr als eine halbe Stunde war verstrichen, seit sie die Tür hinter sich geschlossen hatten. Jetzt war er in Gedanken versunken, machte den Eindruck eines Meditierenden, der Zwiesprache mit seinem Gott hielt. Sein Kopf war nach vorne gereckt, sein stechender Blick starr auf den Speer gerichtet, der da auf rotem Samt vor ihm hingebreitet lag.

Die „Heilige Lanze“

Plötzlich begann sein Oberkörper zu zittern, erst ganz leicht, dann immer stärker. Schließlich wurden seine Hände, sein Kopf, seine Beine davon ergriffen. Auf seinem Gesicht bildeten sich Schweißtropfen, die bei ihrem Abwärtsgleiten ihre salzigen Spuren auf der Haut hinterließen und die Haare seines schmalen Oberlippenbartes benetzten. Das Zittern ging in einen regelrechten Schüttelfrost über, doch sein Blick blieb weiterhin starr auf die Spitze des Speers gerichtet. Aber die Trance, die ihn überfiel, um sich seines Geistes zu bemächtigen, ließ seine Sinne nichts mehr wahrnehmen.

Sein Mund öffnete sich und heraus brach ein Schrei, der nichts Menschliches an sich hatte. Seine Arme schossen nach vorne, packten den Speer, rissen ihn in die Luft. Sein Kopf ruckte nach oben, seine dunklen Augen hefteten sich an das Stück Geschichte, das er in seinen ausgestreckten, zitternden Händen hielt. Seine Uniformmütze rutschte herab und fiel zu Boden. Eine Strähne seiner Haare hing ihm in die schweißgebadete Stirn.

Er war eins geworden mit den magischen Kräften, die der Speer ausstrahlte, deren Fluidum sich auf ihn übertrug, ihn erfüllte und ein Hochgefühl erzeugte, wie er es noch nie zuvor erlebt hatte.

Vier mal sieben Jahre – 28 insgesamt – hatte er auf diesen Moment gewartet. Jetzt, in der Nacht vom 14. auf den 15. März 1938, hielt er endlich den Speer in seinen Händen. Er war eins mit dem Schicksal geworden, ja er war selbst Schicksal. Sein Schrei verebbte, lief aus in einem Röcheln, sein Oberkörper fiel nach vorne und schlug polternd auf dem kleinen Tisch auf. Seine Finger umkrampften das Stück Metall, so, als ob sie schwören würden, es nie wieder loszulassen.“[12)]

Nach Ravenscroft und McCloud besitze derjenige die Macht über die Weltereignisse, eine magische Macht, der den Speer des Schicksals in den Händen hielte bzw. durch den Speer eingeweiht würde. Es seien die Mächte von Agartha (oder Agarthi) und Schamballah, die um diese Weltmacht ringen würden. In den verschiedenen Publikationen differieren die Definitionen dieser beiden Mächte und der mit ihnen geheim wirkenden Menschengruppen, deren Existenz bis nach Atlantis, dem untergegangenen Kontinent, zurückreichen soll. In dem Buch von McCloud erzählt ein SS-Mann und „Eingeweihter“ namens Karl Steiner folgendes über die Hintergründe der Geschichte dieser beiden spirituellen Zentren:

„Vor zwölftausend Jahren ging ein Reich in einer riesigen Katastrophe zu Ende, wie es bis heute nie wieder auf der Welt existiert hat. Thule war das Reich einer Rasse, die von den Göttern abstammte. Diese Rasse verfügte über ein unbeschreibliches Wissen, das weit über das heute bekannte hinausging. Doch es war kein Wissen, wie wir es heute kennen. Der Mensch der Gegenwart ist degeneriert. Er kann nur mehr Dinge erfassen, die seine fünf Sinne wahrnehmen können. Und er kann diese Dinge nur mehr nach den Gesetzen der Logik und der Rationalität verarbeiten. Die

Wesen aus Thule dagegen lebten ebenso in der geistigen Welt wie in der materiellen. [...]

Einige der Wesen aus Thule überlebten die Katastrophe, die die Bibel als Sintflut beschreibt. Sie zogen in die Welt und trafen dort auf die Anfänge der Menschheit, die gerade ihre ersten Schritte in die Geschichte machte. Sie wurden als Götter verehrt, kein Wunder, denn sie stammten von ihnen ab. Ihre Fähigkeiten faszinierten die Menschen, die keine Erklärung dafür hatten. Doch was sollten die Wesen von Thule mit den Menschen tun? Diese Frage spaltete die letzten Abkömmlinge der Götter. Die einen wollten, wenn die Zeit dafür reif war, aus den Menschen ihresgleichen machen. Sie wollten ihnen den Hauch des Göttlichen verleihen und sie teilhaben lassen an ihrem gigantischen Wissen, sie emporsteigen lassen zu neuen Höhen. Die anderen wollten, daß die Menschen bleiben, was sie sind. Diese Gruppe wollte weiterhin als Götter verehrt werden. Für sie waren die Menschen nichts anderes als Herden von höheren Tieren, die der Führung von Hirten bedürfen. Sie wollten ihr göttliches Wissen mit niemandem teilen, denn sie fühlten sich selbst als Götter. Und so kam es, daß sich die Wesen von Thule in zwei Gruppen aufspalteten. Die einen folgten dem Weg zur linken Hand und nannten sich nach ihrem Orakel Agarthi. Die anderen, die dem Rechtsweg folgten und weiterhin als Götter verehrt werden wollten, waren die Schamballah. Beide Gruppen aber, selbst jene der Schamballah, vermischten sich im Laufe der Jahrtausende mit den Menschen, so daß sie ihnen äußerlich immer mehr glichen. Und doch wurde das aus Thule überlieferte Wissen bis heute bewahrt. Die beiden Gruppen aber, Agarthi und Schamballah, stehen seit Jahrtausenden im Kampf gegeneinander. Und das unterschiedliche Schicksal, das sie den Menschen zugedacht haben, ist der Grund dafür.“[13)]

Und einige Seiten weiter:

„,Die Männer von Agarthi leben seit Jahrtausenden unter den Menschen. 1945 war das Ende eines gescheiterten Versuchs, die Kräfte der Schamballah zu besiegen. Doch es war noch lange nicht das Ende der Ideen von Agarthi. Wir hatten vorgesorgt.‘

Weigert fiel auf, daß Steiner erstmals von ‚Wir‘ sprach. Die ganze Zeit über hatte er nur berichtet, als sei er Außenstehender, ein Chronist von Ereignissen, an denen er selbst keinen Anteil hatte. Zeitweise hatte Weigert dabei sogar vergessen, daß Steiner ja auch ein Teil dieses okkulten Mosaiks war.

‚Nur wenige Stunden nach meiner Geburt wurde ich den Männern von Agarthi geweiht. Während ich aufwuchs, lehrte man mich das geheime Wissen, das sie über Jahrtausende bewahrt hatten. Als ich 20 Jahre alt war, erhielt ich im Tempel der Wewelsburg meine letzte Weihe. Draußen tobte bereits der Krieg. Die Wehrmacht siegte – noch. Wir aber bereiteten uns für die Zeit danach vor. Gleichgültig, wie der Kampf ausgehen sollte, wir sollten hinausgehen in die Welt, um das Wissen zu bewahren, das Wissen davon, daß der Mensch den Göttern ins Angesicht blicken kann, wenn er nur selbst lernt, eines zu besitzen.

Es gab Hunderte wie mich in Deutschland. Ich ging mit zwölf meiner Kameraden 1942 nach Tibet, um anderen zu folgen, die schon länger hier waren. Als sich zeigte, daß das Kriegsglück nicht mehr auf der Seite Agarthis stand, wurden viele andere aus dem Reich fortgeschafft. Mit Flugzeugen, Schiffen, U-Booten oder auf dem Landweg. Sie hatten es nicht schwer, in der Welt Fuß zu fassen. Denn nur die wenigsten von ihnen hatten eine verfängliche Vergangenheit in den NS-Strukturen, die belegbar gewesen wäre. Außerdem hatten wir alle eine hervorragende Ausbildung genossen, um uns auch in der realen Welt eine angemessene Position schaffen zu können. Alle, die gingen, waren bereit, das Wissen Agarthis zu bewahren, um in einer fernen Stunde, in anderer Gestalt, wieder zu kommen. Die schwarze Sonne, das Zeichen Agarthis, lebt.'“[14)]

Die Kräfte von Agarthi, als deren Mitglied sich Karl Steiner zu erkennen gibt – so diese Geschichte –, hätten zu Beginn des Jahrhunderts ein Bindeglied zwischen der geistigen Welt und den darin lebenden Inspirationen von Agarthi und der irdischen Welt geschaffen. Dieses Bindeglied sei die Thule-Gesellschaft gewesen. Mitglieder dieser Thule-Gesellschaft waren unter anderem Adolf Hitler, Dietrich Eckart, Karl Haushofer, Rudolf Hess und Alfred Rosenberg.

Am Ende des Romans wird der Speer in einem tiefen österreichischen Bergsee versenkt, all denen entzogen, die nach seiner Macht trachteten. Hoffentlich bleibt er auch literarisch dort verborgen.

Bisher schien es angebracht, solche auf den ersten Blick verworren scheinenden Gedankengänge nicht weiter zur Kenntnis zu nehmen. Der im Jahre 1991 erschienene Roman von Russell McCloud brachte sie allerdings nun wiederum an die Oberfläche, nachdem der Rummel um das Ravenscroft-Buch weitgehend abgeebbt schien.

Außerdem brachte das größte deutsche New Age-Magazin *2000 – Magazin für Neues Bewußtsein* in der Ausgabe vom August/September 1992 einen ausführlichen Artikel von Stefan Ulbrich zu diesem Thema mit dem Titel: „Die Schwarze Sonne – Die magischen Wurzeln des Nationalsozialismus“, der – man sollte es kaum glauben – die „magischen Wurzeln des Nationalsozialismus“ offenbar für bare Münze nimmt. Überhaupt war das Thema des Heftes von diesbezüglichem Interesse: „Deutschland – die Vereinigung von Polaritäten“. Ein beliebtes Thema, das auch hier wieder aufgegriffen wurde: „Kraftort Deutschland – die 14 wichtigsten Kultplätze des Vereinten Deutschland“.[15)]

Ein amerikanisches Autorenteam, Col. Howard A. Buechner und Capt. Wilhelm Bernhart, geht so weit, den Weg der „Heiligen Lanze“ nach 1945 nachzuzeichnen.[16)] Bernhart war Deutscher und während des Zweiten

Weltkrieges Offizier auf dem deutschen Unterseeboot U-530. Bernhart schreibt, daß der Auftrag von U-530 zu Kriegsende gelautet habe, den Speer des Schicksals in Sicherheit zu bringen. – Ein weiteres Buch der beiden Autoren ist betitelt „Hitlers Ashes“[17)]

Ulbrich schreibt zur „Heiligen Lanze“: „Bei der Lanze, die von den US-Truppen in Nürnburg gefunden wurde, habe es sich nämlich nur um eine Kopie der echten Waffe gehandelt.

Schon während des Dritten Reichs sei ein Orden der ‚Ritter der Heiligen Lanze‘ gegründet worden. Der SS-Führer Reinhard Heydrich sei zusammen mit Karl Haushofer der einzige gewesen, der die magische Macht des Speers richtig zu gebrauchen verstand. [...]

Haushofer war einer der Begründer der Wissenschaft von der Geopolitik. Ihm kam als Eingeweihter der Thule eine entscheidende Schlüsselrolle im Dritten Reich zu.“[18)]

Dies mag vorerst genügen, um dem Leser einen Einblick in Gedankengänge zu vermitteln, die heute viele Menschen beschäftigen, die nach Erklärungen der Hintergründe des politischen Geschehens in unserem sich dem Ende zuneigenden Jahrhundert suchen. Der Wahrheitsgehalt dieser Legenden ist aus der bestehenden Literatur heraus nicht zu ergründen. Etwas Erfundenes, wie die Geschichte von Ravenscroft, wird zitiert, beim zweiten Mal schon mit wissenschaftlichem Charakter versehen und munter weitererzählt. Damit wird quasi eine neue Bewußtseins-Wirklichkeit geschaffen. Von dieser geht eine Wirkung aus, auch wenn sie nicht auf äußeren historischen Tatsachen beruht.

## Heinrich Himmler und die Schwarze Sonne

Im nachfolgenden wollen wir uns auf historisch gesichertes Material stützen und einmal sehen, ob dann noch Fragen übrigbleiben, die es zu klären gilt. Wenden wir uns der Gestalt des Reichsführers der SS, Heinrich Himmler, zu. Um ihn ranken sich viele Legenden. Und selbst in historischen Standardwerken stößt man auf manche Absonderlichkeiten.

In dem Band „Der Führerstaat“ von Norbert Frei aus der dtv-tb-Reihe „Deutsche Geschichte der neuesten Zeit“ finden sich einige Briefe Himmlers, die nicht so recht in das Bild passen, das man sich heute im allgemeinen von ihm macht.

Ende März 1944, als das Kriegsglück die Reichswehr bereits verlassen hatte, fand Himmler erstaunlicherweise noch genügend Zeit, einen Brief folgenden Inhalts an den SS-Oberführer Prof. Dr. Walter Wüst zu schreiben:

„An: SS-Oberführer Prof. Dr. Walter Wüst 31.03.1944
Kurator des ‚Ahnenerbe e.V.‘

Bei der künftigen Wettererforschung, die wir ja nach dem Krieg systematisch durch die Organisation ungezählter Einzelbeobachtungen aufbauen wollen, bitte ich, auf folgende Tatsachen das Augenmerk zu richten:

Die Wurzeln bzw. die Zwiebel der Herbstzeitlose sind in den verschiedenen Jahren in unterschiedlicher Tiefe im Boden. Je tiefer sie wachsen, desto stärker der Winter; je näher sie der Oberfläche sind, umso milder der Winter.

Auf diese Tatsache machte mich der Führer aufmerksam.

H. Himmler."[19]

Im März 1938 schrieb Himmler an den gleichen Empfänger:

„An: SS-Sturmbannführer Prof. Dr. Walter Wüst 28.03.1938
Präsident des ‚Ahnenerbe e.V.'

Lieber Professor Wüst!
Ich möchte heute auf die Kalenderkunde zurückkommen, über die ich Ihnen schon einmal schrieb.

Vor allem wäre zu klären, ob es zweierlei Rechnungen bezüglich der Jahreseinteilung gegeben hat, und zwar 13 Monate nach den natürlichen Mondmonaten von 28 Tagen und später dann 12 Monate willkürlich festgesetzter Art.

Seit wann gibt es die verschiedenen Zeitrechnungen? Hier müßte die Welteislehre mit herangezogen werden, denn die Mondmonate zu 28 Tagen kann es ja erst geben, seitdem dieser Mond um die Erde kreist.

In diesem Zusammenhang werden sicher noch eine Menge anderer Fragen auftauchen.

Heil Hitler!

Ihr H.H."[20]

„... seitdem dieser Mond um die Erde kreist." – Aus welchem Weltbild heraus handelte Himmler? Womit beschäftigte er sich, wenn er sich nicht gerade seinen einschlägig bekannten Unternehmungen widmete? Es ist erstaunlich, wie wenig differenziert wir die Nazi-Führer in der Literatur in bezug auf ihre Weltanschauung beschrieben finden. Die Tatsache, daß es ausgesprochen große weltanschauliche Differenzen innerhalb der damaligen nationalsozialistischen Führung gegeben hat, ist bis heute wenig bekannt. An anderer Stelle habe ich auf die unterschiedliche Haltung von Hermann Göring und Heinrich Himmler im Hinblick auf die chemische Düngemittel-Industrie und die Anwendung von Stickstoff in der Landwirtschaft hingewiesen. Himmler setzte sich für Versuchsreihen ein, in denen die biologisch-dynamische Anbaumethode getestet werden sollte.[21]

Bevor ich nun zu einigen Äußerungen Himmlers über seine Weltanschauung komme, möchte ich eine längere Zusammenfassung von Himmlers „okkultistischen“ Aktivitäten zitieren, die sich in dem lesenswerten Buch von Heinz Höhne, „Der Orden unter dem Totenkopf – Die Geschichte der SS“, findet. Für eine rein historische Abhandlung über die SS findet sich hier doch einiges Bemerkenswerte, deshalb sei dieses längere Zitat gestattet. Wir lesen bei Höhne:

„Geschichtsromantiker Himmler wußte aus seinen Sagenbüchern, daß der Keltenkönig Artus (500 nach Christus) die zwölf tapfersten und edelsten Ritter um eine runde Tafel versammelt und mit ihnen zusammen Glaube und Freiheit der Kelten gegen die eindringenden Angelsachsen verteidigt hatte. Hier konnte man auch für die SS lernen. Die König-Artus-Sage muß den SS-Chef beeindruckt haben, denn er duldete an seiner Tafel stets nur zwölf Gäste. Und wie einst Artus die tapfersten Zwölf ausgewählt hatte, so bestimmte nun König Heinrich die zwölf besten Obergruppenführer zu oberen Hierarchien seines Ordens. [...]

Der SS-Chef fand in Haus Wewelsburg ein Walhall, in dem er seine Artustafel aufstellen und den Wappen seiner Ritter eine würdige Kulisse geben konnte. In Himmlers Gralsburg saßen die Auserwählten in einem 35 Meter langen, 15 Meter breiten Speisesaal, rund um des Reichsführers eichenhölzerne Tafel, jeder in einem schweinsledernen Ohrensessel mit einem silbernen Plättchen, das den Namen des jeweiligen SS-Ritters preisgab. Sie trafen sich zu regelmäßigen Meditationen und Konferenzen, die sich kaum von Spiritistenzusammenkünften unterschieden. Jeder der Auserwählten besaß ein eigenes Gemach in der Burg, das jeweils in einem bestimmten historischen Stil eingerichtet und einer historischen Persönlichkeit gewidmet war.

Der Burgherr, nach dem Urteil des Rüstungsministers Albert Speer ‚halb Schulmeister, halb verschrobener Narr‘, hatte auch schon das Ende seiner Ritter bedacht. Unter dem Speisesaal lag ein Kellergewölbe aus farbigem Naturstein, das durch 1,80 Meter dicke Mauern von der Außenwelt getrennt war. Dort verbarg sich das Allerheiligste des Ordens: die Kultstätte, das Reich der Toten.

In der Mitte des Bodens öffnete sich eine brunnenartige Vertiefung, in die zwei Stufen hinabführten. Eine steinerne Schale bildete das Zentrum, und um die Wand des Kellers zogen sich zwölf steinerne Sockel. In der Schale sollten die Wappen toter Obergruppenführer verbrannt, Urnen mit der Wappenasche auf einem der Sockel postiert werden. Die Entlüftung durch vier faustgroße Löcher in der Kellerdecke war so konstruiert, daß sich während der Verbrennungszeremonie der Rauch wie eine Säule im Raum hielt.

Hier, in Haus Wewelsburg, wollte Himmler mit seinen Obergruppenführern das ideologische Rüstzeug des Ordens schmieden. Der Schauplatz eignete sich ideal dazu: Die Wewelsburg war die einzige Höhenfeste Westfalens unweit von Paderborn, genannt nach einem ihrer frühesten

Besitzer, dem Raubritter Wewel von Büren. Die Burg, früher Zufluchtsstätte der Paderborner Bischöfe, lag (und liegt noch heute) auf einem vorspringenden Bergrücken hoch über dem kleinen Fluß Alme bei dem Dorf Wewelsburg. Ursprünglich in der Hunnenzeit als sächsische Wallburg angelegt, erhob sich die im 17. Jahrhundert umgebaute Wewelsburg in wuchtiger Dreiecksform groß und grau über der Landschaft, ganz dazu prädestiniert, den mehr in der Vergangenheit als in der Gegenwart weilenden Schwarmgeist Himmler in ihren Bann zu schlagen.

Die Legende will, Himmler habe einmal von der Prophetie gehört, den nächsten Sturm aus dem Osten werde nur eine Burg in Westfalen überstehen, und daraufhin das Land nach der Feste absuchen lassen, bis er auf die Wewelsburg gestoßen sei. Die Wirklichkeit ist prosaischer: Der Landrat des Kreises Büren, zu dessen Aufgaben auch die Instandhaltung der Burg gehörte, war froh, dem burgennärrischen SS-Chef das Gemäuer abtreten zu dürfen. Am 27. Juli 1934 ging die Wewelsburg gegen einen jährlichen Pachtzins in Höhe von einer Reichsmark in den Besitz der SS über, und kurz darauf informierte Himmler den Reichswirtschaftsminister Schmitt: ‚Ich beabsichtige, die Wewelsburg ... als Reichsführerschule der SS auszubauen und beantrage den höchstzulässigen Reichszuschuß zu den Ausbaukosten.‘

Der Romantiker Himmler hatte seine Marienburg gefunden, denn wie er in der SS einen zweiten Deutschen Ritterorden sah, so plante er auch die Wewelsburg als geistiges Zentrum, als Stätte der Inspiration des neuen Ordens, analog der Marienburg in Westpreußen, in der einst die Hochmeister der Deutschritter die Herrschaft über die Slawen konzipiert und ihre berühmtesten Toten unter dem Chor der Schloßkirche begraben hatten.

Himmler schuf in seinem Persönlichen Stab ein ‚Amt Wewelsburg‘ unter Standartenführer Siegfried Taubert, der 1937 auch Burgkommandant wurde. SS-Architekt Hermann Bartels arbeitete die Umbaupläne aus, um auf seine Art zu verwirklichen, was der Jesuit Johann Horrion schon zu Anfang des 17. Jahrhunderts so besungen hatte:

> Nun hebt Wewelsburg,
> auf gediegenem Felsen sich türmend,
> hoch zu den Wolken der Luft
> kühn das erhabene Haupt.
> Einst von den Hunnen (wenn Glauben
> du schenkst der Sage) gegründet,
> hat nach verschiedenen Herrn
> Dich sie zum Herrscher erwählt,
> jetzo ein Haus, Dein würdig ...

Ein Kommando des Freiwilligen Arbeitsdienstes und ein Stab von SS-Experten legten die Grundlagen der Himmler-Burg. Über dem Speisesaal im Südflügel des Festungsdreiecks wurden die Privatgemächer des Reichsführers eingerichtet, zu denen auch ein Saal für seine umfangreiche Waffensammlung und ein weiterer für eine schließlich 12.000 Bände umfassende Bibliothek gehörten. Daneben entstanden ein Sitzungssaal und ein Gerichtssaal für das oberste SS-Gericht. Im gleichen Trakt lagen Gästezimmer für Hitler, der freilich in der Wewelsburg nie erschien – Grund genug für das im Dorf verbreitete Gerücht, in der Wewelsburg solle dereinst Adolf Hitler begraben werden.

Das Herumgeistern Himmlers in einer Burg, die ihn bis Kriegsende 13 Millionen Reichsmark kostete, war mehr als ein historischer Mummenschanz. Ihn dünkte, die Historie oder das, was der SS-Chef dafür hielt, könne zu einer ideologischen Klammer, zu einem weltanschaulichen Motor der Schutzstaffel werden. Die Wewelsburg war nicht das einzige Gemäuer, das Himmler mit der SS verband. ‚Es ist mein Ziel', so erklärte Himmler 1937, ‚daß möglichst im Bereich jeder Standarte ein solcher kultureller Mittelpunkt deutscher Größe und deutscher Vergangenheit gezeigt werden kann, daß er wieder in Ordnung gebracht und in einen Zustand versetzt wird, der eines Kulturvolkes würdig ist.'

1936 gründete er eine ‚Gesellschaft zur Förderung und Pflege Deutscher Kulturdenkmäler e.V.', die historische Bauwerke betreute, freilich nur Dokumente aus Perioden, die dem Herzen der SS-Ideologen nahestanden: aus der germanischen Vorzeit, der heidnischen Ära des frühen Mittelalters und der Epoche deutsch-kolonialer Ostmission unter dem Deutschen Ritterorden. Himmlers Denkmäler-Verein pflegte bewußt, was in das antichristliche und antislawische Weltbild der SS paßte, so alte Burgen des Deutschen Ritterordens oder den Sachsenhain bei Verden an der Aller, Erinnerungsstätte für die im Jahr 782 von Karl dem Großen (Himmler: ‚Karl dem Franken') hingerichteten 4.500 heidnischen Sachsen.

Dazu Himmler: ‚Diese Dinge interessieren uns, weil sie im weltanschaulichen und politischen Kampf von größter Wichtigkeit sind.' Geschichtsromantik, Germanen- und Heidentum als Integrationsfaktoren der aus allen Gesellschaftsschichten rekrutierten SS – das war der Sinn dieser und auch anderer Stiftungen Himmlers. Unter ihnen nahm die König-Heinrich-I.-Gedächtnis-Stiftung den wichtigsten Platz ein, denn an dem deutschen, aus sächsischer Dynastie stammenden König und Slawenbezwinger Heinrich I. (876 bis 936) hing der Polenfeind Himmler in schwärmerischer Verzükkung.

Am tausendsten Todestag des Königs, dem 2. Juli 1936, schwor der lebende dem toten Heinrich in dessen (damals leerer) Gruft im Quedlinburger Dom, die Ostmission des Sachsen fortzusetzen und zu vollenden. Ein Jahr später ließ er die Gebeine Heinrichs I. in feierlicher Prozession in den Dom überführen. Heinrichs Gruft sollte laut Himmler ‚eine Weihestätte sein, zu der wir Deutschen wallfahren, um König Heinrichs zu gedenken'.

An jedem Todestag des Königs machte sich der Reichsführer auf, mit dem anderen Heinrich stille Zwiesprache zu pflegen – in der kalten Krypta des Doms pünktlich zur Zeit, wenn die zwölf dröhnenden Glockenschläge die Mitternachtsstunde verkündeten.

Himmler nahm jede Gelegenheit wahr, mit dem hehren Toten in Kontakt zu treten. Er maß sich die Fähigkeit zu, Geister zu beschwören und mit ihnen regelmäßig zusammenzukommen; allerdings, so vertraute er seinem Intimus Kersten an, kämen nur die Geister von Menschen in Frage, die schon hundert Jahre tot seien. Wenn er im Halbschlaf liege, berichtete Himmler, erscheine ihm der Geist König Heinrichs und erteile ihm wertvolle Ratschläge. Oft begann Himmler mit der Redensart: ‚König Heinrich hätte in diesem Falle folgendes getan.' Er beschäftigte sich mit seinem Helden so lebhaft, daß er sich allmählich für eine Reinkarnation des Königs hielt."[22)]

## Heinrich Himmlers private Weltanschauung?

Ich hoffe nicht, daß bei Ihnen der Eindruck entsteht, ich wollte mit dieser Arbeit den Anschein erwecken, die Auffassung der SS als esoterischer Orden sei berechtigt. Es soll hier nur darum gehen, Material zusammenzutragen, das ermöglicht, die angeblich okkulte Seite des Nationalsozialismus überhaupt einmal ins Blickfeld zu bekommen.

Es ist auf jeden Fall deutlich, daß Himmler sowohl öffentlich als auch vor Mitgliedern der SS nur in Andeutungen verblieb, was seine eigenen weltanschaulichen oder religiösen Absichten betraf, die er mit dem „Wesen und der Aufgabe der SS" verband.

So führte Himmler auf dem Nationalpolitischen Lehrgang der Wehrmacht vom Januar 1937 in seinem Vortrag „Über Wesen und Aufgabe der SS" unter anderem aus:

„Ich bin überzeugt von der Weltanschauung, daß letzten Endes in der Welt nur das gute Blut, auf die Dauer gesehen, die beste Leistung hervorbringt. Von dieser Überzeugung getragen bin ich auch an diese Aufgabe herangegangen. Danach mußte es richtig sein, daß wirklich nur das gute Blut nach unserer Kenntnis der Geschichte als das führende, schöpferische und jeden Staat, vor allem jede soldatische Betätigung tragende Blut anzusehen ist, und zwar das nordische Blut. Ich sagte mir: Wenn es mir glückt, in einer Organisation möglichst viele Menschen, die zu einem namhaften Teil Träger dieses erwünschten Blutes sind, aus dem deutschen Volke zu erfassen und unter soldatischen Gehorsam zu bringen, sie allmählich mit dieser Erkenntnis vom Wert des Blutes und von der ganzen Weltanschauung, die daraus entspringt, zu erfüllen, dann müßte es möglich sein, tatsächlich eine Ausleseorganisation zu schaffen, die jeder Belastung standhält."[23)]

Diese „Weltanschauung“ Himmlers ist bekannt und immer wieder von Historikern dargestellt worden. Als Gegner sah er den „jüdisch-freimaurerisch-bolschewistischen Einfluß“:

„Wir müssen uns daher stets die Frage stellen: Wer kommt oder käme im Falle eines Krieges als Gegner in Frage, wer ist weltanschaulicher Gegner, also wer steht unter jüdisch-freimaurerisch-bolschewistischem Einfluß? Dabei müssen wir uns darüber klar sein: Der Bolschewismus ist die Organisation des Untermenschen, ist die absolute Untermauerung der Judenherrschaft, ist das genaue Gegenteil von all dem, was einem arischen Volke lieb, wert und teuer ist. Es ist eine diabolische Lehre, denn sie wendet sich an die gemeinsten und niedrigsten Instinkte der Menschheit und macht daraus eine Religion. Man täusche sich auch darüber nicht: Der Bolschewismus mit seinem im Kreml aufgebahrten Lenin braucht nur noch ein paar Jahrzehnte, dann ist er die diabolische Religion der Zerstörung, in Asien beheimatet, Religion für die Zerstörung der ganzen Welt. Man bedenke ferner, daß dieser Bolschewismus planmäßig an der Bolschewisierung anderer Völker arbeitet, und zwar richtet sich diese Zerstörung gegen den weißen Menschen.“[24)]

Himmler sieht das deutsche Volk, und im besonderen seine Eliteorganisation, die SS, als Kämpfer gegen die „diabolische Lehre“ des Bolschewismus, nach seiner Auffassung die „Organisation des Untermenschen“. Diesen „Untermenschen“ sich anzuschauen, empfiehlt er als instruktiv: jeder sollte einmal ein Konzentrationslager besuchen, um sich dort einmal „eine Unmenge rassisch minderwerten Zeugs“ anzusehen:

Es wäre „... für jeden einzelnen – einigen wenigen Herrn der Wehrmacht habe ich es schon ermöglichen können – unerhört instruktiv, so ein Konzentrationslager einmal anzusehen. Wenn Sie das gesehen haben, sind Sie davon überzeugt: Von denen sitzt keiner zu Unrecht; es ist der Abhub von Verbrechertum, von Mißratenen. Es gibt keine lebendigere Demonstration für die Erb- und Rassegesetze ... als so ein Konzentrationslager. Da sind Leute mit Wasserköpfen, Schielende, Verwachsene, Halbjuden, eine Unmenge rassisch minderwertigen Zeugs. Das ist da alles beisammen. Wir unterscheiden bei den Insassen selbstverständlich zwischen denen, die wir ein paar Monate hineintun, tatsächlich zur Erziehung, und denen, die wir lange drin lassen müssen. Die Erziehung geschieht im ganzen nur durch Ordnung, niemals durch irgendeinen weltanschaulichen Unterricht, denn die Häftlinge sind in den meisten Fällen Sklavenseelen; nur wenige Leute mit wirklichem Charakter sind darunter. Diese Sklavenseelen würden alles vortäuschen, was man von ihnen verlangt, alles nachplappern, was im ‚Völkischen Beobachter‘ steht, und in Wirklichkeit bleiben sie dieselben. Die Erziehung erfolgt also durch Ordnung. Diese Ordnung beginnt damit, daß die Leute in sauberen Baracken leben. So etwas bringen an und für sich nur wir Deutsche fertig, kaum ein anderes Volk wäre so human. Die

Wäsche wird öfters gewechselt. Die Leute werden daran gewöhnt, daß sie sich zweimal täglich zu waschen haben, werden mit dem Gebrauch einer Zahnbürste vertraut gemacht, die die meisten noch gar nicht kannten."[25]

Heinrich Himmler beschließt diese Rede vor Wehrmachtsangehörigen mit den folgenden Worten:

„Die nächsten Jahrzehnte bedeuten nicht etwa irgendeine Auseinandersetzung außenpolitischer Art, die Deutschland bestehen kann oder nicht bestehen kann, sondern sie bedeuten den Vernichtungskampf der genannten untermenschlichen Gegner in der gesamten Welt gegen Deutschland als das Kernvolk der nordischen Rasse, gegen Deutschland als das Kernvolk des germanischen Volkes, gegen Deutschland als Kulturträger der Menschheit, sie bedeuten das Sein oder Nichtsein des weißen Menschen, dessen führendes Volk wir sind. Wir haben allerdings eine Überzeugung: Wir haben das Glück, daß wir gerade in der Zeit leben, wo in 2000 Jahren einmal ein Adolf Hitler geboren worden ist, und wir haben die Überzeugung, daß wir jede Gefahr in guten und in schlechten Zeiten bestehen werden, weil wir alle zusammenhalten und weil jeder in dieser Überzeugung an seine Arbeit herangeht."[26]

Ich habe diese Zitate gebracht, weil sie deutlich machen, daß durchaus ein Zusammenhang gesehen werden kann zwischen den historisch bekannten Tatsachen und den Aussagen Himmlers, die seine Weltanschauung deutlich machen. Es kann hier durchaus eine Brücke geschlagen werden. Es ist nicht so, wie es häufig behauptet wird, daß Himmlers offizielle Tätigkeit und seine private Weltanschauung nichts miteinander zu tun hätten. Eine Verdeutlichung dieser „Brücke" ergibt sich, wenn wir eine andere Publikation Himmlers heranziehen.

## Die „göttliche Ordnung" und das „germanische Recht" – Leitbilder des SS-Mannes

Über das Leitbild der SS schrieb Heinrich Himmler in seiner Schrift „Die Schutzstaffel als antibolschewistische Kampforganisation". Er verwahrt sich hier gegen den Vorwurf, der Nationalsozialismus, insbesondere die SS, sei eine atheistische Organisation. Wir lesen:

*„Germanisches Recht.*

Das alte germanische Recht verhinderte, daß irgendein Einzelner, Unberufener, irgend etwas in der für alle Menschen heiligen, von Gott geschaffenen Natur zerstörte. Bis in verhältnismäßig späte Zeiten war es in germanischen Siedlungsgebieten verboten, im Bereich eines Dorfes eine Eiche zu fällen, wenn nicht die Zustimmung der übrigen Bauern des Dorfes dazu vorhanden war. Durfte sie gefällt werden, so war die Verpflichtung, drei junge dafür zu pflanzen, daran gebunden.

*Die göttliche Ordnung.*

In dieses Rechtsbild gehört die heilige Überzeugung unserer Vorfahren, daß alles, was es an Leben auf dieser Erde gab und gibt, von Gott geschaffen und von Gott beseelt sei. Törichte, böswillige und dumme Leute haben daraus die Fabel, das Greuelmärchen gemacht, als hätten unsere Vorfahren Götter und Bäume angebetet. Nein, sie waren nach uraltem Wissen und uralter Lehre von der göttlichen Ordnung dieser ganzen Erde, der ganzen Pflanzen- und der ganzen Tierwelt überzeugt." Und weiter:

„Zum ersten. In einem Büchlein, das '50 Fragen und Antworten für den SS-Mann' überschrieben ist, steht als erste Frage: ‚Wie lautet dein Eid?'

Die Antwort ist: ‚Wir schwören dir, Adolf Hitler, als Führer und Kanzler des Deutschen Reiches Treue und Tapferkeit. Wir geloben dir und den von dir bestimmten Vorgesetzten Gehorsam bis in den Tod. So wahr uns Gott helfe!'

Die zweite Frage lautet: ‚Also glaubst Du an einen Gott?'

Die Antwort lautet: ‚Ja, ich glaube an einen Herrgott.'

Die dritte Frage lautet: ‚Was hältst Du von einem Menschen, der an keinen Gott glaubt?'

Die Antwort lautet: ‚Ich halte ihn für überheblich, größenwahnsinnig und dumm; er ist nicht für uns geeignet.'

Ich habe Ihnen diese drei Fragen und Antworten mitgeteilt, um damit eindeutig unsere Stellung zur Religion darzutun. Seien Sie überzeugt, wir wären nicht fähig, dieses zusammengeschworene Korps zu sein, wenn wir nicht die Überzeugung und den Glauben an einen Herrgott hätten, der über uns steht, der uns und unser Vaterland, unser Volk und diese Erde geschaffen und uns unseren Führer geschickt hat.

Wir sind heilig davon überzeugt, daß wir nach den ewigen Gesetzen dieser Welt für jede Tat, für jedes Wort und für jeden Gedanken einzustehen haben, daß alles, was unser Geist ersinnt, was unsere Zunge spricht und was unsere Hand vollführt, mit dem Geschehen nicht abgetan ist, sondern Ursache ist, die ihre Wirkung haben wird, die im unentwegten, unentrinnbaren Kreislauf zum Segen oder Unsegen auf uns selbst und auf unser Volk zurückfällt. Glauben Sie, Menschen mit dieser Überzeugung sind alles andere als Atheisten. Wir verbitten uns aber, deswegen, weil wir uns als Gemeinschaft nicht für diese oder jene Konfession, nicht für irgendein Dogma festlegen, oder auch nur von irgendeinem unserer Männer dieses verlangen, unter Mißbrauch des Wortes Heide als Atheisten verschrien zu werden."[27)]

Und er beschließt diese Ausführungen mit den folgenden Worten:

„So sind wir angetreten und marschieren nach unabänderlichen Gesetzen als ein nationalsozialistischer, soldatischer Orden nordisch bestimmter Männer und als eine geschworene Gemeinschaft ihrer Sippen den Weg in eine ferne Zukunft."[28)]

## Julius Evolas Orden

Schon der heute als „Vertreter des magischen Idealismus“[29] bezeichnete italienische Schriftsteller und Esoteriker Julius Evola, dessen Bücher auch heute noch eine weite Verbreitung haben, hatte die Idee des Ordens im Himmlerschen Sinne vertreten. In seinem Buch „Grundrisse der faschistischen Rassenlehre“, das eine Begründung oder besser eine Verherrlichung dieser Lehre war, führte er aus:

„Unter Berücksichtigung dessen, was über die Beziehungen zwischen Rasse und Recht erörtert wurde, wäre als weitere, für das Aufbauwerk besonders günstige Bedingung der politische Einsatz einer solchen Elite zu betrachten, nicht so sehr in Form einer ‚führenden Klasse‘ ... als vielmehr eines *Ordens* im Sinne der alten asketisch-kriegerischen Bünde. Das ‚klassische‘ Ideal erheischt als höchste Verwirklichung ein Führertum, in dem der Adel und die Reinheit der Rasse nicht geringer seien als ihre geistige Eignung und Autorität. Der alte Ordensgedanke steht gewiß höher, als der moderne der ‚Partei‘: Er entspricht einer Elite und einem freiwillligen, vereidigten Bund, der auch den Begriff einer gewissen physischen Vollkommenheit voraussetzt und sowohl ‚asketische‘ wie kämpferische Züge hatte.“[30]

Julius Evola, der heute von manchen spirituell gesinnten Kreisen wieder hoch geschätzt wird, gab in den Jahren von 1927–1929 drei Bände der okkulten Zeitschrift *Ur* heraus. Außerdem verfaßte er unter anderem ein Buch mit dem Titel „Das Mysterium des Grals“ (1955). Heute wird sein faschistischer Hintergrund häufig nicht zur Kenntnis genommen.

## Das Glaubensbekenntnis des Schwarzen Ordens

Im Glaubensbekenntnis der SS kamen drei zentrale Punkte zum Ausdruck. Der eine war der Glaube an Gott, oder – wie er in der SS genannt wurde – der „Uralte“ oder „Altvater“.[31] Zweitens war es der Glaube an „Deutschland“ und drittens der Glaube „... an den Führer Adolf Hitler, den Er uns gesandt hat.“[32]

In dem Buch von Felix Kersten, „Totenkopf und Treue“, können wir Himmlers Bemerkung folgenden Inhalts lesen:

„Er [Hitler] ist dazu von dem Karma des Germanentums der Welt vorbestimmt, den Kampf gegen den Osten zu führen und das Germanentum der Welt zu retten, eine der ganz großen Lichtgestalten hat in ihm ihre Inkarnation gefunden ..., zu der nach Jahrhunderten die Menschen ebenso gläubig aufschauen würden, wie sie es zu Christus getan hätten.“[33]

John M. Steiner schreibt über Himmlers spirituelle Vorstellungen:

„Himmler glaubte von sich selbst, die Reinkarnation von Heinrich dem Löwen (1129–1195) zu sein, und fühlte sich in gehobener Stimmung, wenn

SS-Männer von ihm als ‚König Heinrich' oder ‚der schwarze Herzog' sprachen. Die Bhagavad-Gita, die Edda, Veda, Rig-Veda, die Reden Buddhas, die Visudi-Magga, das Buch der Reinheit und verschiedene astrologische Schriften wurden von ihm gelesen und hoch geschätzt. Im Gegensatz zu seiner früheren bürgerlich-katholischen Anschauung entwickelte sich Himmler zu einem Anhänger des indogermanischen Glaubens und wurde zum Verfechter der Inkarnationsidee und des Karmas."[34)]

Himmler selbst äußerte sich wie folgt:

„Die Indogermanen glauben an die Wiedergeburt. Mit *einem* Leben ist das Leben nicht zu Ende. Was der Mensch an guten, aber auch an schlechten Taten auf dieser Erde vollbracht hat, wirkt sich im nächsten Leben als sein Karma aus, das für ihn wiederum nicht sein unerbittliches Schicksal ist, sondern mit dem er fertig werden und es wenden kann. Es entspricht germanischem Denken, nicht der Gnade ausgeliefert zu sein, sondern zu wissen, was du hier getan hast, wird für dich oder gegen dich zeugen, du entrinnst nicht. Du hast aber die Möglichkeit, durch deine eigene Kraft in einem neuen Leben das Schicksal zu wenden."[35)]

John M. Steiner kommentiert diese Aussage Himmlers folgendermaßen:

„Diese Überzeugung hielt ihn jedoch nicht davon ab, neben anderen Religionsgemeinschaften auch die Theosophen und Anthroposophen, deren Überzeugung in mancher Hinsicht nicht allzu verschieden war von derjenigen, zu der er sich jetzt bekannte, zu verfolgen."[36)]

Heinrich Himmler über seine Pläne spiritueller Organisationen: „Ich bewundere die Weisheit der indischen Religionsstifter, die von ihren Königen und höchsten Würdenträgern verlangten, daß sie sich jedes Jahr für zwei bis drei Monate zur Meditation in ein Kloster zurückzogen. Solche Einrichtungen werden wir später auch schaffen."[37)]

Adolf Hitler wird folgende Aussage zugeschrieben:

„In meinen Ordensburgen wird eine Jugend heranwachsen, vor der sich die Welt erschrecken wird. Eine gewalttätige, herrische, unerschrockene, grausame Jugend will ich. [...] Es darf nichts Schwaches, Zärtliches an ihr sein. [...] In meinen Ordensburgen wird der schöne, sich selbst gebietende Gottmensch als kultisches Bild stehen und die Jugend auf die kommende Stufe männlicher Reife vorbereiten."[38)]

Diese Aussage Hitlers berührt allerdings schon den Randbereich der Authentizität. Sie stammt aus dem Buch von Hermann Rauschning, „Gespräche mit Hitler", einem Werk, das Gespräche enthält, die vom Verfasser stets nachträglich festgehalten wurden, also sicher nicht wörtlich genau wiedergegeben sind. Louis Pauwels und Jacques Bergier stützen sich in der betreffenden Passage ihres Buches „Aufbruch ins dritte Jahrtausend"[39)] auf Rauschning. Diese Stütze gilt inzwischen als fragwürdig. Viele der Notizen Rauschnings sind von Interesse, dennoch möchte ich hier darauf verzichten, darauf einzugehen. Der Leser mag, sofern er will, das Buch lesen.

Über die religiösen Vorstellungen, die Himmler in der SS verwirklichen wollte, schrieb Himmler im April 1945 an einen Freund:

„Ich weiß, ... daß ich allgemein als unbesonnener Heide betrachtet werde, aber im Grunde meines Herzens bin ich ein Gläubiger. Im Laufe der letzten Jahre habe ich wieder an Wunder zu glauben gelernt."[40)]

Zu Kersten sagte er:

„Wenn ich von meinen SS-Männern verlange, daß sie gottgläubig sein müssen, ist das nicht, wie mir dies oft ausgelegt wird, eine Tarnung oder eine Konzession, sondern es ist mir damit sehr ernst. Menschen, die kein höheres Wesen oder eine Vorsehung – oder wie sie das sonst nennen wollen – anerkennen, möchte ich nicht in meiner Umgebung haben."[41)]

Im Schulungsmaterial der SS kam unmißverständlich zum Ausdruck, wie von jenen, die nicht an Gott glaubten, gedacht wurde: „... die Schutzstaffel hält jene für eingebildet, größenwahnsinnig und dumm ..."[42)]

Zusammenfassend hält Steiner fest:

„Der nationalsozialistische Gott war ein anderer als jener der christlichen Lehre. Er war nicht der Gott der Liebe und der Barmherzigkeit, zu dem der Starke und der Schwache gleichermaßen aufsahen. Der nationalsozialistische Gott war parteiisch, hart und grausam. Man glaubte, daß er gelegentlich in die Geschehnisse der Geschichte eingreife (Vorsehung), aber häufiger noch verstand man ihn als einen Gott, der im Verborgenen wirkte. In dunkler Vergangenheit, so glaubte man, hatte er gewisse Gesetze und Prinzipien aufgestellt, die den ‚richtigen' Ablauf der Geschichte sicherstellten. Der Kampf ums Überleben wurde als das Fundamentalste aller ewigen Gesetze angesehen."[43)]

„Die christliche Moral vom Mitleid sollte durch ein Bekenntnis zum Heros, zum Glauben an den Naturgott, den Gott der eigenen Nation, des Schicksals und des Blutes ersetzt werden. Da Jesus nicht leicht in einen Arier verwandelt werden konnte, trat an die Stelle des Kreuzes das Hakenkreuz, und das heilige Blut des Erlösers wurde durch das ‚reine Blut' des germanischen Stammes ersetzt. [...] Wiederum war es Wodan, dem ewigalten Jäger, sowie Thor, dem Gott des Donners, ... vergönnt, aus der Vergangenheit emporzusteigen ..."[44)]

Es ist anzunehmen, daß Himmler sein Programm der Vernichtung sogenannten „lebensunwerten Lebens" mit der Reinkarnationslehre begründete. Möglicherweise glaubte er, auf diese Weise der Menschheit in der Zukunft geeignetere Leiber zur Inkarnation zur Verfügung stellen zu können.

## Eine Geschichte des Heiligen Gral im 20. Jahrhundert

Einer derjenigen, die von Heinrich Himmler gefördert wurden, war der deutsche Literatur- und Geschichtswissenschaftler Otto Rahn. Dieser war in mancher Hinsicht eine sehr vielschichtige Persönlichkeit. Sein Buch „Kreuzzug gegen den Gral“ (1933)[45] wird auch heute noch von vielen geschätzt. Dieses Buch hat, das sei deutlich gesagt, nur für denjenigen eine faschistische Grundtendenz, der stets, wenn das Wort „Gral“ auftaucht, damit gleich einen faschistischen Inhalt assoziiert.

Wie kompliziert und tief christlich das Geschehen um den Heiligen Gral ist, braucht hier nicht erläutert zu werden.[46] Den Namen Otto Rahn finden wir auch heute noch in vielen Publikationen, auch weit außerhalb rechter Kreise. So lesen wir in der Arbeit von Karlheinz Weißmann, „Der Gral in den Pyrenäen“, in der Zeitschrift *Materialdienst* der Evangelischen Zentralstelle für Weltanschauungsfragen in der Ausgabe vom Februar 1993 folgende biographische Angaben über Otto Rahn:

„Otto Rahn wurde 1904 im hessischen Michelstadt geboren. Er studierte ohne rechten Erfolg einige Semester Jura, wandte sich dann aber der Literatur und der Geschichte zu. Dabei scheinen die Katharer schon früh seine besondere Aufmerksamkeit geweckt zu haben. Rahn verließ die Universität ohne Abschluß und ging Anfang der 30er Jahre nach Südfrankreich, um sich dort ganz der Erforschung der ketzerischen Lehre zu widmen. Er scheint nur mit Mühe seinen Lebensunterhalt verdient zu haben, fand aber rasch Kontakt zu neo-katharischen Kreisen. Eine besonders enge Beziehung entstand zu Magre und zu Gadal. Sein Ansatz zur Interpretation des Katharismus war nicht im eigentlichen Sinne originell. Rahn war der Auffassung, daß es neben der Exoterik auch eine Esoterik dieser Albigenser gegeben habe, in die man durch das *consolamentum* als Initiationsakt eingeweiht wurde. Das Geheimwissen sei zwar fast verlorengegangen, habe sich aber in verstümmelter Form und eigentlich durch einen Zufall in der Parzival-Dichtung des *Wolfram von Eschenbach* erhalten. Dieser berief sich nämlich auf einen Gewährsmann, *Gyot von Provins,* der in der Germanistik häufig als literarische Fiktion betrachtet wurde. Rahn behauptete nun, daß jener Gyot, eigentlich Guiot aus der Provence, ein vor der Inquisition geflohener katharischer Adliger und Troubadour gewesen sei. Er habe Wolfram mit der Geschichte von Parzivals Gralssuche die geheime Lehre der johanneischen ‚Minnekirche‘ der Katharer weitergegeben, denn die Troubadoure waren – entgegen dem landläufigen Urteil – nicht Sänger der irdischen, sondern der göttlichen Liebe. Rahn glaubte auch, daß sich eine unterirdische Verbindungslinie von den Pythagoräern über die Kelten, die Sonnenverehrung der Germanen und das gnostische ‚Urchristentum‘ bis hin zu den Templern und schließlich den Katharern ziehen lasse. Der angebliche Kontakt der seit jeher mysteriösen Ordensritter mit den Ketzern war ihm besonders wichtig. Denn so kam Rahn schließlich zu der Identifizierung des Montségur mit der Gralsburg Montsalvatsche, der Templer mit den ‚Templeisen‘ des Fischerkönigs, und er glaubte, daß der katharische Schatz, der in der Endphase der Belagerung noch in Sicherheit gebracht wurde, der

Gral, eine geheimnisvolle ‚catharische Reliquie' war, die seit früher Zeit von denen weitergegeben wurde, die um den wahren Sinn der christlichen Lehre wußten, und deshalb gegen ‚Jehova', den ‚Demiurgen', kämpften, der eigentlich Luzifer ist.

Rahn veröffentlichte 1933 in Deutschland seine Interpretation des Katharismus unter dem Titel *Kreuzzug gegen den Gral.* In Frankreich erschien bereits ein Jahr später eine französische Übersetzung. Obwohl der ‚Kreuzzug gegen den Gral' nur in einem Teil der neokatharischen Kreise auf Zustimmung stieß, schrieb die einflußreiche Zeitung ‚Dépeche de Toulouse' nach der Veröffentlichung, daß es eine Schande sei, daß ein Ausländer die Südfranzosen auf ihre große Tradition habe hinweisen müssen. Der bis heute andauernde Erfolg dieses Buch ist nicht zuletzt auch darauf zurückzuführen, daß das weitere Lebensschicksal Rahns von einem gewissen Geheimnis umwittert scheint. Da er offensichtlich nicht von seiner Schriftstellerei existieren konnte, trat er in die SS bzw. in die von Himmler aufgebaute Wissenschaftsorganisation, das sog. ‚Ahnenerbe', ein. 1936 und 1937 konnte er deshalb Forschungsreisen nach Island und Finnland unternehmen. Er hatte offensichtlich enge Kontakte zu den okkultistisch interessierten Männern im Umkreis Himmlers, vor allem zu dem SS-Brigadeführer Wiligut alias Weisthor. Rahn scheint von dessen Vorstellungen nicht unbeeinflußt geblieben zu sein. Jedenfalls läßt sich feststellen, daß sein zweites Buch, ‚Luzifers Hofgesind. Eine Reise zu den guten Geistern Europas', das 1937 erschien, im Gegensatz zum ‚Kreuzzug', von antisemitischen und antichristlichen Vorstellungen bestimmt wurde. Luzifer fand sich jetzt zum arischen Lichtgott umgedeutet, der der eigentliche Gegenspieler des fremden ‚Jehova' gewesen sei; die Katharer interpretierte Rahn nun als Reste der Westgoten, die von ‚Rom' vernichtet wurden. Obwohl das Buch nicht in der Schriftenreihe des ‚Ahnenerbe' erschien, betrachtete es die Führung der SS als eine Art offizieller Darstellung, in der die europäische Ketzergeschichte als ‚Vermächtnis nordischer Geistes- und Gewissensfreiheit' interpretiert wurde; man ließ Rahn entsprechende Vorträge halten, und noch 1943 wollte Himmler nicht nur eine neue Ausgabe des ‚Kreuzzugs' herausbringen, sondern auch ‚Luzifers Hofgesind' – angesichts der Kriegslage kaum vorstellbar – in einer zusätzlichen Auflage von 10.000 Exemplaren drucken lassen. Das ist um so überraschender, als es bereits 1938 zu einem Zerwürfnis mit Rahn gekommen war: Im März 1939 fand man seinen Leichnam erfroren am Wilden Kaiser in den Tiroler Alpen. Romantische Spekulationen wollen darin auch heute noch den Nachvollzug der *endura* sehen. Wahrscheinlich ist wohl ein Unfall oder ein befohlener Selbstmord, nachdem Himmler die homosexuellen Neigungen Rahns bekannt geworden waren."[47]

Es ist ein bezeichnendes Beispiel für die Schicksale vieler suchender Menschen in der ersten Hälfte des 20. Jahrhunderts, das hier vor uns steht.

Wollen wir uns mit den Biographien dieser Menschen auseinandersetzen, so sollten wir uns des von Rudolf Steiner erwähnten geistigen Zusammenhanges der Verbindung von jüngst verstorbenen und den sich inkarnierenden Menschen zu Beginn des Jahrhunderts erinnern, den ich einleitend zitiert habe.[48)] Otto Rahn war gewiß eine der hier beschriebenen Seelen.

Man sollte allerdings die Tatsache, daß Rahn sich von den Absichten Heinrich Himmlers einfangen, benutzen und sogar beeinflussen ließ (siehe sein Werk „Luzifers Hofgesind") nicht außer acht lassen.[49)]

Der Anthroposoph Karl Rittersbacher unterließ einen Hinweis darauf, als er ein ausführliches Vor- und Nachwort zur im Jahre 1974 erschienenen Neuauflage des „Kreuzzug gegen den Gral" verfaßte. Rittersbacher schrieb in diesem Nachwort unter anderem:

Rahn „... prüfte und sichtete sein Wissen im Quellenstudium an den Universitäten in Toulouse, Paris und Freiburg und baute die Fundamente seiner Erkenntnisse aus. Beglückend wird es für Rahn, als er mit der Fülle seiner Ergebnisse nach Deutschland zurückkehrt und in Freiburg die Persönlichkeiten des Urbanverlages findet, wo die erste Auflage 1933 erscheinen kann, wo er im ‚fast täglichen Umgang jegliche Förderung' erfährt bis zur Fertigstellung des Buches. Er findet sich auf einem frühen Höhepunkt seines jungen Lebens. In einer ungewöhnlichen Arbeitsleistung war ihm das Erstlingswerk gelungen. Das Echo ermutigte ihn. Doch das im Vorwort zum wissenschaftlichen Teil angekündigte zweite Buch über ‚Konrad von Marburg, den deutschen Inquisitor', das er als ‚Ergänzung' abfassen wollte, kann er nicht gestalten. Lag das an ihm? Lag es in den ungünstigen Zeitverhältnissen der damaligen, besonders für einen jugendlichen Forschergeist gänzlich unguten Voraussetzungen in Deutschland? Rahn findet den Anschluß und die Gestaltungskräfte für die Katharer- und Templerströmung in Mitteleuropa nicht. [...] Das unter dem Titel ‚Luzifers Hofgesinde' erscheinende Buch ist mehr belletristisch als wissenschaftlich und nur ein wenig bearbeiteter Reisebericht. Die wissenschaftliche Richtung des Strebens wird schließlich ganz abgelöst von belletristisch-journalistischer Tätigkeit. [...] Ein drittes Buch, für das viel Material vorlag, wird nicht mehr gestaltet. – In Briefen heißt es ...: ‚Ich habe viel Kummer in meinem Lande. Vor 14 Tagen war ich in München. Zwei Tage später habe ich es vorgezogen, meine Berge aufzusuchen. Unmöglich für einen toleranten großzügigen Mann, wie ich es bin, in einem Land, wie es mein schönes Vaterland geworden ist, zu leben ...' Er hat eine tiefe Sehnsucht nach den Katharer- und Templerlanden in Südfrankreich. ‚Jeder Besuch in Ussat müßte eine Pilgerfahrt sein ... Mein Heimweh nach dem Sabarthez ist groß.' ‚Ich bin denunziert worden', sagt er in einem Gespräch. Wir sehen Otto Rahn in den Jahren 1938 und anfangs 1939 in Einsamkeit und innerer Not. Im 35. Lebensjahr, um die Tage seines Geburtstages, wo der Durchbruch eines starken neuen Persönlichkeitsbewußtseins im Lebenslauf schöpferischer

Menschen erfolgt, überfällt ihn starke depressive innere Tragik. Letzte Gespräche mit den Freiburger Freunden haben schmerzlichen Charakter. Er reist nach Kufstein, läßt sein Gepäck im Gasthof in Söll und wandert in die Berge des Wilden Kaiser in den frühen Tagen des Monats März 1939. Erfroren in Kälte und Schnee wird er nach Tagen sitzend, mit friedlichem Antlitz aufgefunden. Als Todestag wird der 13. März festgestellt. Die Beisetzung erfolgte in Darmstadt."[50)]

Vieles im Leben von Otto Rahn bleibt im Nebel. Das Berlin Document Center konnte mir die SS-Personalakte von Otto Rahn leider nicht aushändigen. Diese könnte gewiß viel Licht in das Dunkel dieses Schicksals bringen. Veröffentlicht wurde kürzlich in einem Buch über die SS-Ordensburg Wewelsburg ein Brief Otto Rahns vom 27.09.1935 an Wiligut-Weisthor, dem damaligen Herrn der Wewelsburg, mit folgendem Inhalt:

„Streng vertraulich!

Lieber Herr Oberst,
es ist Ihnen bekannt, daß ich die letzten Wochen hindurch lediglich meinen Arbeiten lebte und eine Karthotek angelegt habe. Ich habe Ihnen weiterhin zu wissen gegeben, daß ich auf ganz große Überraschungen gestoßen bin. Da es sich um Erkenntnisse handelt, die jahrelange Arbeit meinerseits verlangt haben, war ich bislang Ihnen wie jedem gegenüber nur wenig mitteilsam. Ich möchte es vorerst auch bleiben und nur mit Ihnen über meine Funde Rücksprache nehmen. Ich bitte Sie aber, vor Erscheinen meines Buches ‚Monsalvat und Golgatha', den Reichsführer SS ausgenommen, mit niemand über das zu sprechen, was ich Ihnen mündlich anvertrauen möchte.

Um meine Arbeiten zu einem erfolgreichen Ende zu führen, sehe ich mich gezwungen, einige Lokalitäten an Ort und Stelle zu prüfen. Können Sie mir die Möglichkeit verschaffen, für 10–14 Tage eine Reise in den Odenwald, den Westerwald und das Sauerland zu unternehmen, oder – das wäre mir das liebste! – hätten Sie nicht Lust mit mir und evtl. Oberscharführer Folgmann vor Einsetzen der schlechten Jahreszeit diese Reise zu unternehmen?

Zuerst müßte ich die Ruine Wildenberg bei Amorbach (vgl. Kunis: Die deutsche Gralsburg) aufsuchen. Es finden zur Zeit Ausgrabungen statt. Mit dem Ausgrabungsleiter stehe ich im Briefwechsel. Dann möchte ich die Lichtweishöhle bei Wiesbaden besichtigen. Von dort aus wäre die Sporkkenburg leicht zu erreichen (vgl. Rehorn: Westerwald, S.91: Ruine mit uralter Geschichte; der Sage nach soll Kaiser Nero hier geboren sein; sporck = krana = Wachholder). Von hier aus müßte die Fahrt gehen nach dem Drutgerestein, dem ‚Steimel' (Steinmal oder Steinmahal), dem Hellenborn, dem Widderstein, den großartigen Steinanlagen der Dornburg (Thorburg), Rosphe (angeblicher Geburtsort Heinrichs von Ofterdingen), Willnsdorf (Sitz der deutschen Katharer, durch Konrad von Marburg zerstört), Wambach (von Wenen) und Asbach (Asen). (Hier wurde übrigens im Jahre 1830 eine prächtig erhaltene Goldmünze mit der griechischen Inschrift: Lysimachus Basileus – Lysimachus war Feldherr Alexanders d.Gr. gefunden). Von Asbach aus möchte ich dann Stellen aufsuchen, über die ich nur Ihnen und dem Reichsführer SS mündlich Auskunft geben würde.

Nach der Hochzeit Herrn von Lachners möchte ich fahren, da ich dann frei bin. Können Sie veranlassen, daß mir diese Reise, über die ich natürlich ausführlichen Bericht machen würde, ermöglicht wird. Oder wären Sie bereit, diese Reise mit mir zu unternehmen?

Wie ich mit Herrn von Lachner ausgemacht habe, werde ich Sie heute abend um 8 Uhr aufsuchen.

Heil Hitler!
Ihr
Otto Rahn".[51)]

## „Luzifer, dem Unrecht geschah, grüßt dich"

Otto Rahn war Ende der dreißiger Jahre sehr populär. Ein Zeugnis dieser Popularität bestätigt ein Zeitungsartikel, dessen Inhalt die Besprechung eines Vortrags von Otto Rahn bildet, den dieser Anfang Januar 1938 in Dortmund hielt. Dadurch wird z.B. deutlich, wie stark Fragen nach dem Luzifer-Problem, der Freiheitssehnsucht, der Naturverbundenheit den Vortragsredner und seine Zuhörer bewegten.

„Otto Rahn las in Dortmund.

Vortragsabend im Dietrich-Eckart-Haus.

Otto Rahn, der junge Dichter und Forscher, las und sprach Freitag abend im Dietrich-Eckart-Verein vor einer außerordentlich zahlreichen und stark gefesselten Zuhörerschaft. Nach einführenden Worten des Kulturwartes des Dietrich-Eckart-Vereins, Kurt Eggers, der Rahn als Kameraden begrüßte und kurz das Luzifer-Problem, um das es Rahn geht, umriß, gestaltete Rahn mit eindringlicher und zwingender Sprache ein Luzifer-Bild, wie es erschütternder und größer nicht gedacht werden kann. Rahn las aus seinem neuesten Werk ‚Luzifers Hofgesind', das von seinen Reisen und Forschungen in Südfrankreich berichtet, wo er auf den Spuren des Grals und der Albigenser, der reinen und wahren Ketzer, und von neuen Blickpunkten aus ein fruchtbares Bild dieser damals auch in Deutschland verbreiteten antirömischen Bewegung zeichnete. Der Vortrag behandelte einen schwierigen Stoff und verlangte größte Disziplin und Aufmerksamkeit; es war ein gutes Zeichen für die Gemeinschaft von Vortragendem und Zuhörern, daß kein Wort verlorenging und das Bild Luzifers, den Rahn mit den Albigensern als Lichtbringer feierte, aufs stärkste zur Wirkung kam.

Zwei Teile des Abends lassen sich deutlich unterscheiden: der erste, in dem es Rahn um einen Forschungs- und Lagebericht des Gral- und Luzifer-Problems ging – hier schienen uns die besten Formulierungen und die wirklich packendste Gestaltungskraft zu liegen –, und ein zweiter, in dem der Vortragende an Hand konkreter Beispiele die Folgerungen aus seiner neuen Schau und Lehre zog und zu einer nicht nur interessanten, sondern auch weitgehend überzeugenden Umwertung historischer Erscheinungen, Persönlichkeiten und Sachverhalte, kam. Auch die Klippe eines Nationalismus alter Prägung – eine Gefahr, die bei einer weniger echten und starken Naturbejahung und naturverbundenen Umdeutung zweifellos gegeben wäre – vermied Rahn recht gut. In echter Spannung führte er immer wieder zu den Quellen und Ursprüngen echter Freiheitssehnsucht und wahrer Naturverbundenheit zurück.

Die Albigenser sind ausgerottet. 205 führende Anhänger Luzifers wurden in Südfrankreich nach einem großen Pfaffenkreuzzug im Namen christlicher Milde von Dominikanern auf einem riesigen Scheiterhaufen verbrannt. Mit Feuer und Schwert verfolgte man die Lehre Luzifers, des Lichtbringers, und ihre Anhänger. Die Albigenser sind tot, aber ihr Geist lebt und wirkt gerade in unseren Tagen in erneuter und verjüngter Begeisterung und Hingabe. Der Stellvertreter Christi konnte zwar Menschen verbrennen; aber er irrte, wenn er glaubte, mit ihnen auch den Geist, die Hingabe und die Sehnsucht zu verbrennen. Dieser Geist wurde gestern wieder lebendig, wirksam und sichtbar vor vielen Menschen in Otto Rahn, einem Nachfahren der alten Troubadours.

So setzte Rahn dem römisch gebundenen Geiste, dem Jenseitsglauben und der Höllenfurcht eine neue Grenze, verneinte Jahwe und die jüdische Lehre und bekannte sich zu Luzifers Hofgesind, in dessen Namen auch Kurt Eggers den Abend mit dem Gruß schloß: ‚Luzifer, dem Unrecht geschah, grüßt dich'.

Der Abend war innerlich und äußerlich ein gleich großer Erfolg, der für die zukünftige Arbeit des Dietrich-Eckart-Vereins einen vielversprechenden Auftakt darstellte. Das Quartett des Konservatoriums umrahmte den Abend in ganz ausgezeichneter Weise und gab der Vielheit und dem Reichtum der Gedanken die künstlerische Fassung."[52)]

Es sei an dieser Stelle nochmals gesagt, daß die vorliegende Arbeit sich nicht die Aufgabe stellen kann, die vielen Inhalte, deren Zusammenhang und Wahrheitsgehalt in jedem einzelnen Fall darzustellen. Es sollen lediglich bestimmte Zusammenhänge dokumentiert werden.

## Die Welteislehre, der Mond und der Untergang von Atlantis

Die Roman-Trilogie von Wilhelm Landig, „Götzen gegen Thule"[53)], gehört zur Schlüsselliteratur, will man die Weltanschauung der „rechten Esoteriker" verstehen lernen. Die Handlung des Werkes liest sich zum Teil wie ein Groschenroman, weshalb viele wissenschaftlich gesinnte Leser ihn sicher rasch zur Seite legen werden. In die zum Teil banale Handlung sind aber Passagen eingeflochten, die dem „Kenner" die entsprechenden Stichworte vermitteln, mit denen er viele Zusammenhänge auch in anderer Literatur erst verstehen lernt. Hier wird in großen Bildern eine Weltsicht der esoterischen SS – die nach diesem Roman noch heute existiert – vermittelt, wie sie sich wohl nirgends sonst findet. Ich werde im Verlauf der Arbeit noch mehrfach darauf zurückgreifen.

Landig nennt in seiner Trilogie besonders drei große Lehrer des arischen Menschen: Rudolf John Gorsleben, Edmund Kiß und Herman Wirth. Rudolf John Gorsleben „wollte die Edda, die Veden und die Bibel ‚in ihrer Essenz erschließen und entjudisieren'".[54] Sein Hauptwerk, „Die Hoch-Zeit der Menschheit"[55], dient dieser Anschauung. Das Buch wurde 1981 wieder neu aufgelegt. Edmund Kiß war ein Vertreter der „Welteislehre" Hanns Hörbigers. In dem obengenannten Brief Heinrich Himmlers tauchte das Stichwort „Welteislehre" bereits auf.[56] In seinem Buch „Welteislehre"[57] nennt Kiß vier Grundelemente der Welteislehre:

„1. Wir wissen alle nicht, was Wahrheit ist.

2. Es stürzt Eis in die Sonnen des Alls.

3. Der Raum zwischen den Sonnensystemen und erst recht der innerhalb eines Planetensystems ist mit einem sehr dünnen Stoff angefüllt, den die Wissenschaft Äther nennt. [...] Die Planeten können ihre Bahnen ... nicht in alle Ewigkeit hinein gleichmäßig und unverändert beibehalten. Sie müssen sich näher an die Sonnen heranschrauben; und schließlich, nach Äonen? Ich darf die letzte Folgerung vorläufig dem Scharfsinn meiner jungen Leser überlassen.

4. Die Schwerkraftwirkung der Gestirne reicht nicht in unendliche Fernen, sondern sie erlischt in endlicher Ferne. Es stürzt Eis in die Sonnen des Alls."[58]

Es ist nicht möglich, hier die ganze komplizierte Kosmologie der Welteislehre darzustellen. In den Jahren 1936/37 kam es innerhalb der nationalsozialistischen Bewegung zu heftigen Auseinandersetzungen über diese Weltauffassung. In neuerer Zeit brachte wiederum das Buch von Pauwels/Bergier, „Aufbruch ins dritte Jahrtausend", der Welteislehre große Aufmerksamkeit ein.

Um den Hintergrund der Äußerung Himmlers, „... seitdem dieser Mond um die Erde kreist", besser im Zusammenhang verstehen zu können, sei aus dem Werk von Kiß die entsprechende Passage über den „Mondeinfang" wiedergegeben:

„Dieser Mond, die Luna, steht uns so nahe, daß wir eigentlich über seine Natur genau Bescheid wissen müßten. Er ist nur 60 Erdradien von uns entfernt und kann mit den besten Fernrohren genau genug beobachtet werden, so daß wir wenigstens über sein Aussehen im Bilde sind. Auch der Mond zeigt uns immer nur eine Seite, das heißt, er hängt mit seinem etwas exzentrisch liegenden Massenschwerpunkt auf die Erde zu. Wenn wir nun an Venus und Mars denken, so erkennen wir gleich, daß beim System Erde-Luna die gleichen Bedingungen vorliegen müssen, wie etwa beim System Sonne-Merkur. Der Mond wurde nach Ansicht der WEL [Welteislehre] vor gar nicht so lange zurückliegender Zeit eingefangen, und zwar war Luna vordem ein selbständiger Planet, wie die anderen Planeten auch. Er kreiste in der Nähe der Erde ‚außen' um die Sonne. Da er bedeutend kleiner und masseärmer als die Erde ist, so fühlte er den Weltraumwiderstand stärker und schneller als es die massige und durchschlagskräftige Erde tut; er schrumpfte in einer eng gewundenen Umlaufspirale immer näher an die Erdbahn heran und wurde eines Tages rettungslos in die Schwerenetze der Erde verstrickt. Damals war er nicht mehr imstande, sich loszureißen und seinen eigenen Weg um die Sonne weiterzuwandern, sondern er schwenkte sanft ‚vorneherum' ein und läuft seit dieser Zeit in einer langgestreckten Spirale zusammen mit der Erde um die Sonne. Seine Bahn ist also gar nicht so stark verändert wie man annehmen möchte. Er umrundet die Erde doch nur scheinbar, in Wirklichkeit schraubt er sich so flach um die Erdbahn dahin, daß er selbst auf der Seite, die der Sonne zugewendet ist, konkav läuft. Er tanzt also gleichsam nur in langgestreckter Bahn mit der Erde um den gemeinsamen Schwerpunkt, das heißt, auch die Erde hat ihre Bahn ein wenig verändert. Nun darf man annehmen, daß der Mond als selbständiger Planet noch eine Rotation besaß, denn auch Luna hatte ohne Zweifel in grauer Vorzeit einmal einen oder mehrere Trabanten, die sie auf sich niederschlug. Da dies tangential erfolgte und die vorhergehenden vorlaufenden Reibungsfluten auch tangential etwa auf die Gleicherebene des Planeten Luna eingewirkt hatten, so besaß der ‚Mond' ziemlich sicher eine vielleicht langfristige Umdrehungsbewegung. Mit dieser Rotation behaftet, geriet er in den Machtbereich der Erde, die nun sofort auf dem Mondozean eine rückwärtslaufende Flutwelle erzeugte, und diese Flutwelle war es, die die Lunarotation zum Einschlafen brachte. Deshalb hängt der Trabant nunmehr überwunden mit dem Schwerpunkt der Erde zu, und wir haben dadurch nicht die Möglichkeit, seine Kehrseite zu bewundern."[59)]

Den „Einfang" des Mondes bringt Kiß dann mit dem Untergang des alten Kontinents Atlantis wie folgt in einen Zusammenhang:

„Der Einfang selbst wurde für die Menschen zu einer großen Katastrophe, wenn auch nicht zu einer fast vernichtenden, wie es die Sintflut für weite Gebiete der Erde wurde. Das Reich Atlantis versank nach dem Bericht Platons in einer schrecklichen Nacht und einem furchtbaren Tage im Meere, im Sinne der WEL aber wurde dieses Versinken vorzugsweise durch ein Überfluten des Inselreiches hervorgerufen, weil sich die Wassermengen der Ozeane unter dem neu eingetretenen Flutzuge der Luna am

Gleicher zusammenzogen. Oben im Norden sehen wir deshalb die hochliegenden Brandungshohlkehlen und Strandlinien des Ozeans der mondlosen Zeit an den Hängen der Berge hinlaufen, wie z.B. in Grönland und Norwegen."[60)]

Im zweiten Band von Landigs Thule-Trilogie finden wir die folgende Beschreibung von Kiß' Wirken:

Kiß „... war ein Anhänger der Welteislehre des Wieners Hanns Hörbiger. Bei seinen späteren Andenforschungen bestätigte er Hörbigers These. Und dazu kamen dann seine Forschungen auf dem archäologischen Gebiet und vor allem in Tiahuanaco. Hier fand er dann seine intuitive Schau zum Atlantisproblem ..."[61)]

„Dann fand Kiß plötzlich in den Bergen einen großen, aus Felsen gehauenen Kopf mit rein nordischen Zügen und dann ähnliche Köpfe in den Ruinen von Puma Punku. Dieser Steinkopf spielte eine große Rolle bei seinem intuitiven literarischen Blick durch die Nebel der Vorzeit in die Atlantismythe. Es war wie das Wegziehen eines Tuches vor Verborgenem und machte Wahrscheinliches lebendig.

Unser Freund Kiß gab dem gefundenen Kopf den Namen ‚Godda Apacheta'. In seiner Atlantistrilogie erweckte er diese Gestalt zum Leben und ließ diesen Godda seine Geschichte erzählen. Er nannte ihn dann auch den Sternweisen von Aztlan, der über den Untergang der atlantischen Kolonie auf dem Tiahusinju-Hochland berichtete. Hier liegt Kiß auf den Spuren des Historikers Montesino, der bis zu der Mythe vorstieß, wonach ein Volk unter vier Anführern im nördlichen Südamerika Land nahm. In der Überlieferung heißen diese Anführer Ayar-mancotopa, Ayar-chaki, Ayar-aucca und Ayar-uyssu. ‚Ayar' aber ist das sanskritische ‚Ajar' oder ‚Aje' und heißt hier Anführer oder Häuptling. Auch die Beinamen sind sanskritischer Herkunft und bedeuten ‚Glaubender', ‚Wanderer', ‚Krieger' und ‚Ackerbauer'. In diesen vier Namen liegt aber auch die Tradition alter Kasten, wie sie ähnlich in athenischen Stammesnamen aufscheinen. Nach dieser Landnahme wurde dann ein oberster Führer mit dem Namen Pirhua-manco gewählt. Dieser Name bedeutet ‚Offenbarer des Lichts'. Damit aber wird wieder die alte arische Sendung bestätigt, derzufolge die Arier das Licht in die Welt bringen sollen. Also die alte Lichtträger-Überlieferung. Nach den Umbildungsgesetzen der Sprache wurde das Wort ‚Meru' des Theopompus, der Name für Atlantis, von den Kolonisten Südamerikas zu ‚Péru' oder ‚Perú' umgestaltet. Dazu wäre noch zu sagen, daß Theopompus die Einwohner von Atlantis Meropen nannte, was zu Lenormants Behauptung paßt, daß das führende Menschengeschlecht aus Upa-Merou stamme. Und dies paßt wieder zum mythischen Berg Meru der Esoteriker, dem ebenfalls aus dem Sanskrit stammenden Namen. Dieser mythische Hochsitz im Norden ist der arische Mitternachtsberg, der Hochsitz von Asgard, der dem Sinai entgegensteht. Die Hebräer nennen ihn im Buche Jesaja Har-moed, den Berg der Versammlung, dessen sie nicht teilhaftig werden können, solange er von Wissenden behütet wird. Dieser Berg ist in allen Völkermythen vorhanden. Die Japaner nennen ihn Sxi-meru, die Sumer-Akkader in alter Zeit Kharsak Kurra, die Neuperser Hara berezaiti. Die Hebräer möchten ihren Berg der Versammlung auf den Berg Sion oder Zion umpolen, der jedoch nur ein künstliches Zentrum der Magier ist. Der Berg Zion führt auch den älteren Namen Gabbatha. Der Sinai ist die vordergründige Tarnung, an den die christgläubigen Hilfstruppen herangeführt werden sollen. – Es ist daher keinesfalls überraschend, daß Kiß anhand seiner Funde mit nordisch-atlantischen Merkzeichen geistig in einen vorgeschichtlich großen Raum vorstieß und Zusammenhänge zu ahnen begann, die bereits zum größten Teil der Vergessenheit anheimgefallen waren. In einem dritten Band, ‚Die Singschwäne von Thule', schilderte er die Odyssee der letzten überlebenden Atlanter, die ihre Heimat nicht mehr finden konnten, nachdem ihre Andenkolonie ebenso der Katastrophe anheimfiel wie das Mutterland Atlantis. Hierbei sind die Welteislehre Hörbigers, Platos Bericht und andere wissenschaftliche Ergebnisse als auch Überlieferungen zu einem einheitlichen Ganzen zusammengefaßt worden. Als die Hauptgestalt seines Buches, Godda Apacheta, später ein Auge verliert, verlieh ihm Kiß die Züge Odins!"[62)]

Hier wird der antisemitische Zug der Anschauungen von Kiß besonders deutlich. Der dreibändige Roman von Landig hat sich die Aufgabe gestellt, die verschiedensten „esoterischen" Anschauungen, die eine arisch-atlantisch-germanische Weltauffassung untermauern wollen, zusammenzufassen. Neben vielem anderen muß ich es mir auch hier versagen, näher auf die Person Hörbigers, wie auch auf das Werk des „Atlantis-Forschers" Jürgen Spanuth, einzugehen, und verweise auf den Literaturteil.[63)]

## Herman Wirth, „der Vater des neuen Matriarchats"

Der dritte große Lehrer des Nationalokkultismus, den uns Landig in seiner Thule-Trilogie nennt, ist Professor Herman Wirth, eigentlich: Hermann Wirth Roeper Bosch, geb. 1885 in Utrecht in den Niederlanden. An den Universitäten Utrecht, Leipzig und Basel studierte er Germanistik, Geschichte, Volkskunde und Musikwissenschaften.

Im Sommer des Jahres 1935 gründete Heinrich Himmler zusammen mit dem von ihm geförderten Herman Wirth und dem Reichsbauernführer Richard Walther Darré das SS-Amt „Ahnenerbe", das nach Gugenberger/Schweidlenka „... u.a. esoterisch und urkulturell fundierte Grundlagen zur Aufzucht der arischen SS-Elite liefern sollte".[64)]

In einem seiner Hauptwerke, der Schrift „Was ist deutsch?", das – unter anderem an den deutschen Universitäten – zu heftigen Kontroversen führte, lesen wir:

„Ehe, so heiße ich den Willen zu zweien das Eine zu schaffen, das mehr ist, als die es schufen – Ehrfurcht voreinander nenne ich Ehe als vor den Wollenden eines solchen Willens – Nicht nur fort sollst du dich pflanzen, sondern hinauf – Einen höheren Leib sollst du schaffen – Aber dazu mußt du mir erst selber rechtwinklig an Leib und Seele gebaut sein – Deine Ehe und dein Kind soll ein lebendiges Denkmal deines Sieges und deiner Freiheit sein – ein Mitleiden mit verhüllten Göttern.

Das ist ja der Sinn des Odalkreuzes, daß Gott darin ‚verhüllt' ist, daß Gott in dem Leben verhüllt ist, daß jede neue Entstehung des Lebens ein heiliges Mysterium ist: *Gott will werden*.

Noch ist der Sinn des Odalkreuzes denjenigen, die es heute tragen, verhüllt. Sie ahnen nur ein fernes Geheimnis. Soll aber Deutschland wirklich auferstehen, erneuert werden, so muß es im Sinne dieses verhüllten Lebens Gottes, des Odalkreuzes, geschehen. Nur dann kann Hitlers Wort Wahrheit werden, daß sein Kampf ein Kampf um die *deutsche Seele* ist."[65)]

Wirths nationalsozialistische Matriarchatsvorstellungen lesen sich folgendermaßen:

„Und noch eins – dieser geistige Aufbruch muß auch ein Aufbruch der jüngeren weiblichen Generation werden. Das aber ist das schwierigste Problem. Jene fast zweitausend Jahre, in denen die nordische Frau in der mosaisch-christlichen Kirchenherrschaft der Bruchwelt dem Mann ideologisch, als Individuum, hörig gemacht und ihrer früheren geistig-seelischen, sozialen Funktionen in der Gemeinschaft restlos entkleidet wurde, hat ihre ursprüngliche eigene ‚Kraft' weitgehendst verkümmern lassen. Das wieder Freiwerden der Frau von dieser Hörigkeit, von dem ihr als Minderwertigkeitskomplex anerzogenen Autoritätsglauben dem Manne gegenüber, ihre Selbstfindung zu eigenem Wesen, zur Wiederfunktionierung ihres tiefenpsychologischen Kraftfeldes, zur wiedererstarkenden Eigenwertigkeit, – das ist die noch offenstehende Frage. Die Frau in den heutigen Geisteswissenschaften, auch als Universitätslehrerin, ist in ihrer Unselbständigkeit nur Objekt ihrer männlichen Schule.

Diese männliche Schule der Geisteswissenschaften ist aber am Ende ihrer Gültigkeit angelangt."[66)]

An dieser Anschauung des kommenden Matriarchats zerbrach nun die Beziehung zu Himmler, der sich damit überhaupt nicht anfreunden konnte.

Herman Wirths Aktivitäten setzten sich nach dem Krieg fort. In dem Buch von Gugenberger/Schweidlenka finden sich dazu interessante Informationen:

„In den frühen siebziger Jahren gewann Wirth ... einigen Einfluß auf die Indianerunterstützerszene und alternative Kreise. 1979 besuchte der SPD-Vorsitzende Willy Brandt den Titularprofessor und war von dessen Sammlung prähistorischer Symbole aus aller Welt, die jenseits ihrer ideologischen Interpretation durch Wirth eine beachtenswerte Materialsammlung ist, ‚beeindruckt'. Er versprach damals, Wirths Wunsch nach der Gründung eines Instituts für Urgemeinschaftskunde in Bonn bekannt zu geben. Durch das Engagement von Wirthschüler und SPD-Mitglied Roland Häke sollte Wirth ein Millionenprojekt vermittelt werden, um seine Sammlung prähistorischer Symbole in der wiederaufgebauten Zehntscheune/Lichtenberg einzurichten. Nun starteten die Jungsozialisten in Kusel eine heftige Anti-Wirth-Kampagne, und das ,linke Kollektiv der Politischen Buchhandlung Bochum' wetterte in altbewährter Weise über den ,faschistischen Dreck im alternativen Gewand'. Auch christliche Kreise legten sich quer. Der Südwestfunk drehte eine Dokumentation, die unter dem Titel ,Ahnenkult auf Staatskosten – Prof. Wirth auf der Suche nach der Urmutter' am 07.11.1980 über die Bildschirme ging. *Der Spiegel* (Nr.40/80) hatte bereits am 29.09.80 einen Warnruf losgelassen und die Wirth unterstützende Mainzer CDU-Landesregierung und die SPD des Landkreises Kusel attackiert. Man erinnerte sich wieder daran, daß dieser Landkreis in den dreißiger Jahren eine NSDAP-, in den sechziger Jahren eine NPD-Hochburg war. Im Februar 1981 beschloß der Kreisausschuß, das Wirthmuseum nicht zu unterstützen, womit es ,gestorben' war.

Am 16.12.1981 starb Herman Wirth."[67]

Nach Gugenberger/Schweidlenka ist einer der wichtigsten Schüler Herman Wirths vor und nach dem Zweiten Weltkrieg der Pfarrer i.R. der Christengemeinschaft Werner Haverbeck. Dieser verfaßte für die Schrift des Altnazis Walter Drees mit dem Titel „Herman Wirth bewies: die arktisch-atlantische Kulturgrundlage schuf die Frau" ein Herman Wirth außerordentlich würdigendes Vorwort.[68]

Das Hauptwerk Wirths, „Die Heilige Urschrift der Menschheit", in dem mit ungeheurer Akribie Runen entziffert werden, um die alte atlantische Ursprache zu entschlüsseln, erschien in 6. Auflage im Jahre 1979 im Verlag der Mutter Erde e.V., Frauenberg.

Gugenberger/Schweidlenka schreiben über Wirths Wirken:

„Wirth ruft vor allem junge Akademiker auf, eine neue nordische Geistesbewegung esoterisch fundiert aufzubauen, um ein nordisches Europa ,mit Deutschland als Mitte und Herz des Abendlandes' herbeizuführen. Für diesen nordischen Aufbruch prophezeite er bereits 1960 ein ,wiederkehrendes und erstarkendes Heidentum', denn das Abendland sei im Untergrund heidnisch geblieben und werde es wieder werden."[69]

Die beiden Autoren schreiben, 1980/82 habe es geradezu einen „Wirthboom" gegeben. Im Jahre 1979 sei Wirth von dem Hopidissidenten James Kootshongsi besucht worden, um mit ihm über alte Symbole zu plaudern.

In einem Interview hatte Wirth zuvor erklärt, daß die „Hopi noch genau das leben würden, von dem er immer sprach".[70] Herman Wirths Anschauung faßte er selbst einmal in folgendem Satz zusammen: „Die Entheiligung von Leben und Erde und die Entweihung, Entmächtigung und Herabdrükkung der Frau sind die beiden großen geschichtlichen Vergehen des mosaischen Christentums wider das nordische Abendland."[71)]

In dem ersten Band von Landigs Thule-Trilogie werden Wirths Anschauungen in den folgenden Kontext gestellt:

„Die Tuatha waren die Träger der jungsteinzeitlichen Großsteingräberkultur und ihr Name bedeutet die ‚Deutschen'! Deutsch heißt auf altirisch ‚tuath', auf altfriesisch ‚thiude' und auf mittelhochdeutsch ‚tiutisch', ‚tiutsch'. Die Vergangenheit zeigt auf, daß der Begriff ‚deutsch' sprach- und volksgeschichtlich vom baltischen Raum bis Schottland, Irland und nach Süden bis zu den vorrömischen Italikern reicht. Dies umschließt die jüngere Steinzeit oder den Zeitraum von sechstausend bis zweitausendfünfhundert vor der Zeitenwende. Die im Bereiche dieses Raumes befindlichen großen Steingräber, die Megalithgräber, Dolmen, Hünebetten in Norddeutschland, Skandinavien, Schottland, Irland, Holland und Nordwestfrankreich sind noch vorhandene Zeugen des einheitlichen Kulturkreises, der Nordsee-Kultur. Sie umfaßte das ganze atlantische Europa in einer kultischen, religiösen und weltanschaulichen Gemeinsamkeit.

Nach dem Untergang von Doggerland wurden die restlichen Tuathavölker im letzten Jahrtausend vor der Zeitenwende von den Kelten in erbitterten Kämpfen besiegt und damit auch die großen Überlieferungen des Tuatha-Reiches weitgehend vernichtet. An Stelle der Ban-Tuath, der Volksmütter oder der weisen Frauen der Vorzeit, den Trägerinnen und Hüterinnen der urnordischen Ethik und des Volkstums, traten die Druiden-Schamanen, von denen die Schriftsteller der Antike berichteten, daß sie einem blutrünstigen Aberglauben huldigten. Dennoch erhielten sich hohe, weltanschauliche Restwerte aus der Megalithgräberzeit der Tuatha, vor allem Begriffe ihrer weisen Gottschau.

Ein gemeinschaftlicher Grundzug ihres Gotterlebens war der Glaube an einen Gott-Vater, den ‚Großen Geist'; den Weltengeist jenseits von Zeit und Raum. Das große Weltgesetz, die Weltordnung offenbarte sich ihnen in Zeit und Raum durch den kosmischen Umlauf. Dies war der ‚Sohn' Gottes! So wirkte und offenbarte sich Gott-Vater durch den ‚Sohn', dem Inbegriff der kosmischen Weltordnung, der ewigen Wiederkehr, dem Jahr als kosmische Gesetzmäßigkeit. Es ist dies das große, die Welt umspannende Gesetz, das in den altindischen Schriften als Ordnung des Varuna, des Willens des höchsten Himmelsgottes, aufscheint. Es kann daher keineswegs überraschen, wenn die altirischen Sagas berichten, daß der die Liebeslehre eines ‚weißen Christ' verkündende Patrick und seine Begleiter nicht nur als Erlöser von den Blutriten der Druiden-Schamanen, sondern als wiederkehrende Hügel-Leute von den Iren begeistert begrüßt wurden! Nicht der orientalische Christ mit dem fremden Kehllaut der beiden Anfangsbuchstaben war zu ihnen gekommen, sondern der alte nordische Krist, der Gott-Sohn des Weltengeistes aus dem sagenhaften Avallon.

Dieser Gottessohn im Urglauben, dessen Runen in den vorgeschichtlichen skandinavischen Felszeichnungen und in denen Nordamerikas aufscheinen, ist niemand anderer als Thor. Der Thor der späteren Edda, der Sohn Allvaters und der Erde; der Hammer- und Jahrgott der skandinavischen Bauernstabkalender. Er erscheint in den vorgeschichtlichen Felszeichnungen in drei sinnbildlichen Armhaltungen seines Jahreslaufes. In der Wintersonnenwende auferstehend, wiedergeboren, als Gestalt mit hochhebenden Armen. Die Man-Rune der Stabschrift! Es ist dies zugleich das große Heilszeichen der nordatlantischen Weltsendung. [...]

Es ist das große Verdienst des deutsch-holländischen Gelehrten Herman Wirth und des Deutschen Wegener, durch ihre Forschungen eine klare Rückschau in die Vergangenheit der Menschheitsgeschichte ermöglicht zu haben. Die blutseriologischen Untersuchungen von Laurence Snyder bestätigen das Entwicklungsbild der Vorzeit. Die sprach- und schriftgeschichtlichen Feststellungen des Franzosen Terrien de Lacouperie und die parallelen Vermutungen Gobineaus, die archäologischen Ergebnisse von Hubert Schmidt in China und die Arbeit von Röck über die uralten Kulturbeziehungen der Tolteken zur Alten Welt in den Mitteilungen der Wiener Anthropologischen Gesellschaft, sind alle eine Abrundung und Bestätigung des großen Werkes der beiden erstgenannten Gelehrten, denen auch Julius Evola in seinem geschichtsphilosophischen Aufbau erkennend beipflichtet.

Um bei Herman Wirth zu bleiben: Je weiter die Schichten der Kulturreligionen des Altertums zurückliegen, seien es die altsumerischen, die altpersischen, altindischen, altägyptischen und die altgermanischen Überlieferungen, desto mehr zeigt sich eine Verschmelzung der Gottheitsgestalten als Verbesonderungen einer ursprünglich einheitlichen, kosmischen Gottesvorstellung, um sich schließlich ganz darin aufzulösen.

Die Offenbarung Gottes durch seinen Sohn im kosmischen und weltlichen Jahr ist zugleich das Gesetz des ewigen Wandels und der ewigen Wiederkehr. Auf dem Entstehen, Vergehen und Wiedergeborenwerden beruht die sittliche Weltordnung. Der Gottessohn trägt das Himmelslicht, ohne selbst Sonne zu sein. Sie ist nur seine substantielle Offenbarung als Licht und Wärme, als lebenserweckendes Prinzip.

Auch die alten Iranier kennen den Gottessohn mit dem Licht aus dem airyanem vaejo, das im äußersten Norden lag und nicht nur der Ursprung ihres Geschlechts, sondern zugleich der Sitz des ‚Glanzes' war. Jener mystischen Kraft, die den arischen Rassen und vor allem ihren göttlichen Königen eignet. Es war der Ort, wo sich die kriegerische Religion Zarathustras zum ersten Male geoffenbart habe. Die ‚Insel des Glanzes', wo Narayana, der ‚das Licht ist', im Norden seinen Sitz hat. Der Gottsohn, der ‚über den Wassern steht', über dem Zufall des Geschehens. Sie berichten auch von einer nordischen Urrasse, den Uttarakara. An Hand der erschlossenen steinzeitlichen Schrift- und Kultsymboldenkmäler des atlantischen Abendlandes steht fest, daß der Gang der Kulturentwicklung von Norden und Westen nach dem Osten ging. Nur das mangelhafte Wissen um die ältesten Urkunden, der atlantischen Linearschrift und Symbole, war die Ursache einer bisher entgegengesetzten Annahme. Nicht aus dem Osten, sondern aus dem Norden kam das Licht in die Welt!"[72]

Ich hoffe, daß das Mosaikhafte dieser Darstellungen deutlich auf ein Ganzes hinweist. An sich müßte jeder dieser Zusammenhänge in einer eigenen ausführlichen Arbeit kritisch dargestellt werden. Es soll aber Sinn dieser Arbeit sein, einen kleinen Einblick in die geschlossene Weltsicht von Menschen zu ermöglichen, die sich z.B. in den eben zitierten Anschauungen, wie sie in den Landig-Büchern ausgebreitet werden, verirrt und verfangen haben.

Es mag darüber gestritten werden, wie weit diese Anschauungen verbreitet sind. Allerdings würde ich den vorliegenden Aufsatz nicht verfaßt haben, wenn ich nicht der Ansicht wäre, sie seien wirksam. Denn selbst wenn nicht viele Menschen diese Anschauung vom „nordischen Gott" vertreten, würde das über die Wirksamkeit dieser Ideen leider nicht viel aussagen.

*(Fortsetzung folgt im zweiten Heft zum Gesamtthema.)*

**Anmerkungen:**

1. Arfst Wagner: Anthroposophen und Nationalsozialismus. Probleme der Vergangenheit und Gegenwart (Teil I). In: FLENSBURGER HEFTE Nr.32: Anthroposophen und Nationalsozialismus. Flensburg 1991, und: Arfst Wagner: Anthroposophen und Nationalsozialismus (Teil II). In: FLENSBURGER HEFTE, Sonderheft Nr.8: Anthroposophen in der Zeit des deutschen Faschismus / Zur Verschwörungsthese. Flensburg 1991

   Siehe auch: Arfst Wagner (Hg.): Sonderreihe der Beiträge zur Dreigliederung des sozialen Organismus: Dokumente und Briefe zur Geschichte der Anthroposophischen Bewegung und Gesellschaft in der Zeit des Nationalsozialismus. Band I–V. Rendsburg 1991–1993
2. Rainer Zitelmann: Hitler – Selbstverständnis eines Revolutionärs. Stuttgart [3]1990, S.11 f.
3. Werner Greub: Wolfram von Eschenbach und die Wirklichkeit des Grals. Dornach 1974

   Siehe dazu die Besprechung des Greub-Buches durch Christoph Lindenberg, in: FLENSBURGER HEFTE Nr.32: a.a.O., S.147 ff.
4. C.G. Harrison: Das transcendentale Weltenall. O.O., 1897, S.7
5. Eberhard Jäckel: Hitlers Weltanschauung. Stuttgart 1981, S.158
6. ebd., S.159
7. Rudolf Steiner: Vergangenheits- und Zukunftsimpulse im sozialen Geschehen. GA 190, Dornach [3]1980, 23.03.1919, S.56 f.
8. Friedrich Heer: Der Kampf um die österreichische Identität. Wien/Köln/Graz 1981, S.355 ff.
9. Trevor Ravenscroft: Der Speer des Schicksals. Zug/Schweiz 1974
10. Siehe dazu: Christoph Lindenberg: Jenseits von Wahrheit und Wirklichkeit. In: FLENSBURGER HEFTE Nr.32: a.a.O.
11. Russell McCloud: Die schwarze Sonne von Tashi Lhunpo. Vilsbiburg 1991

12. ebd., S.5 f.
13. ebd., S.156 f.
14. ebd., S.168 f.
15. 2000 – Magazin für Neues Bewußtsein. Nr.88/89, August/September 1992. Darin neben anderem: Stefan Ulbrich: Die Schwarze Sonne – Die magischen Wurzeln des Nationalsozialismus
16. Howard A. Buechner/Wilhelm Bernhart: Adolf Hitler and the Secrets of the Holy Lance. Matairie/Louisiana 1988
17. Dieselben: Hitlers Ashes. Metairie/Louisiana o.J.
18. Stefan Ulbrich: a.a.O., S.99
19. Norbert Frei: Der Führerstaat. München 1987, S.200
20. ebd., S.196
21. Siehe: Arfst Wagner: Anthroposophen und Nationalsozialismus (Teil I), a.a.O., S.35
22. Heinz Höhne: Der Orden unter dem Totenkopf. München/Augsburg 1967/1992, S.141 ff.
23. Heinrich Himmler: Wesen und Aufgabe der SS und der Polizei. In: Der Prozeß gegen die Hauptkriegsverbrecher vor dem Internationalen Militärgerichtshof. Nürnberg 1948, Band 24 der amtlichen Ausgabe, S.207
24. ebd., S.229 f.
25. ebd., S.219
26. ebd., S.233 f.
27. Derselbe: Die Schutzstaffel als antibolschewistische Kampforganisation. München 1937, S.9 f. und 26 f.
28. ebd., S.31
29. Horst E. Miers: Lexikon des Geheimwissens. Freiburg/Br. $^{4}$1981, S.139
30. Julius Evola: Grundrisse der faschistischen Rassenlehre. Berlin o.J., S.218 f.
31. John M. Steiner: Über das Glaubensbekenntnis der SS. In: Tradition und Neubeginn – Internationale Forschungen zur deutschen Geschichte im 20. Jahrhundert. Hg. Joachim Hütter/Reinhard Meyers/Dietrich Papenfuß. Köln/Berlin/Bonn/München 1975, S.317 ff., hier: S.317
32. ebd.
33. ebd.
34. ebd., S.318
35. ebd.
36. ebd.
37. ebd., S.319
38. ebd., S.320
39. Hermann Rauschning: Gespräche mit Hitler. Zürich 1940. Und: Louis Pauwels/Jacques Bergier: Aufbruch ins dritte Jahrtausend. Bern/München 1962
40. John M. Steiner: a.a.O., S.325
41. ebd.
42. ebd.
43. ebd.
44. ebd., S.321
45. Otto Rahn: Kreuzzug gegen den Gral. Freiburg/Br. 1933
46. Literatur zum Thema Gral:
    Greub, a.a.O.

Rudolf Steiner: Christus und die geistige Welt – Von der Suche nach dem heiligen Gral. Dornach [5]1977

Arno Borst: Die Katharer. Freiburg/Basel/Wien [2]1992

Rudolf Meyer: Zum Raum wird hier die Zeit. Stuttgart [3]1980

47. Karlheinz Weißmann: Der Gral in den Pyrenäen – Der Neo-Kartharismus und seine Verbreitung in Deutschland. In: Materialdienst der Evangelischen Zentralstelle für Weltanschauungsfragen. Heft 1/93. Stuttgart, S.15 ff.
48. Siehe Anmerkung 7
49. Otto Rahn: Luzifers Hofgesind. Struckum [2]1985
50. Derselbe: Kreuzzug gegen den Gral. Stuttgart [3]1974. Mit einem Vorwort und Nachwort von Karl Rittersbacher. Hier: S.304 f.
51. Brief Otto Rahns an den SS-Oberführer K.M. Weisthor vom 27.09.1935. In: Karl Hüser (Hg.): Wewelsburg 1933 bis 1945 – Kult und Terrorstätte der SS. Paderborn [2]1987, S.204
52. ebd., S.206
53. Wilhelm Landig: Götzen gegen Thule. Wiernsheim-Iptingen [2]o.J.; Wolfszeit um Thule. Wien 1980; Rebellen für Thule. Wien 1991
54. Eduard Gugenberger/Roman Schweidlenka: Mutter Erde, Magie und Politik. Wien [2]1987. S.94
55. Rudolf John Gorsleben: Die Hoch-Zeit der Menschheit. Das Weltgesetz der Drei oder Entstehen – Sein – Vergehen in Ursprache – Urschrift – Urglaube. Bremen [2]1981
56. Siehe Anmerkung 20
57. Edmund Kiß: Welteislehre. Leipzig 1933
58. ebd., S.3 ff.
59. ebd., S.40
60. ebd., S.101
61. Landig: Wolfszeit um Thule, a.a.O., S.121
62. ebd., S.122 f.
63. Zur Atlantisforschung:

    Jürgen Spanuth: Das enträtselte Atlantis. Stuttgart 1953

    Derselbe: Atlantis. Tübingen 1965

    Derselbe: Die Atlanter. Tübingen 1976

    Eberhard Zangger: Atlantis – Eine Legende wird entziffert. München 1992

    Rudolf Steiner: Unsere atlantischen Vorfahren. In: Rudolf Steiner: Aus der Akasha-Chronik. Tb., Dornach 1975, S.20 ff.

    W. Scott-Elliot: Atlantis nach okkulten Quellen. Zürich 1977/78
64. Eduard Gugenberger/Roman Schweidlenka: a.a.O., S.118
65. Herman Wirth: Was heißt deutsch? Jena 1931, S.56
66. Derselbe: Um den Ursinn des Menschseins. Wien 1960, S.98 f.
67. Eduard Gugenberger/Roman Schweidlenka: a.a.O., S.119
68. Siehe ebd. und Walter Drees: Herman Wirth bewies: die arktisch-atlantische Kulturgrundlage schuf die Frau. Vlotho-Valdorf o.J.
69. Eduard Gugenberger/Roman Schweidlenka: a.a.O., S.120
70. ebd., S.122
71. Herman Wirth, zitiert nach: Eduard Gugenberger/Roman Schweidlenka: a.a.O., S.121
72. Wilhelm Landig: Götzen gegen Thule, a.a.O., S.252 ff.

# Flensburger Hefte Verlag – Lieferbare Titel, Frühjahr 1993

**Johannes Rogalla von Bieberstein:**
**Die These von der Verschwörung 1776–1945**
216 Seiten, kart., DM 33,– / ISBN 3-926841-36-2

**Carola Cutomo:**
**Medialität – Besessenheit – Wahnsinn**
188 Seiten, kart., DM 19,80 / ISBN 3-926841-19-2

**Klaus Engels:**
**Destruktive Kulte im Spannungsfeld von Kirche und Gesellschaft**
212 Seiten, kart., DM 28,– / ISBN 3-926841-46-X

**Hans-Diedrich Fuhlendorf:**
**Rückkehr zum Paradies oder Erbauen des Neuen Jerusalem?**
352 Seiten, kart., DM 39,– / ISBN 3-926841-37-0

**Wolfgang Gädeke:**
**Anthroposophie und die Fortbildung der Religion**
448 Seiten Leinen DM 48,– / ISBN 3-926841-23-0
kart. DM 36,– / ISBN 3-926841-24-9

**Johannes Kiersch:**
**Fragen an die Waldorfschule**
148 Seiten, kart., DM 19,80 / ISBN 3-926841-33-8

**Peter Krause:**
**Das Judasproblem**
128 Seiten, kart., DM 19,80 / ISBN 3-926841-38-9

**Peter Krause, Faustus Falkenhahn (Hg.):**
**Einsam – gemeinsam**
192 Seiten, kart., DM 22,80 / ISBN 3-926841-43-5

**Ernst-Martin Krauss:**
**Holzwege, Steinwege ...**
92 Seiten, Großformat, 13 farb. Abb., geb., DM 56,–
ISBN 3-926841-35-4

**Jukka Kuoppamäki:**
**Einsam – gemeinsam**
Musikkassette, DM 22,–
Liederheft zur Musikkassette, DM 7,–

**Andreas Meyer (Hg.):**
**Seele und Geist**
160 Seiten, kart., DM 26,– / ISBN 3-926841-47-8

**FH 11**
**Über Tod und Sterben**
2. Auflage, 268 Seiten, kart., DM 19,80
ISBN 3-926841-11-7

**FH 13**
**Hexen, New Age, Okkultismus**
3. Auflage, 196 Seiten, kart., DM 19,80
ISBN 3-926841-08-7

**FH 14**
**Erneuerung der Religion. Die Christengemeinschaft**
4. Auflage, 184 Seiten, kart., DM 16,80
ISBN 3-926841-07-9

**FH 15**
**Waldorfschule und Anthroposophie**
3. Auflage, 132 Seiten, kart., DM 9,80
ISBN 3-926841-00-1

**FH 16**
**Kulturvergiftung: Rauschgift, Sucht und Therapie**
2. Auflage, 228 Seiten, kart., DM 16,80
ISBN 3-926841-21-4

**FH 17**
**Kulturvergiftung: Alkohol**
2. Auflage, 160 Seiten, kart., DM 16,80
ISBN 3-926841-34-6

**FH 18**
**Bio.-dyn. Landwirtschaft, Ökologie, Ernährung**
2. Auflage, 184 Seiten, kart., DM 19,80
ISBN 3-926841-03-6

**FH 19**
**Musik**
2. Auflage, 184 Seiten, kart., DM 16,80
ISBN 3-926841-06-0

**FH 20**
**Sexualität, Aids, Prostitution**
2. Auflage, 170 Seiten, kart., DM 14,80
ISBN 3-926841-09-5

**FH 21**
**Aids**
164 Seiten, kart., DM 14,80 / ISBN 3-926841-10-9

**FH 22**
**Erkenntnis und Religion**
132 Seiten, kart., DM 14,80 / ISBN 3-926841-13-3

**FH 23**
**Engel**
2. Auflage, 172 Seiten, 9 farb. Abb., kart., DM 19,80
ISBN 3-926841-15-X

**FH 24**
**Direkte Demokratie – 1789–1989**
240 Seiten, kart., DM 14,80 / ISBN 3-926841-16-8

**FH 25**
**Rechtsleben und soziale Zukunftsimpulse**
244 Seiten, kart., DM 16,80 / ISBN 3-926841-17-6

Alle Titel auch im Buchhandel erhältlich.
Preisänderungen vorbehalten.

FLENSBURGER HEFTE (ISSN 0932-5859) = **FH**